21세기 한국의 불평등

급변하는 시장과 가족, 지체된 사회정책

21세기 한국의 불평등
급변하는 시장과 가족, 지체된 사회정책

2019년 2월 8일 초판 1쇄 펴냄
2019년 11월 15일 초판 2쇄 펴냄

지은이 구인회

펴낸이 윤철호
펴낸곳 (주)사회평론아카데미
책임편집 이선희
편집 고하영, 최세정, 고인욱, 장원정, 임현규, 정세민, 김혜림, 김다솜
표지디자인 글씨미디어
디자인 김진운
마케팅 최민규

등록번호 2013-000247(2013년 8월 23일)
전화 02-2191-1128
팩스 02-326-1626
주소 03978 서울특별시 마포구 월드컵북로 12길 17
이메일 academy@sapyoung.com
홈페이지 www.sapyoung.com

이 저서는 서울대학교 사회과학연구원의 지원을 받아 수행된 연구입니다.

21세기 한국의 불평등

급변하는 시장과 가족, 지체된 사회정책

구인회 지음

사회평론아카데미

서문

소득분배 연구를 시작하며

본 연구를 구상한 지 벌써 5년의 시간이 흘렀다. 서울대학교 사회과학연구원의 지원을 받아 연구를 시작할 당시에 이 연구가 이렇게 오랜 시간을 끌 것인지는 전혀 예상하지 못하였다. 2006년 우리나라 소득분배 실태와 정책과제를 검토한 졸저『한국의 소득불평등과 빈곤: 소득분배 악화와 사회보장정책의 과제』를 발간하고서 10년이 되기 전에 변화된 상황을 정리하는 후속편을 내는 것을 목표로 하였고, 그다지 어렵지 않게 연구를 수행할 수 있으리라 짐작하였다. 그렇게 크지 않은 목표를 가지고 출발하였지만, 지난 5년 간 너무나 많은 우여곡절을 겪은 끝에 이제 간신히 마침표를 찍게 되었다. 여전히 만족스럽지 않은 책을 이제야 펴내면서 그래도 이 책을 때늦게서야 마칠 수 있었던 이유, 그리고 이 책을 시작해서 마무리하는 과정까지 겪은 우여곡절에 대해서 약간의 변명을 하고자 한다.

　빈곤과 불평등은 본인이 사회복지정책에 대한 연구를 시작한 이래로 일관되게 관심을 기울여온 중요한 사회문제이다. 기억이 그리 선명하지는 않지만, 불평등과 빈곤에 대한 연구를 시작할 당시에 나는 불평등과 빈곤이 이를 겪는 사람들에게 심각한 고통과 피해를 준다는 점에 공감하였고 따라서 이를 줄이기 위해서 마땅히 노력을 기울여야 한다고 생각했다. 사실 지금까지 여러 사회과학적 연구가 불평등과 빈곤이 인간의 복리와 건강한 발달에 심대한 영향을 미친다는 점을 알려주었다. 그 영향 중 가장 널리 알려진 것은 아동기의 빈곤 경험이다. 그레그 던컨(Greg Duncan)과 진 브룩스건(Jeanne Brooks-Gunn, 1997) 같은 연구자들이 널리 알려주었듯이, 빈곤은 아동의 인지적, 학구적 발달을 지체시키고 건강을 악화시키며, 사회정서적으로 어려움을 주는 경우도 있다. 특히 태아에서 영유아기에 걸친 시기는 아동의 발달 중 특히 중요한 시기여서 이 시기의 빈곤 경험은 평생에 걸쳐서 지울 수 없는 흔적을 남긴다(Aizer and Currie, 2014). 하지만 빈곤의 부정적 영향이 아동에만 그치는 것은 아니다. 빈곤은 여성의 우울과 불안을 늘리는 등 정신건강에 영향을 미치며, 실직자가 겪는 고통의 상당 부분도 빈곤과 관련되어 있다. 우리 사회 시민의 삶의 일단을 보여주는 극심한 노인 자살률도 매우 높은 노인빈곤율과 깊은 관계가 있다.

　최근에는 이러한 여러 고통의 원인이 절대적 빈곤에만 있는 것이 아니고 상대적 빈곤, 더 나아가 불평등에서 기인하는 바가 크다는 공감대가 넓어지고 있다. 기아, 영양실조 등 생존과 관련된 결핍은 인간에게 큰 피해를 주는 것이지만, 당대의 사람들이 일반적으로 누리는 삶에서 배제되어 있다는 상대적 박탈이 주는 고통도 무시할 수 없는 것이다. 리처드 윌킨슨(Richard Wilkinson)과 케이트 피킷(Kate Pickett, 2009)은 불평등이 사회의 공동체적 관계를 훼손하고 폭력과 범죄를 늘리며 사람들의 건강까지도 해친다는 증거를 보여주고 있다.

그렇다면 불평등과 빈곤은 그를 경험하는 사람과 사회에 특정한 고통과 피해를 주기 때문에만 문제가 되는 것일까? 유형의 폐해를 동반하지 않는 경우라면 (혹시라도 그런 것이 가능하다면) 불평등과 빈곤은 문제시될 필요가 없는 것일까? 그런데 이에 대해서는 보는 시각에 따라 생각이 상당히 달라지고 그 대책에 대한 구상에서도 차이가 난다. 가령, 자유지상주의적 견해를 가진 로버트 노직(Robert Nozick, 1974) 같은 이에게는 정부가 재분배정책을 수행하는 것이 개인의 자유를 침해하는 비윤리적 행위이다. 반면에 평등주의적 견해를 가진 존 롤스(John Rawls, 1971)에게는 불평등과 빈곤은 이를 정당화할 특별한 이유가 없는 한은 제거되어야 할 악에 속한다. 이렇게 불평등과 빈곤에 대한 의견 차이가 상이한 시각으로 인해 나타난 것이라면, 그에 대한 대책도 각자의 의견에 맡기는 수밖에 없는 것일까? 반드시 그렇지는 않을 것이다. 의견 차이가 자신의 물질적 이해관계를 그대로 반영하는 것이라면, 그리고 모든 이가 자신의 물질적 이해에 따라 행동하는 것을 존중해야 한다면 우리가 불평등과 빈곤에 대해서 취해야 할 공동의 대책을 논의할 근거가 없을 것이다. 하지만 의견 차이가 우리 사회 공공의 이익을 어떻게 실현할 것인가와 같은 공통된 준거 위에서 평가할 수 있는 것이라면, 이에 대해서는 자유로운 의견 교환과 합리적인 판단을 통해 공동의 대책을 찾고 수행하는 것이 가능하다. 다행히도 로버트 노직이나 존 롤스같이 상반된 견해를 가진 정치철학자들을 공통적인 준거 위에서 평가하는 것이 가능한데, 나는 그 준거가 '사익'과 대비되는 의미에서 '공익'이라고 생각한다. 불평등과 빈곤에 대한 평가는 어느 쪽이 '공익'에 도움이 되는가 하는 기준에서 이루어져야 한다고 나는 생각한다.

그런데 공익을 신장하는 방식에 대해서도 다양한 의견이 존재한다. 이에 대해 가장 직관적으로 다가오는 견해는 공리주의이다. 이들은 쾌락을 늘리고 고통을 피하는 행위가 개인에게서 정당화되듯이, 사회도 행복의 최대화를 추구하는 것이 당연하다는 것이다. 하지만 공익에 대한 이러한 공리주의적 해석은 반드시 윤리적이지는 않다. 행복의 최대화를 위해서 사회의 다수가 소수를 희생시키는 행위도 공리주의적 시각에서는 정당화될 수 있다. 이러한 비윤리성은 공리주의가 사회 구성원 사이의 분배 문제에 대해서 무관심하기 때문에 생긴 결과라 할 수 있다. 존 롤스는 행복의 최대화를 위해서 구성원 사이의 불평등을 용인하는 공리주의를 비판하고 평등주의를 옹호한다. 단, 롤스가 반드시 완전한 평등을 옹호하는 것은 아니다. 그는 사회에서 가장 불리한 처지에 있는 사람들에게 도움이 된다면 불평등을 허용할 수 있다고 보았다. 즉, 불평등은 사회의 취약층에게 도움이 되는 경우에는 공익에 부합하는 것이기 때문에 인정될 수 있는 것이다. 가령 특정한 역할을 수행하는 사람들에게 후한 보상을 하는 것이 정당화될 수 있는 것은 그들의 재능이나 노력 자체가 그러한 자격을 부여하기 때문이 아니고 그들의 업무 수행이 사회취약층의 삶을 향상시키는 기능을 하기 때문인 것이다. 나는 롤스의 견해가 불평등이 존재할 수 있는 공익적 근거에 대한 가장 윤리적이고 설득력 있는 입장이라고 생각한다.

　　롤스가 주장하듯이, 평등주의 실현을 위해서 사회의 구성원들이 일정한 경제적 부담을 지는 것이 반드시 자유의 보장과 상충되지는 않는다. 만약 자유의 의미를 '외적인 강제로부터의 자유'라는 소극적인 의미로 좁히지 않고 '무엇인가를 할 수 있는 자유'라는 적극적인 의미로 해석한다면 평등주의는 자유의 실현을 위해서 필수적인 조건이 된다. 사실 이러한 생각은 아마르티아 센(Amartya Sen, 1999)이나 마사 누스바움(Martha Nussbaum, 2011) 같은 학자들이 주장해온 내용이기도 하다. 이들에 따르면, 사회적으로 인정되는 영역에서 자신이 원하는 바를 할 수 있는 역량(capability)을 모든 이가 갖추는 것이 자유의 실현이다. 그리고 이러한 역량의 형성을 막는 외적인 제약요인들을 제거하거나 개개인의 내적인 요건들을 충족시켜 주는 것이 자유의 실현이다. 아마르티아 센과 마사 누스바움은 기본적으로는 롤스와 평등주의적 견해를 공유하지만, 롤스와는 달리 평등주의를 물질적 자원의 분배를 넘어서 역량형성과 관련된 다양한 차원으로 확대하여 생각한다. 센이 강조하듯이, 장애인의 역량은 비장애인과 동등한 소득의 보장만으로 완성될 수 없고, 누스바움이 지적하듯이, 여성의 역량형성은 성차별적 관행과 제도 등 소득 이외의 다양한 차원에서의 개혁이 수반되어야 가능하다. 나는 센과 누스바움의 역량강화적 접근이 인간발달에 대한 가장 폭넓은 이해에 기초한 평등주의적 견해라고 보고, 역량형성에서의 평등주의 견지에서 우리 사회의 불평등과 빈곤 문제를 바라보는 것이 올바르다고 생각한다.

　앞서 얘기했듯이, 나는 불평등과 빈곤이 그를 겪는 당사자, 때로는 당사자가 아닌 사람들에게까지도 고통을 주고 이러한 이유로 불평등과 빈곤을 해소하기 위한 노력이 중요하다는 생각을 가지고 이 책을 준비했다. 그리고 이 책에서 분석한 내용이 불평등이 심화되는 현실에 대한 경각심을 높이는 데에 기여할 것이라는 생각을 가지고 있으며, 또 적지 않은 사람들이 이에 공감할 것으로 기대한다. 다른 한편으로 나는 평등주의적 견해, 그리고 역량형성에서의 평등주의에 대해 얼마나 많은 독자들이 동의할지는 알 수 없지만, 내가 이 책에서 다룬 주제와 그에 해당되는 자료의 분석, 분석 결과

의 해석에 암묵적으로 이러한 시각이 깔려 있음을 알리는 것이 필
요하다고 생각한다.

　이러한 평등주의적 시각에서 볼 때 우리나라의 불평등과 빈곤
은 공익적 차원에서의 필요성을 훨씬 넘어선 것이고 그 정도가 점
점 심해져서 더욱 우려스러운 상황으로 가고 있다고 본다. 그와 함
께 불평등과 빈곤이 이를 겪는 당사자들에게 주는 피해와 고통도
더 심해지고 있다. 이러한 문제의식을 가지고 한국의 불평등과 빈
곤 문제를 규명하기 위해서는 인간의 역량형성과 관련된 매우 다양
한 차원에서의 분석이 요구된다. 그러나 현재 가용한 분석 자료와
나의 분석 능력 등의 제약으로 인해 본 연구의 분석은 평등주의론
의 출발점이었던 물질적 자원의 분배로 국한된다. 특히 그중에서도
소득의 분배로 좁혀진다. 그럼에도 본 연구의 분석은 이러한 나의
평등주의적 시각에서의 현실 진단에 나름의 사실적 근거를 더해주
리라 기대해본다.

　이러한 뜻과 기대를 가지고 이 책의 집필을 시작하였지만, 그
진행은 이러저러한 사정들이 겹치면서 점점 더디어졌다. 무엇보다
도 이 책에서 다루는 주제와 관련된 여러 가지 변화들이 나타나서
그러한 변화를 소화하는 데에 많은 시간이 들었다. 그 대표적인 예
중 하나가 2014년에 일어난 피케티 열풍이다. 토마 피케티(Thomas
Piketty)는 『21세기 자본』(2014)이라는 그의 저서를 통해 불평등에
대한 기존 학계의 접근방식이나 그를 통해 얻은 이해를 뒤흔들었

다. 피케티(2014)는 응답자에게 소득 실태를 물어 조사한 서베이 자료분석을 중심으로 진행된 기존 학계의 연구와는 달리, 조세 자료를 이용한 분석으로 소득파악의 정확성을 높였다. 또 길어야 제2차 세계대전 이후, 대체로는 1970-80년대 이후의 자료로 제한된 기존 학계의 분석과는 달리, 제1차 세계대전 이전시기부터 시작된 자료 분석을 통해 장기적인 소득분배 추이의 분석을 수행하였다. 그리고 그의 분석 결과는 불평등 악화를 노동시장에서의 수요, 공급의 결과로 바라보는 기존 주류 학계의 해석이 설득력이 떨어지며 불평등 악화에는 사회제도와 규범, 정치의 영향이 크게 작용함을 보여주는 증거가 되었다. 이러한 그의 분석의 결과, 우리는 현재의 소득 불평등 악화를 보다 장기적인 역사적 맥락에서 바라볼 수 있게 되었고 현재의 소득 불평등이 매우 심각한 상태임을 이해할 수 있게 되었다.

그런데 이 책과 관련하여 중요성을 지닌 또 하나의 피케티 효과를 든다면, 그의 연구가 자본 불평등, 혹은 보다 일반적인 개념으로 자산 불평등을 불평등 연구의 주요 대상으로 부상시켰다는 점이다. 그간 국내외 학계에서 자산 불평등에 대한 연구가 없었던 것은 아니고 분배 문제에서 자산 불평등의 중요성을 강조하는 견해가 없었던 것도 아니지만 연구의 지배적 흐름은 소득분배에 집중되어 있었다. 사실 소득은 피용자의 임금 등 근로로부터 발생하는 근로소득과 이자, 임대료, 주식 배당 같은 투자수익 등 자본으로부터 발생하는 자본소득의 두 가지로 대별된다. 이러한 의미에서 기존의 소득분배 연구는 자본의 영향을 고려하지 않은 것은 아니었다. 그러나 1980년대 이후로 본격화된 다수의 선진산업국가에서 나타난 소득분배 악화가 근로소득분배 변화와 관련되어 있다는 사실들이 확인되면서 자본의 분배나 자본소득의 분배는 다소 주변적인 쟁점으로 치부된 경향도 없지 않았다. 더욱이 자본 소유의 상태에 대해서는 그 실상을 파악하는 데에 필요한 자료도 얻기가 쉽지 않은 상태였다. 그러나 토마 피케티(2014)는 프랑스와 영국을 비롯한 유럽, 미국과 일본 등 전 세계 10여 국에 대해 조세 자료 등을 이용하여 길게는 1800년대부터 지금에 이르는 장기간에 걸친 자본 소유의 불평등을 분석하였다. 그 결과 제2차 세계대전 이후 몇십 년의 시기는 전쟁과 공황 등 우연적 요인으로 자본 소유의 불평등이 일시적으로 완화되었던 시기로서, 21세기에 들어서면서 자본 소유의 불평등이 극심했던 20세기 이전시기로 돌아갈 가능성이 있음을 제시하였다. 더욱이 피케티에 따르면 자본 소유 불평등의 중요성은 그 양적인 정도만으로 이해할 수 없다. 소득분배가 일하는 사람들의 능력과 수행성과에 적지 않게 영향을 받는 상황에서 불평등이 지니는 의미와 소득분배가 상속받은 자본의 영향으로 결정되는 상속자본주의에서의 불평등의 의미는 크게 다를 것이기 때문이다.

피케티의 자본 불평등에 대한 견해는 우리나라에도 적용될 여지가 적지 않다. 피케티에 따르면 제1차 세계대전과 제2차 세계대전을 거치면서 서구의 자본이 상실되는 과정에서 자본 불평등은 크게 완화되었다. 그런데 자본 불평등이 본격화되는 데에는 이렇게 상실된 자본이 축적을 통해서 회복되는 상당한 기간이 요구된다. 하지만 이러한 자본 불평등의 추세는 어느 정도 필연적이고, 인구가 감소하고 경제성장이 정체하는 시기에는 특히 자본 소유의 불평등이 악화되는 경향이 있다. 이러한 피케티의 자본 불평등에 대한 진단은 많은 부분 우리나라에도 적용될 수 있을 것으로 보인다. 서구의 전후시기처럼, 우리나라는 한국전쟁과 농지개혁을 거치면서 자산의 파괴와 자산 소유의 분산이 이루어진 역사적 경험을 가지고 있어 1950년대에는 자산 소유의 평등화가 이루어졌다. 하지만 우리나라의 현 상황은 인구가 감소하고 경제성장이 정체되는 시기로서 자본 소유의 불평등이 악화되기 쉽다. 법의 테두리를 넘어서 이루어지는 상속과 증여 등을 통해 기업 경영권이 대를 이어 승계되는 모습은 우리나라가 상속자본주의의 단계로 진행하고 있음을 암시하는 것은 아닐까?

피케티의 자본 불평등에 대한 진단과 주장에 대해서 공감하는 바가 많지만, 본 연구에서는 자산분배를 다루지 않는 애초의 연구방향을 고수하였다. 연구역량의 한계 때문에 연구주제를 좁혀야 했기 때문에 좀 더 중요하다고 생각하는 소득분배에 초점을 맞추기로 하였다. 가장 중요한 이유는 우리의 현실에서는 아직 자본 소유의 집중이나 자본소득의 비중이 전체 소득 불평등을 설명하는 데 결정적 요인으로 등장하지 않았다는 점에 있다. 홍민기(2015)는 1958년부터 2013년까지의 최상위 소득 추이를 분석하여 우리나라에서 자본 소득이 전체 소득분배에서 차지하는 지위를 밝혔고 우리는 이를 통해 우리 사회에서 자본 소유 불평등의 중요성을 어느 정도 평가할 수 있다. 홍민기에 따르면, 0.01%의 최상위 소득집단을 제외한 모든 집단에서 근로소득(노동소득)의 비중이 높다. 이는 우리나라 소득 불평등의 핵심은 근로소득 불평등이고, 자본소득이 소득 불평등에 미치는 효과는 서구 선진산업국가에 비해 적다는 것을 의미한다. 우리나라에서는 해방 이후 일본인 소유 적산의 몰수와 불하, 한국전쟁으로 인한 재산의 대량파괴, 농지개혁을 통한 토지 소유의 분산으로 자산의 소유 분포가 하향평준화되었다.

　이렇게 자산의 파괴와 자산 소유의 분산이 철저히 이루어진 상황에서는 다시 자산 소유의 집중이 이루어지고 자산 불평등이 본격화되는 데에 상당히 오랜 기간의 축적기가 필요하였다. 더욱이 비교적 최근인 1990년대까지 경제성장률이 높고 인구증가율도 높은 상황이어서 자산 소유의 집중이 이루어지기 어려운 환경이었다. 따라서 서구의 여러 국가들과는 달리 우리나라에서는 21세기에도 최상위 소득층에서 근로소득의 비중이 매우 높은 현실이 지속되고 있다. 굳이 말하자면 현재 우리나라는 자산 불평등이 소득 불평등을 악화시키는 면보다는 소득 불평등이 자산 불평등을 악화시키는 원인으로 작용하는 측면이 큰 것이다. 이러한 이유로 본 연구처럼 당장에는 근로소득의 분석에 초점을 맞춘 연구도 어느 정도 합리화될 수 있고 현실에서 더 큰 의의를 가질 수 있다.

본 연구가 자산이나 자산소득의 분배보다는 소득이나 근로소득의 분배에 초점을 맞춘 것은, 본 연구의 주된 관심이 인구 10%나 1%에 해당하는 최상위층의 소득집중이나 소득분배보다는 나머지 90% 혹은 99%에 포함되는 중간과 하위 소득층의 지위 변화에 있기 때문이기도 하다. 최상위층에서의 자산분배는 하위층을 포함한 전체 사회에 여러 가지 경로를 통해 영향을 미칠 것이나, 중간과 하위층의 소득은 주로 근로소득에 큰 영향을 받고 따라서 근로소득의 분배에 영향을 미치는 요인을 밝히는 것이 중요하다고 생각하였다. 이들 중하위층의 소득분배에는 노동시장에서의 저숙련·반숙련 노동자에 대한 수요 변화, 최저임금제나 노동조합 등 저임금을 차단하기 위한 제도의 발전, 가족관계의 변화, 교육수준과 연령의 분포, 실업급여나 여타 소득보장제도의 존재 등 최상위층에는 직접적인 영향을 미치지 않는 여러 요인들이 큰 영향을 미칠 것이다.

본 연구는 이들 중하위층의 소득분배 변화와 이에 관련된 요인들의 영향을 밝히는 데에 주력하였다. 단, 상위층의 소득을 저평가하고 중간층과 하위 소득층의 상대적인 지위를 과대평가하는 오류를 피하기 위해 상위층의 소득을 비교적 잘 포착하는 조사자료를 이용해 분석하도록 노력하였다.

한편에서 자본 불평등 쟁점이 등장한 같은 시기에 우리 사회는 여러 산업 분야에서 급속한 기술변화를 경험하였고, 이로 인한 고용과 소득의 변화가 일반인들에게까지도 큰 관심과 우려의 대상이 되었다. 컴퓨터의 광범위한 사용, ICT의 발전 등 기술변화의 진전과 그것이 노동시장과 소득분배에 미치는 영향에 대해서는 이미 1990년대에서부터 많은 분석이 이루어졌다(Danziger and Gottschalk, 1993). 제레미 리프킨은 그의 저서 『노동의 종말』(1995)을 통해 기술혁신이 빈부격차의 확대, 고용축소를 초래하고 있다는 통찰력 있는 분석을 제시하였다. 그런데 최근 이러한 기술적 변화는 "제4차 산업혁명"이라는 개념으로 지칭될 정도로 새로운 질적 의미를 띠게 되었다(클라우스 슈밥, 2016). 제4차 산업혁명의 물결이 소득분배에는 어떤 의미를 줄 것인가? 연구자로서 무시할 수 없는 또 하나의 큰 물음이 던져지고 있다.

에릭 브린욜프슨(Erik Brynjolfsson)·앤드루 맥아피(Andrew McAfee, 2014)는 지난 수십 년 간 분산적으로 발전해온 컴퓨터기술, 로봇공학, 인공지능 등이 경제의 전 부문으로 확산되면서 디지털기술에 근거한 경제의 재조직화가 전면적으로 진행되는 변곡점에 이르렀다고 주장한다. 이들에 따르면, 18세기 말부터 분산적으로 발전해온 기술발전이 증기기관을 축으로 결합하면서 이루어진 19세기 산업혁명이 인류에 혁명적 변화를 불러왔듯이, 현재의 기술혁신도 그에 못지않은 새로운 변화를 가지고 올 것임을 예측하고 있다. 산업혁명이 증기기관에 힘입어 인간 근력의 한계를 극복했듯이, 현재의 기술혁신으로 인간 두뇌의 한계를 극복하는 "제2의 기계시대”가 도래하였다는 것이다. 이러한 디지털경제로의 전환은 생산성 증가와 풍요를 불러올 수 있지만, 다른 한쪽에서는 소득격차와 고용축소, 실직자의 증가를 초래할 것이라는 우려도 크다. 디지털시대에 걸맞는 고급기술을 갖춘 숙련층은 높은 보상을 누리지만 낮은 숙련 수준의 노동력은 인공지능과 로봇 등 기계에 의해 대체되면서 저임금의 불안정고용과 실직의 위험에 놓이게 된다는 것이다.

디지털 전환에 따른 고용의 축소와 불안정화는 그 자체로도 불평등을 증대시키는 위협요인이 되지만, 안정된 고용을 전제로 구축된 기존의 복지국가와 사회정책의 기능을 크게 약화시킬 수 있다는 점에서도 위협적이다. 복지국가의 핵심을 이루는 공적 연금제도, 실업급여, 건강보험 등의 사회보험프로그램들은 장기에 걸친 안정된 고용상태에 있는 노동자와 그 고용주를 대상으로 보험료를 걷고 은퇴와 실직, 질병상태 등의 위험에 처했을 때 급여를 제공하는 구조를 가지고 있다. 그런데 만약 노동자의 다수가 불안정한 고용상태나 장기 실직상태에 있다면 사회보험의 혜택에서 배제되고 이들이 처하는 사회적 위험에 대해서 사회적 안전망이 원활하게 작동할 수 없게 된다. 이러한 이유로 기존 분배체제를 재설계하여 복지국가에 대한 대안을 만드는 것이 필요하다는 주장이 강력하게 재기되고 있다. 그 중심에 기본소득(basic income) 제안이 있다(브루스 액커만, 앤 알스톳, 필리페 반 빠레이스 외, 2010). 그렇다면 기본소득은 불평등과 빈곤을 해소하는 방안으로서 유효성을 갖는 것일까?

기본소득 제안은 1970년대부터 시작된 논의로 기존의 복지국가를 넘어서는 새로운 패러다임으로 등장하였다. 특히 그 주된 문제의식은 기존 복지국가의 기초로 여전히 중요한 기능을 담당하는 빈곤층 대상의 공공부조프로그램을 기본소득으로 대체하는 데에 그 초점이 있다. 우리나라의 국민기초생활보장제도 등 기존의 공공부조프로그램은 지원을 빈곤층으로 집중하기 위해 가구 대상의 자산(소득 및 재산)조사를 수행하여 소득 등이 일정 기준 아래에 있는 가족을 대상자로 선정한다. 1990년대 이후로는 우리나라를 포함하여 많은 나라에서 수급자에게 근로활동참여를 조건으로 부과하는 근로연계복지로 공공부조를 개혁하기도 하였다. 이러한 공공부조는 한편으로 빈곤층을 지원하는 순기능이 있지만, 다른 한편으로는 부작용이 적지 않다. 수급자가 빈곤층임을 스스로 입증하게 하는 과정에서 낙인을 주고, 근로소득의 증가가 수급 탈락으로 이어지도록 설계되어 근로를 억제하고 빈곤의 덫(poverty trap)이 되면서 의존성을 키우는 부작용을 일으키기도 한다. 기본소득 논의에서는 공공부조의 이러한 문제점이 자산 기준과 근로의무를 충족해야 급여를 제공하는 조건부 급여(conditional benefit)라는 데에서 기인한다고 보았다. 그래서 공공부조의 대안으로서 기본소득은 자산수준에 상관없이 모든 사람에게 급여를 제공하는 보편적 급여(universal benefit)인 동시에 급여를 받는 데에 어떠한 조건도 붙지 않는 무조건부 급여(unconditional benefit)의 성격을 갖는다. 더 나아가 가구

여건에 상관없이 모든 시민 개개인에게 정액이 지급되는 개인 단위의 급여라는 점에서도 기본소득은 공공부조와 차이가 있다(Van Parijs and Vanderborght, 2017).

기본소득 논의는 경제의 디지털화와 이로 인한 고용축소의 우려가 커지면서 21세기에 들어 여러 나라에서 크게 확산되고 있다. 고용이 축소되어 근로소득을 상실한 인구가 상당규모로 증가할 경우 이들을 지원하는 소득보장방안으로서 기본소득 논의는 설득력을 얻어가고 있다. 공공부조의 부작용을 해소하는 대안으로서의 설득력에 추가하여, 고용축소시대에 고용 기반의 사회보험제도가 갖는 한계를 넘어서는 대안으로서 공감을 넓혀가고 있다. 그렇다면 우리는 이제 소득분배 악화에 대처하는 유력한 방안으로 기본소득 제안을 현실의 정책으로 실행하는 것이 올바를까?

나는 몇 가지 이유로 기본소득 실시 제안을 전면적으로 수용하기가 어렵다. 우선, 나는 기본소득 논의가 고용 상실의 문제를 소득 상실의 문제로 축소하고 있다고 생각한다. 인간이 고용기회를 갖지 못할 때 가장 큰 문제가 먹고 살 소득을 얻을 수 없다는 점이겠지만, 그렇다고 고용을 소득문제로 등치할 수는 없다. 에릭 브린욜프슨·앤드루 맥아피(2014)도 지적했듯이, 실직이 인간의 심리적 안정에 부정적 영향을 미친다는 것을 강조하는 연구들도 많다.

또 고용이 소득과는 별도의 경로로 인간발달과 사회적 관계에 영향을 미친다는 증거도 존재한다. 미국의 사회학자 윌리엄 줄리어스 윌슨(William Julius Wilson, 1987, 1996)은 제조업의 쇠퇴와 함께 고용기회 상실의 충격을 집중적으로 받은 도시의 흑인사회에서 일탈적인 규범이 확산되면서 청소년 비행과 범죄가 만연하게 되고 종국에는 지역사회의 사회적 관계가 해체되는 과정을 생생하게 제시하였다. 나는 고용이 인간발달과 역량형성의 계기로서 매우 중요한 기능을 하고 있으며 사회적 관계 형성을 통해 사회 구성원으로서 참여하는 가장 중요한 통로 역할을 수행하기 때문에, 이러한 점에서 기본소득이 고용축소의 대안이 되기 어렵다고 본다.

둘째로 기본소득 구상의 한 전제로 되고 있는 디지털경제에서의 고용축소 주장에 대해서는 아직 따져볼 여지가 많다고 본다. 디지털경제에서 높은 수준의 기술을 갖춘 인력이 매우 높은 보상수준을 누릴 가능성이 높고, 이러한 이유로 소득 불평등이 악화될 추세가 나타날 가능성이 높은 것으로 보인다. 하지만 경제의 디지털화가 반드시 고용축소로 이어질 것이라고 보기는 어려운 점도 있다. 레이 커즈와일(Ray Kurzweil, 2007)이나 마틴 포드(Martin Ford, 2015) 같은 기술낙관주의자들은 기술혁신에 의한 생산성 향상이 급격한 고용축소로 이어질 것이라 주장하는 한편, 로버트 고든(Robert J. Gordon, 2016)은 20세기 말부터 진행된 기술혁신에 대한 과대평가를 경계하는 등 고용축소 전망에 대한 의견 차이가 크다. 그러나 현재의 시계에서 본다면 아직은 급격한 고용축소를 불가피한 것으로 볼 만한 근거가 충분하지 않다. 데이비드 오토(David Autor,

2015)에 따르면, 현재의 기술혁신은 기계적으로 반복되는 성격의 직무(routine task)에서는 인간을 대체하는 경향이 강하지만 그렇지 않은 비반복적 직무(non-routine task)나 반복적 작업과 비반복적 작업을 결합하는 직무에서는 인간의 노동을 보완하여 생산성을 높이고 보상수준을 올리는 경향이 있다. 그리고 이로 인한 전반적인 소득수준의 향상은 소비의 증가로 이어져 다른 일자리를 증가시키는 영향을 미친다. 따라서 기술혁신이 고용에 미치는 영향은 일률적으로 규정하기 어렵고 우리 사회의 대응에 따라 달라지기도 한다. 교육과 훈련체계의 혁신으로 현재의 변화하는 기술양상에 적합한 인력을 양성한다면 또 중간층의 일자리를 포함하여 고용의 증가를 늘릴 여지도 있다는 것이다. 이러한 이유로 고용의 축소를 불가피한 현실로 전제하고 기본소득을 대안으로 제시하는 것은 한쪽으로 치우친 판단이다.

다음으로 기본소득의 실시를 기존 사회정책 패러다임을 극복하는 유일하고 완전한 대안이라고는 생각하지 않는다. 우선 기존 사회정책에 대한 주요한 비판 중에서 기본소득 제안과 대비되는 견해로는 사회투자(social investment)적 시각을 들 수 있다. 사회투자적 시각에서는 기존 복지국가의 사회정책이 실직과 은퇴, 질병과 사고 등이 발생한 이후에 소득을 보완하는 수동적 소득보장 기능에 집중되어 있다고 본다. 이러한 문제는 사회지출의 많은 부분이 공적 노령연금 지출에 몰려 있는 것에서 단적으로 드러난다는 것이다. 사회투자적 시각에서 볼 때, 재정적 어려움이 예상되는 고령화시대에서는 더욱 포괄적인 복지국가의 재설계가 필요하다. 불행이 발생한 이후에 이에 대한 보상을 하는 사후적 처방에 그치지 않고 문제발생의 원인을 진단하고 예방적이고 선제적인 투자가 중요하다. 요컨대, 수동적 소득보장정책과 함께 인구의 생산적 능력을 높이기 위한 적극적 투자를 아동기부터 시작하고 일과 가족의 양립 지원을 통해 여성의 경제활동참여를 늘리는 등 능동적인 투자를 확대해야 한다는 것이다(Hemerijck, 2017).

이러한 사회투자적 시각은 1990년대 후반 영국의 토니 블레어 수상과 사회학자 앤서니 기든스가 주도한 "제3의 길" 논의에서 기존 복지국가를 대체하는 논의로 축소되어 많은 비판을 받았다. 이들은 기존 소득보장을 소비적인 것으로 보고 생산적인 사회투자정책으로 그를 대신해야 한다는 주장을 하였다(앤서니 기든스, 1998). 하지만 소득보장과 사회투자가 반드시 대체적 관계에 있을 필요는 없으며, 빈곤과 소득 불안정을 최소화하는 노력은 효과적인 사회투자전략의 전제라고 해야 한다. 바람직한 방향은 소득보장 중심의 기존 복지국가의 지평을 한층 넓혀 새로운 시대 요구에 대응하는 것이다. 이러한 이유로 2000년대 이후 유럽에서 확산되는 사회투자전략은 소득보장과 고용지원, 보육과 장기요양서비스 등에서의 사회적 돌봄(social care) 확충을 결합하는 접근의 필요성을 강조한다. 또한 사회투자적 시각에서는 복지국가가 여성친화적이고 성평등적인 방향으로 발전해야 함을 주장한다. 노동시장에서의 성평등과 함께 가사와 양육에서 남성의 기여를 증대하여 가족생활에서의 성평등을 실현하는 노력이 요구되는 것이다. 아울러 사회투자적 시각에서는 기술혁신의 시대에 나타나는 고용변화에 복지국가가 적극적으로 대응해야 함을 강조한다. 다가오는 고용불안정의 시대에 대응하여 고용의 질을 개선하고 평생교육과 직업훈련을 통해 고용에서의 상향이동을 도와야 한다는 것이다(Esping-Andersen, 2002).

이러한 사회투자적 시각은 다가오는 기술변화의 시대에 고용문제에 대해 고용지원과 교육·훈련 확충으로 대응한다는 점에서 기본소득론과 구별된다. 또 비혼과 이혼의 증가, 저출산 등 가족의 불안정화, 일과 가족 양립의 어려움 등 새로이 등장하는 사회적 위험에 대응하여 가족정책과 관련 서비스를 새롭게 확장해야 할 사회정책의 영역으로 제시하고 있다. 특히 에스핑안데르센(Esping-Andersen, 2009)은 서구사회에서 나타나는 가족의 양극화에 주목하여 가족정책의 중요성을 강조한다. 서구사회에서는 여성 교육수준의 향상과 경제활동 증가, 유사계층에서 결혼이 이루어지는 동종혼의 증가가 맞물리면서 중산층에서는 맞벌이가족이 증가하고 저소득층일수록 홑벌이나 무직가구가 증가하는 현상이 나타나 가족 간의 불평등이 증대되고 있음을 우려하고 있다. 더욱이 이러한 가족 간 불평등 증가가 세대 간에 확대재생산될 조짐도 보인다. 고학력의 중산층 맞벌이가족의 가사와 양육에서 남성 참여가 증가하면서 아동의 발달에도 긍정적인 기여를 하는 한편, 저학력의 저소득층 가족에서는 낮은 고용율과 동시에 부의 양육 참여도 늘지 않는 이중의 어려움이 나타나고 있다. 이는 중산층에서는 부부 모두 일과 가족에서 역할을 분담하는 맞벌이 부양자-돌봄자(double earner-carer) 가족으로의 이행이 일어나고 있지만, 저소득층에서는 사회정책적 지원의 확장 없이는 이러한 이행에 어려움이 발생하고 있는 것으로 해석된다. 요컨대, 사회투자적 시각에서는 여성 경제활동 지원, 일과 가족 양립지원의 가족정책이 장기적인 불평등 완화를 위한 필수적 구성요소가 된다.

나는 전대미문의 속도로 고령화가 진행되고, 가족의 불안정과 양극화가 매우 중대한 문제로 등장하고 있는 우리나라 현실에서는 소득보장을 넘어서 가족정책과 고용지원, 돌봄지원을 결합하는 확장된 사회정책 패러다임이 필요하다고 본다. 비혼과 이혼 증가, 초저출산 등으로 산업화 기간 우리 사회를 지배했던 남성 부양자 가족모델의 유효성은 매우 떨어지게 되었다. 이러한 상황에서는 서구에서 나타나듯이 여성친화적이고 성평등적인 새로운 가족모델로의 이행을 돕는 사회정책의 확장이 중요하다(Gornick and Meyers, 2003). 또 고용불안정시대에 고용의 질을 개선하고 저숙련 인력에 대한 교육·훈련을 강화하는 노력이 경시되서는 안 된다.

한편 소득보장의 영역에서는 기존의 공공부조와 사회보험 모델의 한계를 넘어서려는 기본소득론의 지향이 의의를 갖는다고 본다. 하지만 시민 전체를 대상으로 한 기본소득의 전면적 실시가 당장에 가능한 것이 아니라면 가장 유효적절한 방식으로 기존 소득보장체계의 결함을 극복하려는 지혜가 요구된다. 그것은 때로는 과도하게 엄격히 급여 대상을 제한하는 우리나라 공공부조의 자격 기준을 합리화하는 것일 수 있고, 사회보험의 적용을 확대하기 위한 집행방안을 고민하는 것일 수 있다. 또 우리나라에서 최근 도입이 확대되고 있는 기초연금, 아동수당 등 보편적 수당 프로그램(기본소득론에서 '부분적 기본소득'이라 칭하는 프로그램)의 역할을 확대하는 방안을 찾는 것도 중요하다. 보다 혁신적인 접근으로는 유급노동은 아니지만 사회적으로 가치 있는 활동에 대해 보상하는 참여소득제를 기본소득의 취지를 살리는 현 단계의 유력한 방안으로 고려할 수 있다(Atkinson, 2015).

앞에서 논의했듯이 나는 불평등과 빈곤의 평등주의적 해결을 지향한다. 이러한 지향 위에서 심화되는 자산 불평등에 대한 우려, 경제의 디지털화로 요동치는 고용 양상의 변화, 인구의 고령화와 가족 불안정성의 증대 등 여러 심대한 변화들이 중첩되면서 진행되는 시대를 맞이하여 이러한 변화들에 대응하면서 등장하는 국내외의 다양한 연구성과와 사회정책 대안 논의들을 참고하고자 하였다.

하지만 이 책은 이 모든 변화와 논의를 일목요연하게 종합하는 것을 목적으로 하지 않는다. 이 책은 가계소득조사 자료의 분석을 통해 1990년대 중반 이후 20년의 기간 동안에 일어난 우리나라 소득분배의 변화 양상을 검토하고 그러한 변화를 초래하는 요인을 규명하는 비교적 제한된 목적을 가지고 시작되었다. 이렇게 제한된 과제를 수행하는 과정에서도 넘어야 할 산들이 많았다. 가장 큰 산은 끊임없이 발전하는 연구방법을 소화하고 체득하여 우리나라의 상황과 자료에 맞게 적용하는 것이었다.

사회과학은 사회현상 사이의 인과관계를 밝히는 것을 추구한다. 소득분배가 악화되었다면 어떤 원인이 작용하여 그러한 결과를 초래했는지를 규명하는 것이다. 기술변화로 인한 임금격차 증대, 노동조합과 최저임금 등 노동시장제도 변화, 부부 가구의 감소와 단독 성인가구의 증가, 여성 경제활동참가 증대, 인구의 고령화, 교육수준의 향상, 이러한 다양한 요인들은 소득분배와 높은 관련을 갖는데 이들 요인들이 지난 20년 간 변화하였고 따라서 소득분배도 변했을 것이다. 그런데 특정한 요인의 변화가 과연 소득분배 악화에 영향을 주었는지를 어떻게 확인할 수 있을까?

원론적인 차원에서 말한다면, 특정한 요인이 변화했을 때의 소득분배와 그 요인이 변화하지 않았을 때의 소득분배, 이 두 가지 소득분배 상태를 비교함으로써 해답을 찾을 수 있다. 두 소득분배 상태에 큰 차이가 있다면 이는 앞의 특정한 요인이 작용한 결과로 볼 수 있기 때문이다. 문제는 현실에서는 우리가 두 가지 상태를 동시에 관찰할 수 없다는 점에 있다. 지금같이 자동화와 디지털화가 진행되는 상황에서는 자동화와 디지털화가 진행되지 않는 가상적 상황의 소득분배 상태를 관찰할 수 없다. 자연과학자들은 이에 대한 해결책으로 실험조사 방법을 적용하였다. 동일한 성격을 갖는 두 집단을 놓고 한쪽에는 실험처치를 하고 다른 집단에는 실험처치를 하지 않으면 실험처치 시에 나타난 결과와 실험처치를 하지 않을 때 나타나는 결과를 비교할 수 있다. 하지만 사회현상에서는 이를 그대로 적용할 수 없는 경우가 많다. 그래서 다소 까다로운 연구설계를 이용하거나 다소 복잡한 과정의 자료 가공과 통계적 분석절차를 거치게 된다. 다행히 국내외에서 이러한 연구방법에도 많은 발전이 이루어지고 있다. 통계학, 경제학, 사회학 등 다양한 분야에서 실제상태와 그에 대비되는 가상상태를 비교하는 잠재성과모형 (potential outcome model)의 원리를 적용하는 기법들이 개발되고 있다(Angrist and Pischke, 2009; Morgan and Winship, 2007).

본 연구의 방법도 이러한 흐름을 따른다. 본 연구에서는 몇 가지 주요한 요인이 소득분배에 미친 영향력을 평가하기 위해 해당 요인의 영향이 반영된 실제 소득분배(actual income distribution)와 해당 요인의 영향이 제거된 가상적 소득분배(counterfactual income distribution)를 비교하는 방법을 이용한다. 분석방법에 대해서는 본론에서 비교적 간단하게 언급하고 지나가니, 관심 있는 독자는 「부록」을 참조하기 바란다.

이 책에는 주로 1996년과 2011년 사이 우리나라 소득분배의 변화양상을 검토하고 분석한 결과를 담았다. 또한 2018년에 이르는 최근 시기의 변화에 대해서도 일부 검토가 이루어졌다. 이에 기초해 현재 악화되고 있는 소득 불평등과 빈곤에 대응하여 채택할 수 있는 효과적인 사회정책 방안에 대해서도 논의를 전개했다. 먼저 I장에서는 이 책에서 우리나라 소득분배와 관련하여 해명하고자 하는 문제가 무엇인지 제시하였다. 한국은 1960년대 이후 산업화를 거치며 급속한 경제성장과 평등한 소득분배를 동시에 이루어냈다는 평가를 받기도 했다. 하지만 1990년대 전반을 경계로 하여 경제성장은 정체하고 소득분배는 악화되는 새로운 단계로 접어들었다. 그런데 우리는 1990년대 이후 왜 소득분배의 추이가 악화의 방향으로 반전되었는지, 그 원인을 잘 모르고 있다. 따라서 본 연구에서는 소득분배 실태 자료를 분석하여 1990년대 이후 한국의 소득분배 악화 실상과 원인을 밝히고자 하였다. 본 연구의 II장에서는 우리나라에서 1990년대 중반 이후 빈곤과 불평등이 매우 빠르게 악화된 실상을 볼 수 있다. 최근 극심한 노인빈곤문제가 국내외적인 주목을 받고 있지만, 분배 악화는 이에 그치지 않음을 알 수 있다.

본 연구의 III장과 IV장에서는 근로연령층에서의 근로소득분배 추이를 분석하고, V장에서는 노인층의 소득분배를 다룬다. 우선 III장에서는 근로소득을 중심으로 1990년대 중반 이후 개인과 가구 단위에서의 시장소득분배 양상과 추이를 살펴본다. 본 연구의 분석 결과, 우리나라에서 개인의 근로소득분배는 매우 불평등하게 이루어지고 있음을 확인할 수 있다. IV장에서는 남성 근로소득분배 변화, 가족구조와 여성 경제활동참가 변화, 가구주 특성 변화가 1990년대 중반 이후 소득분배 악화에 미친 영향을 분석한다. 아울러 V장에서는 노인을 대상으로 소득분배 악화의 원인을 분석한다. 이 장에서의 분석은 1990년대 중반 이후 노인 소득분배 악화에서 인구학적, 가족적 요인과 소득 요인이 어떻게 작용하였는지에 초점을 맞춘다.

마지막으로 VI장에는 정부의 소득재분배 역할에 대한 평가와 정부의 소득분배정책 발전방향에 대한 제언을 담는다. 1990년대 후반 외환위기부터 2000년대에 들어서는 기간, 우리나라는 주요 사회보험을 정비하고 국민기초생활보장제도 같은 공공부조제도를 도입하여 복지국가의 기틀을 갖추게 되었다. 그러나 2000년대 이후의 경험을 돌아볼 때 이러한 한국 복지국가는 분배 악화를 막는 역할을 수행하는 데에 실패하였다. VI장에서는 사회보험과 공공부조의 분배개선 기능을 강화하기 위한 개혁방향을 논의하고, 지난 10년간 발전해온 기초연금 같은 새로운 보편적 수당제도의 중요성을 논의하였다. 국민기초생활보장제도가 노인빈곤과 근로빈곤 등의 해소를 위해서 충분한 역할을 하지 못했음을 지적하고 그 역할을 확대하기 위한 개혁방안을 제시하였다. 또 여성의 경제활동을 촉진하고 일과 가족의 양립을 지원하는 가족정책과 서비스 확대가 소득분배개선을 위해서 중요한 정책임을 강조하였다.

이제 본 연구를 마무리하게 된 것은 많은 분들의 지원이 있었기에 가능했다. 우선, 서울대학교 사회과학연구원의 연구지원이 있었기에 연구를 할 엄두를 낼 수 있었다. 연구 진척이 더디어져 지체된 오랜 시간을 참을성 있게 기다려주신 사회과학연구원 김의영 원장께 감사드린다. 본 연구의 토대가 된 가계소득 자료의 분석을 도와준 두 대학원생들의 도움 없이는 이 책의 완성이 불가능했을 것이다. 서울대학교 사회복지학과 박사과정의 이서윤, 한경훈 학생께 감사드린다. 또 이 책의 집필기간 동안 같이 공부도 하고 토론도 하면서 공동연구를 진행했던 손병돈 평택대학교 교수, 이원진 박사, 이승호, 김창오 박사과정 학생 등 여러분들의 지원과 자극이 연구를 진척시키는 데 큰 밑천이 되었다. 이 책에 담긴 내용의 일부는 2017년 가을 사회정책연합학술대회 기조강연에서 발표되었으며, 이후 『사회적 갈등과 불평등』(강원택 외, 2018)에 "한국의 소득분배 악화와 사회정책"이라는 장으로 부분 게재되었다. 이외에도 본 연구의 일부 내용은 2018년 홍콩중문대학교 심포지엄 기조강연과 한국보건사회연구원, 한국과학기술원의 세미나에서 발표되었다. 좋은 의견을 주신 토론자들께 감사드린다.

　마지막으로 오랜 기간 지지부진한 작업에 답답해하지 않고 힘을 더해준 사랑하는 아내와 든든한 아들에게 고마운 마음을 전한다.

차례

I.

한국의 소득분배에 관한 몇 가지 질문
: 1990년대부터 2010년대 초반까지

본 연구는 역사적, 국제적 비교분석을 통해 한국의 소득분배 실태와 변화 양상을 밝히고 그에 영향을 미친 주요 요인들을 밝히는 것을 목적으로 한다. 한국은 1960년대 이후 산업화를 거치며 급속한 경제성장과 평등한 소득분배를 동시에 이루어낸 성공적인 사례로 알려져 있다. 우리나라에서 1990년대 이전 산업화 기간 소득분배의 개선이 이루어졌다는 사실은 "동아시아의 기적"이라는 제목의 「세계은행 보고서」를 통해 널리 확산되었다. 세계은행(1993)에 따르면 일본과 네 마리의 호랑이로 불리던 한국, 대만, 홍콩, 싱가포르 등의 동아시아 국가들은 경제성장과 소득 불평등 완화를 동시에 이룬 유일한 경제권이다. 이들 국가들의 성취는 경제성장에 실패하고 소득 불평등은 극심한 라틴아메리카 국가들의 실패와 대비되는 사례로서 찬사를 받았다. 실제로 시계열적인 통계 자료 분석이 가능한 1980년대 이후를 보면 우리나라에서는 중위소득이 지속적으로 향상됨과 동시에 소득 불평등과 빈곤이 꾸준히 감소되었음이 뚜렷이 확인된다. 그러나 1990년대 전반을 경계로 하여 한국은 경제성장은 정체하고 소득분배는 악화되는 새로운 단계로 접어들었다(구인회, 2006). 2000년대에 들어서 한국 사회에서 양극화가 큰 사회적 쟁점이 되고 복지 확대가 국가정책의 핵심 과제로 등장하게 된 데에는 이러한 소득분배 악화 추세가 크게 작용한 것으로 보인다.

이렇게 우리나라 소득분배의 역사적 추이에 관한 기초적 사실은 어느 정도 확인되었지만, 그 내막에 대해 우리가 충분한 이해를 하고 있지는 못하다. 소득분배의 역사와 관련된 가장 큰 의문은 왜 1990년대 이전까지는 우리나라의 소득분배가 평등한 방향으로 개선되었는지, 그리고 1990년대 이후에는 왜 갑작스럽게 소득분배의 추이가 악화의 방향으로 반전되었는지에 있다. 우리나라 산업화 시기에 대한 평가는 이 시기 권위주의 정치체제와 그 지도자에 대한 평가와 맞물리면서 정치화된 논쟁으로 이어지기도 하였다(유종일, 2011). 그런데 한 시기의 평가가 해당 시기 집권세력에 대한 정치적 평가로 직결될 수 있는지에 대해서는 따져볼 여지가 있다. 소득분배의 추이는 해당 시기 집권세력의 정책적 선택의 결과인 경우도 있지만, 그렇지 않은 경우도 많으며 정책적 선택이 작용한 경우에도 그 결과는 상당한 시간적 간격을 두고 나타나는 경우가 있다.

소득분배 추이의 원인을 밝히는 데에서 더 중요한 문제는 실증적 분석을 통해 최근까지의 한국 소득분배의 역사적 추이를 포괄적으로 제시한 연구가 드물다는 점이다. 본 연구에서는 그간 해명되지 않은 몇 가지 문제에 초점을 맞추어 소득분배에 관한 기존 연구의 성과를 검토하고, 이를 기초로 1990년대 이후 한국 소득분배 악화의 실상과 원인을 밝히는 데에 주력하였다.

그간 한국의 소득분배는 몇 가지 특성을 지닌 것으로 알려져 왔다. 우선, 우리나라 소득분배에서 빈곤은 심각한 문제이지만 불평등은 이에 비해 양호하다는 것이 전문가 사이에서 한동안 형성되어 있던 공감대였다. 이러한 공감대는 그간 소득분배 분석에 이용 가능한 자료의 영향을 많이 받는 것인데, 최근 대안적 소득 자료들이 등장하면서 이러한 공감대는 많이 무너졌다. 이런 I장의 질문을 기반으로 본 연구의 II장에서는 새로운 자료를 이용하여 우리나라에서 1990년대 중반 이후 빈곤만이 아니라 불평등이 상당히 악화되었음을 밝힌다. 소득 불평등은 근로연령대 인구집단에서 두드러지는 한편, 빈곤문제는 노인 인구집단에서 특히 악화가 심하게 이루어진 것으로 나타났다. 따라서 1990년대 중반 이후 진행된 이러한 소득분배 악화의 원인을 세부적으로 밝히기 위해서는 근로연령대 인구집단과 노인 인구집단을 나누어 검토하는 것이 필요하다.

근로연령대 인구집단의 소득분배 악화의 실태와 원인을 이해하기 위해서 우리나라 근로연령대 인구집단 소득분배의 실태를 파악하고 이러한 실태가 어떤 변화를 겪었는지 검토할 필요가 있다. 그런데 우리나라 소득분배 실태와 관련하여 종종 언급되는 사항은 한국에서는 시장소득의 분배상태는 비교적 양호하지만 정부의 재분배 역할이 너무 미약하여 최종적인 가처분소득의 분배에서 문제가 발생했다는 점이다. 달리 말하면 우리나라 소득분배와 관련된 문제점은 정부의 공적 소득이전과 조세의 재분배 역할이 미미하다는 것이고, 시장에서의 소득분배는 별문제가 없다는 인식이 많이 퍼져 있다. 그런데 이러한 인식에는 약간의 혼동이 개재되어 있다. 이러한 인식의 기초가 되는 시장소득의 평등한 분배는 가구 단위의 분석에서 나온 사실이다. 이러한 평등한 분배에는 가족의 분배 기능이 이미 작용한 것이고 따라서 시장소득의 평등한 분배를 시장에서 소득분배가 평등하게 이루어졌다는 것과 동일시해서는 안 된다.

요컨대, 가구 단위 시장소득의 평등한 분배를 설명하기 위해서는 개인 단위에서의 시장소득 분배와 이러한 개인 시장소득이 가구 단위로 결합하는 양상을 같이 파악할 필요가 있다. 본 연구의 III장에서는 근로소득을 중심으로 개인과 가구 단위에서의 시장소득분배 양상을 살펴보았다. 시장소득에는 임금 등 근로소득 이외에도 재산소득 등의 소득원들이 포함되어 있다. 그러나 시장소득의 가장 주요한 원천이 근로소득이고 그 비중이 압도적이기 때문에 근로소득의 분배를 검토하는 것이 적절하다고 판단하였다. 본 연구의 분석 결과, 우리나라에서 개인의 근로소득분배는 매우 불평등하게 이루어지고 있음을 확인하였다.

한편 우리나라에서는 가족 단위에서 근로소득을 결합하는 기능이 근로소득분배를 평등화하는 방향으로 강력하게 작동한 것으로 나타났다. 여기에는 가구주 근로소득분배 양상, 가족구조, 여성의 경제활동참여 등이 주요하게 작용한 것으로 판단된다. 그렇다면 1990년대 중반 이후 소득분배 악화에는 이러한 가구 요인들이 어떠한 관련을 가졌는지 큰 관심사가 아닐 수 없다. 가구주 근로소득 혹은 가구주의 대다수를 차지하는 남성 근로소득의 분배 악화가 전체 소득분배 악화에서 갖는 설명력은 소득분배 악화에 대한 노동시장의 영향력을 보여준다. 이러한 노동시장의 영향과 독립적으로 가족의 영향을 고려할 필요가 있다. 특히 결혼과 출산 행위의 결과로 나타나는 가족구조와 여성의 경제활동 양상의 변화도 소득분배 추이에 중요한 영향을 미칠 것으로 예상할 수 있다. 여성 경제활동참가가 소득분배에 미치는 영향에 대해서는 연구마다 상이한 결과를 보여주면서 논쟁이 진행 중이다. 이외에도 전체 인구의 고령화와 교육수준 향상 등으로 가구의 주요 소득원인 가구주의 교육수준, 연령 등의 특성도 변화하였을 것이어서, 이러한 가구주 특성 변화가 소득분배 변화에 미친 영향력도 궁금한 사항이다. 본 연구의 IV장에서는 남성 근로소득분배 변화, 가족구조와 여성 경제활동참가 변화, 가구주 특성 변화가 1990년대 중반 이후 소득분배 악화에 미친 영향을 분석한다. 분석의 결과, 남성 근로소득분배 변화와 가구주 특성 변화가 소득분배를 악화시키는 중요한 요인으로 나타났다. 가족구조 변화는 소득분배를 악화시키는 방향으로 작용하였고 여성 경제활동의 영향은 비교적 미미한 것으로 나타났다.

우리나라 소득분배의 악화는 극심한 노인빈곤 현상에서 가장 두드러지게 나타났다. 특히 국제비교 자료를 통해서 노인빈곤율이 극단적으로 높다는 점이 널리 알려지면서 우리 사회의 주목을 받게 되었다. V장에서는 노인을 대상으로 소득분배 악화의 원인을 분석하였다. 그간의 연구들은 미약한 공적 노령연금과 자녀의 사적 이전소득 감소 등 직접적인 소득 수준 하락 요인에 초점을 맞추었다. 하지만 노인 소득분배 악화를 설명하는 데에서 노인의 고령화, 교육수준 향상 등의 특성 변화, 노인의 독립가구화 등 세대구성의 변화 같은 인구학적, 가족적 요인들의 역할을 대체로 경시하였다. 본 연구는 1990년대 중반 이후 노인 소득분배 악화에서 인구학적, 가족적 요인과 소득 요인이 어떻게 작용하였는지를 분석하였다.

마지막으로 VI장에서는 결론에 해당하는 내용을 담았다. 먼저 본론에서의 분석 결과를 요약하고 이에 기초해서 정부의 소득재분배 역할에 대한 평가를 하고 정부의 소득분배정책의 발전방향에 대해서 논의하였다.

1990년대부터 진행된 소득분배 악화는 노동시장의 변화, 가족의 변화를 반영하는 한편, 정부의 소득재분배 노력의 한계를 드러내기도 한다. 앳킨슨(Atkinson, 2015)에 따르면, 각 사회에서 복지국가 발전을 위해서 쏟은 노력에 따라 불평등과 빈곤의 정도에서 큰 차이가 나타난다. 제2차 세계대전 이후 유럽의 많은 국가들은 기술변화 등에서 미국과 유사한 경제적 변화를 겪었지만, 조세와 복지지출 확대에서 미국보다 훨씬 적극적인 태도를 가져 시장의 불평등 증대 경향을 차단하는 데에서도 한층 나은 결과를 거두었다. 한국은 1990년대 중반까지 산업화 수준에 걸맞는 복지제도를 갖추지 못하였다. 1990년대 후반 외환위기를 거치면서 노력을 기울인 결과, 이제 어느 정도 복지국가의 기틀을 갖추게 되었다. 그러나 우리가 경험하는 불평등 위기의 현실은 한국 복지국가의 성취를 무색하게 하고 있다. 과연 그간 정부의 재분배정책이 가진 한계는 무엇이고, 어떻게 개선할 수 있을까? 이 책의 마지막 VI장에는 이러한 고민을 담았다.

본 연구에서 소득분배 변화에 대한 분석은 1996년에서 2011년의 기간을 중심으로 이루어진다. 이 15년간의 시기는 한국에서 소득분배가 급격히 악화된 기간에 해당된다. 1996년은 아시아 외환위기가 덮쳐 경제위기가 일어난 1997년 이전 시기이고 2011년은 2008년 글로벌 금융위기의 여파가 지나간 시기로서 비교가 적합한 시점이다.

　본 연구의 시계열적 분석 작업을 실행하기 위해서는 그에 이용할 수 있는 분석 자료가 반드시 필요하다. 소득분배 실태를 분석할 수 있는 대다수 횡단 조사자료와 종단 조사자료가 2000년대 이후에 등장하여 그 이전의 실태에 대한 정보가 없어, 1990년대부터의 소득분배 시계열적 추이와 그 결정요인을 분석하는 데에 이용할 수 없다. 도시가계조사 같은 일부 자료는 1980년대부터 이어지는 장기간의 시계열 분석이 가능한 자료이고 기존 연구 중 일부는 이를 통해 의미 있는 발견을 제공하고 있지만, 전국적 대표성의 부족으로 분석 결과가 실제 빈곤 추이를 나타내고 있는지는 대단히 의심스럽다. 빈곤의 위험이 높은 단독가구, 비도시, 비근로자가구 등이 표본에서 제외되어 있기 때문이다. 본 연구는 이러한 한계를 극복하기 위하여 도시와 농촌, 1인 가구를 포함하여 비교적 전국적 대표성이 높은 자료인 통계청의 가구소비실태조사 1996년 자료와 전국가계조사 2011년 자료를 이용한다. 가구소비실태조사는 1991년에 시작되어 1996년, 2000년 3회에 걸쳐 이루어진 조사로 지금은 중지되었지만 1990년대 소득분배 실태를 알 수 있는 가장 좋은 자료이다. 전국가계조사는 기존의 도시가계조사를 2006년 확대 개편하여 전국적 대표성을 높인 자료로서 비교적 최근의 소득분배 실태 파악에 유용하다. 이러한 국내 소득분배 실태조사 자료와 아울러 국제적 비교가 가능한 소득분배실태조사 자료를 분석에 이용한다. OECD(경제협력개발기구) 소득분배 자료와 룩셈부르크소득조사(Luxembourg Income Study, 이하 LIS)의 소득 자료를 이용하여 2000년대 이후 상황에 대한 국제적인 비교를 수행한다. OECD 소득분배 자료는 회원국의 국가전문가 네트워크를 통해 각국의 가계조사자료를 수집하고 공통의 기준에 따른 조정을 통해 국가간 비교가 가능하도록 구성된 소득조사 자료이다. LIS는 주로 고소득 국가와 중소득 국가들에서 수행된 가계조사 미시자료를 받아 국가간 비교분석 등에서 통일적 분석이 가능하도록 조정을 가하여 구축한 다국가 가계소득 자료이다. 다수의 유럽 국가들과 미국, 캐나다, 브라질, 중국, 대만의 조사자료가 포함되어 있고 한국도 최근에 참가하고 있다.

II.

소득분배 실태와 추이

1. 한국의 소득분배에 대해 알려져 있는 사실

국내에서는 오랜 기간 한국이 매우 불평등한 사회라는 인식이 일반인들 사이에 널리 퍼져 있었지만, 국제적으로는 한국은 평등한 사회로 알려져 있다. 어디에서 이러한 인식 차이가 비롯되었는지 흥미로운 문제이지만, 여기에서는 한국 사회의 소득분배 상태를 객관적인 지표로 진단하는 데에 집중하여 논의를 한다. 이후 논의에서는 소득분배 상태를 불평등과 빈곤으로 나누어 살펴보는데, 소득불평등의 지표로는 지니계수를 이용하고 빈곤의 지표로는 상대빈곤율을 이용한다. 지니계수는 모든 이가 동등한 소득을 가진 가장 평등한 사회를 0으로 하고 일인이 모든 소득을 독점한 가장 불평등한 사회를 1로 하여 0과 1 사이의 수치로 한 사회의 불평등 정도를 보여준다. 산업화된 국가들을 놓고 볼 때 지니계수가 0.3 이하의 수치를 보인 사회는 어느 정도 평등한 사회, 0.4 이상인 꽤 불평등한 사회로 볼 수 있다. 한 사회의 빈곤 정도를 측정하는 데에는 상대빈곤율이 많이 쓰인다. 상대빈곤은 한 사회의 표준적인 생활수준을 기준으로 볼 때 빈곤하다고 판단되는 경우를 말한다. 한 사회의 인구를 부유층으로부터 빈곤층으로 줄을 세워놓았을 때 딱 중간에 있는 사람의 소득을 중위소득이라고 하는데 이 중위소득의 50%에 못 미치는 소득을 가진 사람을 빈곤층으로 분류한다. 상대빈곤율은 빈곤인구가 전체인구에서 차지하는 비율이다.

한국의 소득분배 실태가 어떠한지를 이해하는 데에는 국제적 비교가 도움이 된다. 〈그림 2.1〉과 〈그림 2.2〉에서는 2012년 한국과 OECD 회원국들의 소득 불평등과 빈곤 수준을 제시하고 있다. 소득 불평등은 지니계수로, 빈곤은 중위소득 50% 기준의 상대빈곤으로 측정되었다. 옅은 막대는 시장소득을 기준으로 산출된 지니계수 혹은 상대빈곤율을, 검은 막대는 가처분소득 기준으로 산출된 지니계수 혹은 상대빈곤율을 보여준다. 여기서는 가처분소득에 초점을 맞추어 보자. 한국의 소득 불평등은 지니계수 0.31수준으로 프랑스나 아일랜드, 캐나다와 함께 OECD 평균에 가까운 그룹에 속한다. 한국의 불평등도는 지니계수가 0.25에서 0.27 사이에 분포하는 덴마크, 스웨덴 등 북구 국가들이나 0.30에 미치지 않는 오스트리아, 독일 등 유럽대륙 국가들보다는 높은 수준이다. 하지만 0.39 수준

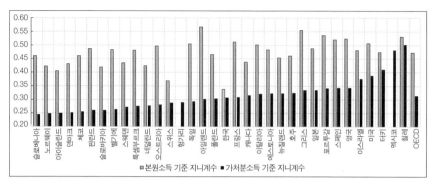

그림 2-1. 한국과 OECD 회원국의 소득 불평등, 2011년

자료: OECD Statistics

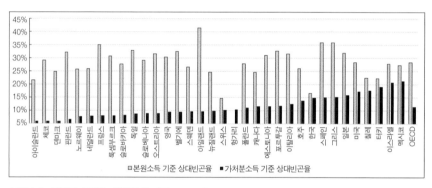

그림 2-2. 한국과 OECD 회원국의 빈곤, 2011년

자료: OECD Statistics

의 미국에 비해 크게 낮고, 0.34 수준의 영국, 스페인, 포르투갈, 그리스, 일본에 비해서도 양호한 상태이다.

그러나 한국의 빈곤수준은 소득 불평등도에 비해 매우 높은 수준이다. 본 연구에서는 국제적인 관례를 따라 빈곤은 소득이 중위소득의 50% 이하인 경우로 정의된다. 한국의 상대빈곤율은 14.6%로 호주나 그리스, 스페인과 근접한 수준으로, OECD 주요 회원국들 중에서는 한국보다 더 높은 빈곤수준을 보이는 국가는 17%인 미국이나 16%인 일본 정도밖에 없다. 한국의 빈곤율은 10% 아래의 낮은 빈곤수준을 보이는 북구 국가들이나 독일, 프랑스 등 대다수 유럽대륙 국가들에 비해서 훨씬 높은 수준이고, 캐나다나 이탈리아에 비해서도 악화된 빈곤 수준을 보인다.

이렇게 국제비교를 통해서 본 한국의 소득분배 실태는 빈곤은 심하나 불평등 정도는 그리 높지 않은 것으로 요약된다. 1990년대 이후의 소득분배 실태의 변화를 보아도 유사한 상황이 확인된다. 1980년대 후반 이후 민주화로의 이행이 이루어지고 경제의 세계화가 본격화되면서 한국의 소득분배는 그 양상이 크게 달라진다. 〈그림 2.3〉에서는 통계청의 가계동향조사 자료를 이용하여 도시의 2인 이상 가구에 포함된 인구를 기준으로 지니계수의 변화 추이를 제시하고 있다. 통계청은 가계동향조사의 표본을 2003년부터는 2인 이상 전체 비농가가구를 포함하도록 확대하였고, 다시 2006년부터는 전체 1인 이상 비농가가구로 확대하였다. 통계청은 또 2006년 시점부터 가계동향조사 자료에 농가 자료를 병합한 자료도 제공하고 있다. 하지만 1990년대 이후 한국의 소득분배 변화의 양상을 일관된 기준으로 파악하기 위해서는 이 시기 전체기간 소득조사가 이루어진 도시 2인 이상 가구를 대상으로 분석할 수밖에 없다. 이러한 시계열 분석은 1인 가구와 농촌지역 가구, 농가가구를 포함하지 못한 한계로 인해 소득 불평등도가 낮게 추정될 수 있는 문제를 가지고 있지만 소득분배의 시간적 추이를 보기 위해서는 불가피한 선택이다.

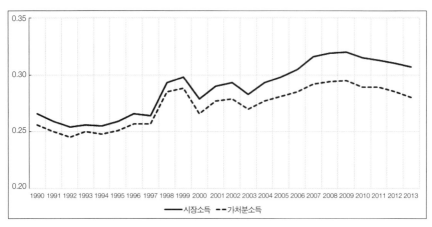

그림 2-3. 한국의 소득 불평등도(지니계수) 추이, 1990-2012
자료: 가계동향조사 1990-2013

〈그림 2.3〉의 정보를 종합하여 검토하면, 우선 1980년대 이래 본격화된 소득 불평등도 개선은 1990년대 초까지 지속되다가 그 이후 악화 추세로 반전됨을 알 수 있다. 우리나라에서는 제2차 세계대전의 종료와 함께 일제로부터의 독립을 이룬 후 1970년대 초까지는 소득 불평등도가 완화되는 추이를 밟은 것으로 보인다. 일본인의 철수와 적산 불하, 농지개혁과 한국전쟁의 경험, 1960년대 노동집약적 산업화가 평등화에 기여 요인으로 작용하였다(구인회, 2006; 김낙년, 2013). 그리고 1970년대를 거치면서 불평등도가 악화되다가 다시 1980년대에는 불평등도가 개선되는 등락의 모습을 보였으며, 1990년대 이후에는 불평등도가 악화되는 추세가 뚜렷해졌다.

1990년대 전반 0.25에 근접한 수준을 유지하던 지니계수가 1990년대 후반 아시아 외환위기를 계기로 하여 0.29 수준까지 증

가하였다. 외환위기로부터의 탈출과 함께 2000년대 초반에는 지니
계수가 0.27대로 낮아져 소득 불평등도가 어느 정도 개선되었지만
그 이후로 2009년까지 계속 악화되어 0.30에 접근하게 되었다. 그
이후로는 개선 추이로 전환되는 모습을 보이나 전반적인 수준에서
는 큰 변화 없이 유지되고 있으며, 1990년대 중반의 수준보다 높고
아시아 외환위기 시기를 상회하는 수준을 보인다. 그러나 앞의 국
제비교를 통해서 본 것처럼, 이러한 우리나라의 소득 불평등 지수
는 국제적으로 볼 때 높은 수준이라고 볼 수는 없다. 전반적인 불평
등 수준의 추이와 별도로 한 가지 주목되는 점은 1990년대에는 시
장소득과 가처분소득의 지니계수가 아주 근접한 상태에서 평행선
을 이루고 있었다. 그러나 2000년대 이후로 시장소득과 가처분소득
지니계수의 격차가 확대되었다. 이러한 양상은 정부의 조세와 공적
소득이전정책이 소득 불평등 악화를 완화시키는 기능이 증대되고
있음을 보여주는 것이다.

　　1990년대 이후 우리나라 소득 불평등도는 악화 추세를 보였지
만 그 추세는 비교적 완만한 것이었다. 이에 비해 같은 시기 우리나
라 소득 빈곤은 매우 급격하게 악화되는 양상을 보인다. 〈그림 2.4〉
에서는 상대빈곤율의 시간적 변화를 통해 확인된 1990년대 이후
빈곤 추이를 보여준다. 1992년에 상대빈곤율이 7%를 밑돌아 저점
에 이른 이후 증가 추세로 반전하였고, 아시아 외환위기 이후에는
12%를 넘는 수준까지 크게 악화되었다가 위기 탈출과 함께 많이

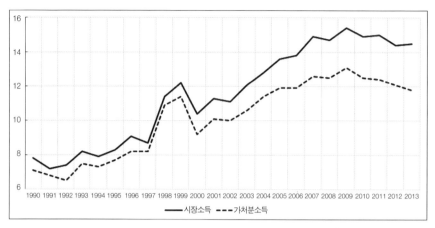

그림 2-4. 한국의 소득빈곤(상대빈곤율) 추이, 1990-2012
자료: 가계동향조사 1990-2013

개선된다. 그러나 2000년대에 상대빈곤의 악화는 소득 불평등 악화에 비해 더욱 두드러진다. 상대빈곤은 2009년까지 빠르게 증가하다가 그 이후 감소 추세로 돌아섰지만, 2013년에도 1999년 외환위기 시의 빈곤율보다 높은 수준에 머무르고 있다. 특히 시장소득 빈곤율을 볼 경우에는 15% 정도까지 올라 1990년대 초반에 비해 2배 이상 빈곤이 급증한 것을 알 수 있다. 가처분소득 빈곤은 그보다 덜하지만, 마찬가지로 2배 가까운 증가세를 보였다. 시장소득 빈곤율과 가처분소득 빈곤율의 차이가 2000년대 이후 증가한 점은 정부의 공공정책이 빈곤을 완화하는 기능을 증대하였음을 보여준다.

2. 기존 소득조사 자료의 문제점[1]

이렇게 빈곤은 심각한 수준으로 뚜렷하게 나타나는데 불평등 악화
는 나타나지 않는 점에 대해서는 깊이 따져볼 필요가 있다. 통계자
료 상에서 소득 불평등 악화 추세가 뚜렷하게 나타나지 않는 점은
양극화에 대한 사회적 논란에서 보이는 국민의 체감 불평등도와 대
비된다. 이 문제와 관련해서는 우리나라 소득조사의 부실을 그 이
유로 드는 전통적인 주장이 있는 바, 이 주장의 타당성에 대해 집중
적으로 검토할 필요가 있다. 서베이 조사자료에서 소득이 과소보고
될 경우, 특히 과소보고가 고소득층에 집중되어 이루어질 경우에는
빈곤 증가는 어느 정도 포착되지만 소득 불평등 악화는 잘 나타나
지 않을 가능성이 있다.

이러한 가능성에 대해서 확인하기 위해서는 소득조사 자료 검
토가 필요하다. 우리나라 소득분배의 국제비교와 시계열적 추이의
파악에서는 모두 통계청의 가계동향조사가 이용되고 있다. 가계동
향조사는 통계청에서 도시가계조사라는 이름으로 1963년부터 시
작하여 오늘에 이르고 있는 조사로서, 2010년 기준, 전국의 1,600만
비농가가구를 대표하는 8,700가구를 표본으로 소득과 소비를 조사
하고 있다. 통계청은 가계동향조사를 기본으로, 이에 농가경제조사
를 결합하여 농가까지를 대표한 자료를 구축하여 OECD의 국제기

1   이 절의 내용은 이원진·구인회(2015)에 기초하여 작성되었다.

준을 따라 "1인 가구를 포함한 전체 가구의 가처분소득"의 소득분 배지표를 공표하고 있다.[2] OECD와 LIS 등 국제기관에서 소득분배 의 국제비교 자료 또한 통계청에서 가계동향조사를 농가경제조사 로 보완하여 구축한 자료를 이용하고 있기 때문에, 그간 우리나라 소득분배 상태의 파악은 가계동향조사에 기초하여 이루어지고 있 다고 볼 수 있다. 따라서 여기에서는 가계동향조사를 주요 검토대 상으로 하여 최근 국제적으로 이루어지고 있는 조세정보 자료를 이 용한 고소득층 소득 추이 연구결과와의 비교, 국민계정과 서베이 조사결과의 비교 등을 통해 고소득층 소득 과소보고의 정도나 그로 인한 소득 불평등도 과소 추정의 정도를 볼 필요가 있다.

우선, 가계동향조사와 통계청에서 전국적인 범위로 소득을 조 사한 대표적인 서베이 자료인 가구소비실태조사, 가계금융복지조 사를 중심으로 소득분배의 실태를 비교해보자.[3] 가구소비실태조사 는 통계청에서 전국의 가구를 대상으로 1991년, 1996년, 2000년에 조사를 하여 같은 시기 가계동향조사와는 달리 전국의 비농가가구 를 포함하여 근로자가구 이외 가구(농가 제외)에 대해서도 연간소 득에 관한 정보를 담고 있다. 2000년 이후 전국 가구에 대해 소득

---

2   농가경제조사는 2010년 현재 전국의 126만 농가가구를 대표하는 2,800가구의 표본을 조사하고 있다. 농가경제조사는 2012년까지 1인 가구를 표본에서 제외하고 있었으나 2013년부터는 1인 가구를 포함하였다.

3   우리나라 소득조사 자료 간의 상세한 비교검토에 대해서는 이원진·구인회(2015)를 참 조하길 바란다.

을 조사한 자료로는 2011년 이후 가계금융복지조사를 들 수 있다. 가계금융복지조사는 2010년과 2011년 실시된 가계금융조사의 조사 내용과 표본 규모를 확대 개편하여 전국 전 가구를 대상으로 매년 조사를 하는 패널자료로서 2011년부터 소득분배 상태를 추정할 수 있는 자료이다. 가계동향조사와 다른 서베이 조사는 표본과 조사 방식에서 차이가 있고 이러한 차이가 소득분배 추정치의 차이를 초래할 수 있다. 앞에서 언급했듯이 전국가구를 대상으로 한 다른 조사와는 달리, 가계동향조사는 2002년까지는 도시의 2인 이상 가구를 표본으로 하였고 2003년부터는 전국의 2인 이상 비농가가구로, 2006년부터는 전국의 1인이상 비농가가구로 표본을 확대하였다. 또 가계동향조사는 다른 조사와는 달리 가계부 기장방식의 조사로 소비와 소득에 대한 조사를 한다. 그 외에도 가계동향조사는 월 단위로 조사가 이루어지는 패널조사로서의 특성을 가지고 있다.

〈그림 2.5〉에서는 가계동향조사와 가구소비실태조사, 가계금융복지조사를 이용하여 1990년에서 2013년에 이르는 기간의 상대빈곤율 추이를 비교하고 있다. 실선에 해당하는 부분은 가계동향조사를 이용하여 가처분소득 기준으로 2인 이상 도시가구의 빈곤 추이를 보여주는 것으로 〈그림 2.4〉와 동일하다. 두 개의 점선은 가계동향조사를 이용하여 2인 이상 비농가가구의 빈곤 추이와 전체 가구의 빈곤 추이를 보여주고 있다. 그런데 가계동향조사로 추정한 이러한 빈곤 추이를 가구소비실태조사 자료로 추정한 1991년, 1996년,

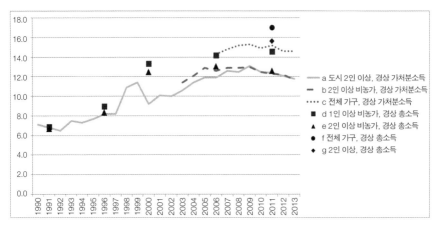

그림 2-5. 상대빈곤율 추이의 비교

자료: a, b, c: (도시)가계(동향)조사 및 농가경제조사, 통계청 소득분배지표
　　　d, e: 1991, 1996, 2000은 가구소비실태조사. 2006, 2011은 가계동향조사
　　　f, g: 2011은 가계금융복지조사

2001년 빈곤율 수치, 가계금융복지조사 자료로 추정한 2011년 빈곤율 수치와 비교하면 적지 않은 차이가 나타난다. 일관된 비교를 위해서 가구소비실태조사와 가계금융복지조사를 이용한 추정치는 모든 자료에서 얻을 수 있는 총소득(gross household income, 조세지출 전의 소득)을 기준으로 빈곤율을 추정하였고 1인 가구를 포함한 빈곤율은 작은 사각형(혹은 원형)으로, 2인 이상 가구를 대상으로 한 빈곤율은 삼각형(다이아몬드)으로 표시하였다. 1991년과 1996년의 가구소비실태조사 (총소득 기준) 빈곤율 추정치는 각각 6.9%, 9.0%로서(2인 이상 전체 비농가가구를 대상으로 한 추정치는 각각 6.7%, 8.3%), 가계동향조사를 이용하여 2인 이상 도시가구를 대상으로 추정한 (가처분소득 기준) 빈곤율 6.8%, 8.2%와 큰 차이를

보이지 않는다.

하지만 2000년대 이후의 서베이 자료를 보면 가계동향조사와 다른 서베이 조사의 빈곤율 추정치에 상당한 격차가 발견된다. 2000년의 가구소비실태조사 빈곤율은 13.3%로 같은 해 가계동향조사의 2인 이상 도시가구 빈곤율인 9.2%보다 4.1%p 높다. 표본대표성 차이의 영향을 최대한 배제하기 위하여 2000년의 가구소비실태조사 자료로 2인 이상 전체 비농가가구를 대상으로 추정한 빈곤율은 12.5%로 나타나 가계동향조사의 2인 이상 도시가구 빈곤율보다 3.3%p 높다. 이는 이들 서베이 간 빈곤율 추정치 격차 중 표본대표성 차이에 있어 설명될 수 없는 부분이 적지 않음을 짐작케 한다. 2011년의 경우 가계금융복지조사로 추정한 (총소득 기준) 빈곤율은 17.0%로 가계금융복지조사와 표본의 대표성이 유사한 가계동향조사와 농가경제조사 병합자료의 2011년 빈곤율 15.2%와 1.8%p의 격차를 보인다. 이러한 조사자료 간 비교는 표본대표성과 함께 조사 방식의 차이가 빈곤율 추정치에 차이를 초래하고 있음을 확인시켜준다.

이렇게 조사자료에 따라 추정된 빈곤의 수준에서 일정한 차이가 나타나지만, 불평등도 추정에서의 차이는 매우 크다. 〈그림 2.6〉에서는 같은 자료들을 이용하여 1990년에서 2013년에 이르는 기간의 지니계수 추이를 비교하고 있다. 실선과 점선은 가계동향조사를 이용하여 가처분소득 기준으로 지니계수의 추이를 보여주고 있

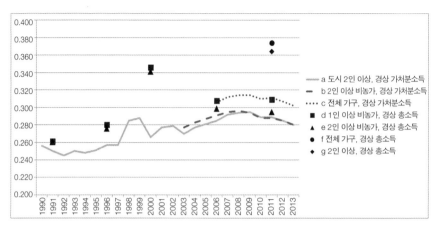

그림 2-6. 지니계수 추이의 비교

자료: a, b, c: (도시)가계(동향)조사 및 농가경제조사, 통계청 소득분배지표.
    d, e: 1991, 1996, 2000은 가구소비실태조사. 2006, 2011은 가계동향조사
    f, g: 2011은 가계금융복지조사

다. 가계동향조사로 추정한 추이를 가구소비실태조사 자료와 가계
금융복지조사 자료로 추정한 지니계수 수치와 비교한 결과, 가계동
향조사로 추정한 지니계수는 다른 자료의 추정치보다 낮은 수준을
보였다. 지니계수의 경우 빈곤율과는 달리 1990년대에도 가계동향
조사 자료의 추정치가 다른 자료에 비해 낮았다. 2000년대에 들어
서는 지니계수 격차는 더욱 커진다. 2000년의 가구소비실태조사의
지니계수는 0.35에 가까워, 같은 해 가계동향조사의 도시 2인 이상
가구 대상 수치 0.27보다 0.08 정도 높았다. 그리고 2011년 가계금
융복지조사 지니계수는 0.37로, 가계동향조사와 농가경제조사 병
합자료를 이용하여 추정한 수치 0.31보다 0.06 정도 높다. 이들 두
자료가 표본대표성에서 유사함을 고려하면, 자료 간의 소득 파악에

서의 차이가 크다는 것을 확인시켜준다. 지니계수 0.37은 영국이나 그리스, 스페인, 포르투갈 같은 남유럽 국가들보다 높은 수준이면서 미국에 근접하는 수준으로 OECD 국가들 중 가장 소득 불평등이 심한 경우에 해당하는 수치이지만, 0.31은 OECD 국가 평균보다 낮은 수준임을 고려하면 그 차이의 정도가 심각한 수준임을 알 수 있다.

이러한 서베이 자료 간 소득분배 지수 차이로 볼 때, 그간 소득분배 추이를 파악하는 주된 자료인 가계동향조사 자료가 빈곤율이나 소득 불평등도를 낮게 추정했을 가능성을 배제할 수 없다. 가계동향조사는 2006년 농림어가를 제외한 전국의 1인 이상 일반가구를 대표하도록 표본이 확대되었고, 이후 추가적인 개편을 통해 농가도 포함하는 자료를 제공하여 표본의 대표성이 크게 개선되었다. 하지만 그 이전의 자료는 대표성에 심각한 문제가 있음이 그간 누차 지적되었다. 1990년 이후 2002년까지의 가계동향조사자료는 그 표본에서 농어촌가구와 도시의 1인 가구, 농가가 포함되지 않아 전체 인구의 66-68% 정도를 대표하였을 뿐이다. 이 시기 1인 가구의 규모는 1990년 6.4%에서 2002년 11.9%로 증가하여 1인 가구 제외로 인한 소득 추정의 편의는 크게 증가하였을 것으로 보인다(강영욱, 2011). 특히 이 시기가 소득분배가 빠르게 악화되는 기간이었고, 다른 가구에 비해 1인 가구의 소득지위가 많이 하락하였다면, 가계동향조사는 1990년대 중반 이후 소득분배의 악화를 충분히 반영하지 못했을 가능성이 크다. 이 점은 가계동향조사와 가구소비실태조사로 추정한 소득분배 지수가 1990년대 초반에는 큰 차이를 보이지 않지만, 2000년대 이후에는 격차가 커진 점에서도 확인된다. 2003년부터는 도시와 농어촌의 2인 이상 가구를 포함하였지만, 1인 가구와 농가는 여전히 제외되어 있어서 2006년까지 이러한 문제는 지속되었다.

2006년 이후 가계동향조사 자료는 이러한 표본대표성의 문제를 크게 개선하였지만, 소득 정보에서의 문제는 존재하는 것으로 보인다. 가계동향조사에서 추정된 소득은 가구소비실태조사의 추정 소득보다 낮은 수준이었다. 1996년과 2000년 두 자료를 이용하여 도시의 2인 이상 근로자가구의 소득을 비교한 강석훈·박찬용(2003)에 따르면, 가구소비실태조사의 소득이 가계동향조사의 소득보다 1996년에는 1.038배, 2000년은 1.105배 높은 것으로 나타났다. 이러한 차이의 주요 원인은 가계동향조사가 고소득층의 소득을 과소하게 조사한 것에서 기인했을 가능성이 크다. 더욱이 표본이 확대된 2006년 이후에도 가계동향조사 자료에서는 상위소득자를 충분히 포함하지 못하거나 상위소득자의 소득 보고가 과소하게 이루어지고 있는 것으로 보인다. 1996년, 2000년 가구소비실태조사와 2006년, 2010년 가계동향조사를 비교한 김낙년·김종일(2013)에 따르면, 전반적인 소득증가에도 불구하고 가계동향조사에서 1억 원 이상의 명목소득자의 수가 적게 나타남을 보여주고 있다.

가계동향조사에서 고소득자의 소득 과소보고 가능성은 가계금

표 2.1 분위별 소득점유율 비교

	a 가계동향+ 농가경제	b 가계금융· 복지		a 가계동향+ 농가경제	b 가계금융· 복지
1분위	2.09	2.00	91분위	1.77	2.69
2분위	4.42	3.98	92분위	1.77	1.03
3분위	5.93	4.91	93분위	1.88	1.98
4분위	7.29	6.36	94분위	1.92	2.07
5분위	8.47	7.51	95분위	2.04	2.39
6분위	9.66	8.89	96분위	2.15	2.15
7분위	10.98	10.53	97분위	2.29	2.57
8분위	12.71	12.55	98분위	2.47	2.89
9분위	15.48	15.70	99분위	2.78	3.44
10분위	22.97	27.57	100분위	3.90	6.35

주: 1. 가계금융복지조사의 경우, 분위 경계값에 많은 사례들이 집중되어 있어 90분위에서 100분위 사이
　　에서는 점유율이 단조 증가하지 않는 양상을 보임
자료: 2011 가계동향조사, 농가경제조사, 2012 가계금융복지조사

융복지조사와의 비교에서도 확인된다. 〈표 2.1〉에 따르면, 2011년 가계동향조사와 농가경제조사의 병합자료에서는 가구소득 상위 10%의 소득 비중이 약 23% 정도를 보이나 같은 해의 소득을 조사한 2012년 가계금융복지조사는 그 소득 비중이 27%를 상회하는 것으로 나타난다. 또 상위 1%의 소득 비중도 가계동향조사는 3.9%를 전후한 수준으로 나타나나, 가계금융복지조사에서는 6.4%로 나타나 큰 차이를 보인다. 이는 가계동향조사 자료에서 상위소득층이 다수 누락되거나 소득을 과소보고하고 있음을 시사하는 것이다. 한

편 가계동향조사에서는 고소득층의 소득이 낮게 포착된 결과, 다른 서베이 조사에 비해 저소득층의 소득 비중은 높게 나타나고 있다. 〈표 2.1〉에서 빈곤층이 분포한 소득 1분위와 2분위의 하위 20%가 점유한 소득 비중을 비교하면, 2011년 가계동향조사에서는 6.51%로 가계금융복지조사 수치 5.98%보다 더 높게 나타난다.

가계동향조사의 표본대표성 문제가 해소되었음에도 불구하고 다른 서베이 조사와 비교해서 고소득층 소득이 과소 포착되고 있다면, 그 이유는 무엇일까? 그 이유는 소득 정보를 수집하는 다른 서베이와 구분되는 가계동향조사의 독특한 성격을 짚어봄으로써 발견될 수 있다. 가계동향조사는 1988년 이후 매 5년마다 조사가구 표본을 추출하여 이들을 대상으로 가계부 기장방식으로 월단위 소득과 지출을 조사하는 패널조사로 이루어져 왔고, 현재는 매년 표본의 1/3이 교체되는 표본대체식 패널조사(rotating panel)로 진행되고 있다. 이렇게 비교적 장기에 걸쳐 가계부 기장방식으로 소득과 지출의 세부적인 내역을 조사하는 패널조사의 성격상 소득과 지출의 노출을 꺼리는 고소득층의 응답거부나 과소보고가 많을 가능성이 있다. 이 점은 표본가구 8,700가구 중 응답가구는 7,100가구로 20% 정도의 가구가 응답을 하고 있지 않다는 점에서도 짐작할 수 있다.

앞에서 보았듯이 가계동향조사는 다른 서베이에 비해 소득 불평등도와 빈곤율을 낮게 추정하는 경향이 있다. 그런데 가계동향조사에서 심한 것으로 보이는 이러한 고소득층 소득의 누락이나 과소

표 2.2 소득 10분위별 소득경계값과 중위소득 대비 비율

	a 가계동향+ 농가경제	b 가계금융· 복지		a 가계동향+ 농가경제	b 가계금융· 복지
1분위 (천원, 년)	8,294	7,983	1분위 (%)	38.3	36.7
2분위 (천원, 년)	12,540	12,000	2분위 (%)	58.0	55.2
3분위 (천원, 년)	15,859	15,205	3분위 (%)	73.3	70.0
4분위 (천원, 년)	18,811	18,360	4분위 (%)	87.0	84.5
5분위 (천원, 년)	21,629	21,735	5분위 (%)	100.0	100.0
6분위 (천원, 년)	24,531	25,634	6분위 (%)	113.4	117.9
7분위 (천원, 년)	27,978	30,243	7분위 (%)	129.4	139.1
8분위 (천원, 년)	33,373	36,835	8분위 (%)	154.3	169.5
9분위 (천원, 년)	41,341	48,083	9분위 (%)	191.1	221.2

자료: 2011 가계동향조사, 농가경제조사, 2012 가계금융복지조사

보고는 가계동향조사 소득 불평등도 추정치가 다른 서베이 추정치보다 낮게 나타나는 현상을 설명할 수 있지만, 빈곤율의 차이를 설명하는 요인인지는 분명하지 않다. 이를 보기 위해서는 빈곤율을 결정하는 중위소득값과 저소득계층 소득수준에 주목하여 서베이자료를 비교하여야 한다. 고소득층의 누락이나 과소보고는 중위소득값에 영향을 줄 수 있으나, 가계동향조사의 중위소득값이 특별히 낮은 것으로 나타나지 않아 그 영향이 크지 않음을 짐작케 한다.

〈표 2.2〉를 보면 소득 상위 6분위 이상에서는 소득분위 경계값이 가계금융복지조사에서 높으나 중위소득값에서는 차이가 거의 사라진다. 따라서 가계동향조사에서 고소득층의 누락이나 소득 과

소보고는 지니계수에는 영향을 미쳤겠지만 빈곤율에 영향을 미쳤을 가능성은 적다. 반면에 소득 하위 4분위 아래 저소득층의 소득분위 경계값은 대체로 가계동향조사에서 높은 것으로 나타났다. 이는 가계동향조사에서 저소득층의 소득이 높게 보고되고 있음을 보여주는 것이다. 그 결과 빈곤층이 분포되어 있는 소득 2분위의 소득경계값의 중위소득 대비 비율은 가계금융복지조사에서는 55.2%인데 가계동향조사에서는 58%로 더 높게 나타났고 그 결과 빈곤율이 상대적으로 낮게 추정되게 된다.

그런데 가계동향조사에서 나타난 상위소득층의 누락이나 소득의 과소보고는 정도의 차이는 있으나 가구소비실태조사나 가계금융복지조사 등 다른 서베이 조사에서도 많이 나타나는 것으로 알려져 있어, 서베이 조사들을 비교하여 이 중 어느 하나가 실태를 제대로 보여주고 있다고 확신하기는 어렵다. 기존 연구에서는 이러한 이유로 서베이 소득 자료의 질을 평가하는 기준으로 국민계정과 같은 집계자료(aggregate data)를 이용하였다. 서베이 자료나 국민계정 자료나 모두 추정치라는 점에서 국민계정이 반드시 우월하다는 보장은 없으나, 대체로 서베이 자료가 집계자료인 국민계정보다 소득 과소보고의 문제가 심각한 것으로 알려져 있다(Atkinson, Rainwater, and Smeeding, 1995).

강석훈(2000)은 1996년 가구소비실태조사의 연간소득과 국민계정 소득자료를 비교한 결과를 제시하였다. 농가 소득, 민간비영리

단체의 소득 등에서 나타난 가구소비실태조사와 국민계정의 차이를 조정한 결과, 가구소비실태조사에 포함된 소득총액은 국민계정 개인부문 소득총액의 94.6%에 해당하여 두 자료의 차이점을 고려할 때 가구소비실태조사의 소득총액은 국민계정과 유사한 수준임을 밝히고 있다. 소득항목별로 볼 경우, 가구소비실태의 근로소득은 국민계정의 86.4-88.6% 정도를 포착하고, 사업소득은 117.6-120%에 달한다. 이렇게 근로소득과 사업소득은 과소보고의 문제가 크지 않지만, 재산소득과 이전소득의 경우에는 과소보고가 심각한 것으로 나타났다. 재산소득은 국민계정의 33.9%에 불과하고 특히 이자소득과 배당소득은 각각 15.6%, 30.0%에 불과하였다. 또 이전소득은 30.6%에 불과하였고, 연금과 사회보장수혜는 각각 21.6%와 16.5%의 낮은 수준을 보였다.

　김낙년·김종일(2013)은 2000년 가구소비실태조사와 2006년 가계동향조사를 각 년도의 국민계정자료와 비교했다. 가구소비실태조사와 가계동향조사는 동일년도의 자료가 아니기 때문에 비교에 한계가 있으나 두 조사자료의 특성을 국민계정을 기준으로 비교하여 보여준다는 점에서 참고할 점이 있다. 비교 결과에 따르면, 가구소비실태조사에서 가계소득은 국민계정 소득의 89.4%를 포착했으나 가계동향조사는 81.4%를 포착한 것으로 나타났다. 두 조사에서 근로소득은 국민계정의 82% 정도를 포착하였고 사업소득은 가구소비실태조사가 148.2%, 가계동향조사가 109.4%를 포착하여 가

계동향조사가 국민계정의 수치에 근접하였다. 그러나 금융소득의
포착은 두 조사에서 모두 낮게 나타났다. 특히 이자 및 배당소득은
가구소비실태조사에서는 23.4%, 가계동향조사에서는 5.7%로 매우
낮았다. 고소득층에 집중되어 있을 것으로 보이는 이들 금융소득의
경우, 가계동향조사는 가구소비실태조사의 1/4 수준을 포착하고
있을 뿐이다(김낙년·김종일, 2013). 가계동향조사에서 상위소득층의
소득이 낮게 잡히는 것은 이들의 금융소득과 큰 관련을 갖는 것으
로 보인다.

이렇게 가계동향조사는 가구소비실태조사 등 다른 서베이 조
사와 마찬가지로 집계자료인 국민계정보다 소득을 낮게 포착하는
경향이 있다. 근로소득 등의 경우는 80%대를 포착하여 다른 국가
들의 서베이 자료와 큰 차이를 보이지 않으나, 재산소득에서는 매
우 낮은 포착률을 보인다(Atkinson, Rainwater, and Smeeding, 1995).
특히 가계동향조사의 금융소득 포착률이 낮은 것이 이 조사에서 고
소득층의 소득이 낮게 추정되는 주요한 이유임을 짐작하게 한다.
국민계정 이외에도 조세와 사회지출의 집계자료 또한 서베이 소득
자료의 부정확성을 보여준다. 가계동향조사는 경상소득세 지출분
의 1/3을 조금 넘은 정도를 포착하고 있으며 사회보험 기여금도 과
소 포착하고 있다(김낙년·김종일, 2013). 그 중요한 몫은 상위소득자
의 소득세분이라고 짐작되지만, 일부는 저소득층의 경우에도 해당
될 수 있다.

서베이 자료의 소득이 고소득층의 소득을 제대로 반영하지 못
하여 소득분배 악화를 과소하게 보여준다는 점은 국제적으로 공통
적으로 나타나는 현상으로서 토마 피케티와 다른 연구자들의 소득
세 자료를 이용한 소득 불평등 연구에 의해 확인되었다. 앳킨슨·피
케티·사에즈(2011)에 따르면, 20세기 전반에는 많은 나라들이 전
쟁과 공황을 겪으면서 상위소득자들의 소득 비중이 급감했고 제2차
세계대전 이후 1970년대에 이르기까지 이들의 소득 회복이 이루어
지지 않았다. 그러나 1980년대 이후 30여 년의 기간에 걸쳐 급격한
변화가 일어났다. 유럽 국가들과 일본 등에서는 상위소득자의 소득
비중에 큰 변화가 나타나지 않았지만, 영미 계열의 국가들과 인도,
중국 등의 국가들에서는 전례 없는 속도로 상위소득자의 소득이 증
가하였다. 그 증가가 가장 뚜렷한 미국의 경우, 상위소득자 1%의 소
득 비중이 1976년 9%에서 2006년 23%로 14%p 가량 급증하였다.
그런데 미국의 대표적인 소득 자료인 상시인구조사(Current Popu-
lation Survey, 이하 CPS)에서는 상위소득자 1%의 소득 비중을 낮게
추정하고 있다. 이는 CPS에서 자본이득(capital gains)과 같은 소득
은 조사되지 않았고, 상한소득(top code) 설정으로 일정 기준 이상
의 상위소득자의 소득은 그 기준액으로 보고되며, 상위소득자의 소
득 과소보고 등으로 발생한다. 그 결과 1976년에서 2006년에 이르
는 기간에 상위 1%의 소득 증가가 4.1%p 일어난 것으로 나타나 소
득집중도의 증가를 매우 과소하게 반영하였다. 이러한 차이를 지니

계수로 환산하면 조세 자료에 나타난 상위소득자 1%의 소득 비중 증가는 30년간 지니계수를 10.8% 증가시켰지만, CPS 자료에는 상위소득자 소득 집중 증가로 인해 지니계수가 3.2%만큼 증가한 것으로 나타났을 뿐이다.

김낙년(2012)은 소득세 자료를 이용하여 상위소득자의 소득 비중 증가가 우리나라에서도 빠르게 진행되고 있음을 보여준다. 우리나라에서는 전체소득에서 상위소득자 1%가 가진 소득 비중이 1990년대 중반까지는 7% 수준에 머물러, 유럽과 일본과 유사하게 상위소득자로의 소득 집중 현상이 크게 나타나지 않는 추이를 보였다. 하지만 그 이후에는 영미 계열 국가들과 유사한 빠른 증가 현상이 발견되어 2009년에는 12% 수준으로 급증하였다. 이렇게 상위소득자의 급속한 소득 증가라는 현실이 우리나라에도 나타나고 있음을 고려하면 가계동향조사에 근거한 우리나라 소득분배 추정치와 현실의 분배 악화의 괴리 정도는 더욱 심각한 것임을 알 수 있다. 다른 국가들의 서베이 자료보다 소득의 과소보고가 더욱 심각한 우리의 가계동향조사는 상위소득자로의 소득 집중 급증의 많은 부분을 놓치고 있는 것으로 보인다.

3. 1990년대 중반 이후 소득분배 실태의 재검토

여기에서는 새로 이용할 수 있게 된 자료를 이용하여 1990년 중반 이후 소득분배 추이에 대해 분석을 수행한다. 본 연구의 분석 자료는 1996년 가구소비실태조사와 2012년 가계금융복지조사를 이용한다. 기존 연구에서 가장 많이 이용한 가계동향조사는 2006년부터 전국의 1인 이상 비농가가구로 표본을 확대했기 때문에 1990년대로부터의 전국가구의 소득분배 변화를 살펴볼 수 없다. 또한 앞에서 살펴보았듯이 고소득자 소득의 과소보고라는 중요한 약점을 가지고 있다. 이에 비해 가구소비실태조사와 가계금융복지조사 두 자료는 통계청에서 전국적인 범위의 소득에 관해 조사한 서베이 자료로서, 1990년대 이후 소득분배 추이 분석에 적절하게 이용될 수 있다. 가구소비실태조사는 1990년대의 소득분배 실태를 파악할 수 있는 거의 유일한 자료로서 통계청에서 전국의 가구(농가 세외)를 대상으로 1991년, 1996년, 2000년에 조사를 하여 연간소득에 관한 정보를 담고 있다. 이 중 소득조사의 내용이 세부적으로 이루어진 1996년 자료는 1990년대 후반 소득분배가 악화되기 이전의 소득분배 실태를 보여주는 자료로서, 본 연구의 분석 자료로 이용한다. 2000년대 이후 전국가구에 대해 소득을 조사한 자료로는 2012년 가계금융복지조사를 들 수 있다. 가계금융복지조사는 2010년과 2011년에 실시된 가계금융조사의 조사 내용과 표본 규모를 확대 개편하

여 전국 전 가구를 대상으로 매년 조사하는 패널자료로서 2012년
조사는 2011년의 소득 정보를 포함하고 있다. 표본의 대표성을 확
보하기 위해 각 조사에서 제공된 가중치를 이용한 조정을 하였다.
조사자료에 제공된 가중치가 가구가중치이고, 가구 규모의 차이를
반영하기 위해 가구가중치에 가구 규모를 곱한 값으로 가중한 후
에 분석이 이루어졌다.

　〈표 2.3〉에 제시된 가구주 연령대별 분포의 변화를 보면 15년
의 분석 기간 사이에 근로연령대 가구주가구에 사는 인구 규모는
크게 감소하였고, 노인 가구주가구에 사는 개인의 수가 크게 증가
하였음을 알 수 있다. 1996년에는 20-59세 근로연령대 가구주가구
에 사는 인구는 92.1%에서 82.3%로 9.8%p가량 감소하였다. 60세
이상의 노인이 가구주인 가구에 사는 인구는 1996년에는 7.6%였
으나 2011년에는 17.7%에 달하였다. 이러한 노인가구 인구의 증가
는 노인인구 증가율을 넘어서는 것이다. 아동청소년이 가구주인 가
구는 극소수에 불과하므로 별도의 논의를 할 필요는 없을 것으로
보인다.

　1996년 가구소비실태조사와 2012년 가계금융복지조사 자료
를 이용하여 분석 기간인 15년 동안의 우리나라 소득분배를 살펴본
결과, 적지 않은 변화가 발견되었다. 지니계수는 1996년 0.279에
서 2011년 0.363으로 증가하여 소득 불평등도가 상당한 정도로 악
화되었음을 보여준다. 빈곤율은 1996년 8.8%에서 2011년 16.7%

표 2.3 가구주 연령별 인구 구성과 소득분배의 변화, 1996-2011

분석 대상	사례 수(%)		지니계수		빈곤율(%)	
	1996	2011	1996	2011	1996	2011
전체	24,290	18,257	0.279	0.363	8.84	16.71
	(100.0)	(100.0)				
아동청소년 가구주	62	4	0.307	0.338	50.37	61.22
	(0.26)	(0.02)				
성인 가구주	22,378	15,022	0.267	0.343	6.73	11.45
	(92.13)	(82.30)				
노인 가구주	1,849	3,232	0.420	0.455	33.00	41.13
	(7.61)	(17.70)				

주: 1. 1996 가구소비실태조사에는 농가가 제외되어 있으므로, 분석의 일관성을 위해 2012 가계금융복지
조사에서도 농림어업 가구주가구(1,358가구)는 제외함
2. 가구표본 가중치에 가구원 수를 곱하여 가구원 단위로 분석하였음. 분석사례는 1996년은 24,290가
구이며, 2011년은 18,257가구임
3. 가구주의 연령을 기준으로 대상을 구분하였으며, 아동청소년 가구주가구는 만 19세 이하 가구주로,
근로연령대 가구주가구는 20세 이상 59세 이하 가구주가구로, 노인 가구주가구는 만 60세 이상 가
구주가구가 해당됨
4. 빈곤선은 균등화 가처분중위소득의 50% 미만으로 설정하였음(가중치: 가구표본×가구원 수)
자료: 1996 가구소비실태조사, 2012 가계금융복지조사

로 7.9%p나 증가하여 이 기간에 빈곤문제가 특히 심각하게 악화되
었음을 알 수 있다. 그런데 소득 불평등도의 변화는 근로연령대 성인
가구주가구 구성원들 사이에서의 불평등 악화에 의해 주도된 것으로
보인다. 이들 인구층에서의 지니계수는 1996년 0.267에서 2011년
0.343으로 증가하여, 노인 가구주가구 구성원 집단에서 지니계수가
0.420에서 0.455로 증가한 것에 비해 훨씬 큰 증가폭을 보였다. 전
체 지니계수 증가 중 일부는 상대적으로 소득 불평등도가 높은 노

인 가구주가구 인구집단 비율의 증가에 의해서도 초래된 것으로 볼수 있을 것이나, 집단 간의 지니계수 격차가 크지는 않아 그 영향이 크지는 않을 것으로 보인다. 요컨대, 이 시기 지니계수 변화를 설명하는 주된 초점은 근로연령대 가구주가구 구성원 사이에서의 불평등 악화에 두어져야 할 것으로 판단된다.

빈곤율 변화 추이에서는 지니계수의 변화 추이와는 상이한 양상이 나타났다. 근로연령대 성인 가구주가구 구성원 집단의 빈곤율은 1996년 6.7%에서 11.5%로 4.7%p가 늘어나 적지 않은 증가를 보였다. 노인 가구주가구 구성원 집단의 빈곤율은 1996년 33.0%에서 2011년 41.1%로 8.1%p나 증가하여 훨씬 큰 증가폭을 보였다. 물론 노인 가구주가구 구성원 집단이 전체 집단에서 차지하는 인구 비율이 2011년 기준 17.7%여서 이들 집단의 빈곤율 증가가 전체 빈곤율 증가에 기여하는 정도는 근로연령대 가구주가구 구성원 집단의 빈곤율 증가의 기여도에 비해 크지는 않을 것이다. 하지만 노인 가구주가구 구성원 집단과 근로연령대 가구주가구 구성원 집단의 빈곤율 격차가 매우 커서, 빈곤율이 높은 노인 가구주가구 인구집단 비율의 증가가 전체 빈곤율 증가에 미친 영향은 상당할 것으로 보인다. 요컨대, 이 시기 빈곤 악화를 설명하는 데에서는 노인 가구주가구 구성원들 사이에서의 빈곤 악화를 고려하는 것이 중요하다고 본다.

이러한 점은 개인을 기준으로 연령별 인구 집단의 변화를 볼 경우에 조금 더 분명해진다. 인구집단을 개인 연령을 기준으로 나누어 보는 것은 가구주 연령을 기준으로 보는 것과 다른 모습을 보여줄 수 있다. 노인은 가구주에 따라 노인 가구주가구에 사는 경우도 있고 근로연령대 가구주가구의 피부양자로 사는 경우도 있다는 점을 고려하면 개인 기준의 연령별 인구집단을 별도로 볼 필요가 있다. 또 앞의 가구주 연령을 기준으로 한 구분에서는 아동이 근로연령대 가구주가구 구성원으로 나타나지만, 여기서는 아동 집단을 별도로 구분하여 분석할 수 있다.

〈표 2.4〉에서 보면 20-59세의 근로연령대 성인의 인구비율은 전체 인구의 58.9% 정도로 유사한 비율을 유지하는데, 19세 이하 아동의 비율은 1996년 33.0%에서 2011년 24.9%로 크게 줄었고 노인 인구는 1996년 8.1%에서 2011년 16.0%로 크게 늘었다. 소득분배의 변화 양상은 가구주를 기준으로 분석한 〈표 2.3〉과 대체로 유사하게 나타난다. 소득 불평등도의 변화에는 비노인 집단 내에서의 불평등 악화가 큰 역할을 한 것으로 보인다. 그러나 노인의 경우에도 지니계수가 0.385에서 0.444로 증가한 것으로 나타나 노인 가구주 분석에서보다 훨씬 큰 증가폭을 보였다. 한편 이 시기 빈곤 악화를 설명하는 데에서는 노인들 사이에서의 빈곤 악화가 한층 중요한 역할을 하였다. 노인의 빈곤율은 1996년 29.4%에서 2011년 42.9%로 13.5%p나 증가하여 훨씬 큰 증가폭을 보였다. 더구나 노인 집단과 비노인 집단의 빈곤율 격차도 매우 커서 노인 인구 비율의 증가

표 2.4 연령별 인구구성과 소득분배의 변화, 1996-2011

분석 대상	사례 수(%)		지니계수		빈곤율(%)	
	1996	2011	1996	2011	1996	2011
전체	79,321	53,015	0.279	0.361	8.84	16.71
	(100.00)	(100.00)				
비노인	72,871	44,550	0.270	0.345	7.02	11.74
	(91.87)	(84.03)				
아동	26,157	13,198	0.264	0.348	8.11	12.70
	(32.98)	(24.89)				
성인	46,714	31,352	0.271	0.343	6.41	11.33
	(58.89)	(59.14)				
노인	6,450	8,465	0.385	0.444	29.38	42.89
	(8.13)	(15.97)				

주: 1. 1996 가구소비실태조사에는 농가가 제외되어 있으므로, 분석의 일관성을 위해 2012 가계금융복지
　　조사에서도 농림어업 가구주가구(1,358가구)는 제외함
　　2. 가구 단위의 조사자료를 가구원 단위로 변환하여 분석함. 1996년은 79,321명이며, 2011년은
　　53,015명임
　　3. 비노인은 아동청소년과 근로연령대 가구원을 포함함. 구체적으로 아동청소년은 만 19세 이하의 가
　　구원이며, 근로연령대 가구원은 20세 이상 59세 이하, 노인 가구원은 60세 이상임
　　4. 빈곤선은 균등화 가처분중위소득의 50% 미만으로 설정하였음(가중치: 가구표본×가구원 수)
자료: 1996 가구소비실태조사, 2012 가계금융복지조사

가 전체 빈곤율 증가에 미친 영향은 상당할 것으로 보인다.

　　다음 〈표 2.5〉에서는 1996년에서 2011년에 이르는 기간의 소
득분배 변화를 요인별로 나누어 보았다. 여기에서의 주된 관심은
이 기간에 나타난 전체 소득분배의 변화가 어떤 요인에 의해 설명
될 수 있는지를 보는 것에 있다. 구성효과는 노인가구 비율의 증가
혹은 노인 비율의 증가가 소득분배 변화에 기여한 정도를 보여주

표 2.5 소득분배 변화의 요인분해, 1996-2011

분석 대상	총 변화		구성효과		구조효과	
(A) 가구주 연령별: 노인/비노인						
지니계수	0.084	(100.00)	0.011	(13.52)	0.073	(86.48)
빈곤율	7.871	(100.00)	2.875	(36.53)	4.995	(63.47)
(B) 개인 연령별: 노인/비노인						
지니계수	0.082	(100.00)	0.008	(9.42)	0.074	(90.58)
빈곤율	7.875	(100.00)	2.441	(30.99)	5.435	(69.01)

주: 1. 1996 가구소비실태조사에는 농가가 제외되어 있으므로, 분석의 일관성을 위해 2012 가계금융복지
      조사에서도 농림어업 가구주가구(1,358가구)는 제외함
   2. 가구주 연령별 분석에는 1996년 24,290가구, 2011년 18,257가구 포함. 가구표본 가중치에 해당
      가구원 수를 곱한 수치로 가중화하여 분석하였음. 개인 연령별 분석에는 1996년 79,321명, 2011
      년 53,015명의 개인이 포함
   3. 노인은 60세 이상, 비노인은 20~59세의 개인을 포함함
   4. 빈곤선은 균등화 가처분중위소득의 50%로 설정함
   5. 총 변화는 2011년과 1996년의 지수 차이를 나타내며, 구성효과는 1996년 인구구성비로 조정한
      2011년 가상표본의 지수와 2011년 실제표본의 지수의 차이. 구조효과는 총 변화에서 구성효과로
      설명되지 않는 나머지를 나타냄
자료: 1996 가구소비실태조사, 2012 가계금융복지조사

고, 구조효과는 전체 소득분배 변화분 중 이러한 연령별 구성 변화
에 의해 설명되지 않는 부분으로서 노인과 비노인 각각의 집단 내
에서의 소득분배 변화가 전체 소득분배 변화에 미친 영향을 보여
준다.

전체적으로 보아 소득분배 변화 중 적지 않은 부분이 연령별
인구구성의 변화에 의해 설명되는 것으로 보인다. (A)의 가구주 연
령을 기준으로 한 요인분해에서는 1996년과 2011년의 기간에 나
타난 지니계수 변화의 13.5%, 빈곤율 변화의 36.5%가 노인 가구주
비율의 증가에 의해서 설명될 수 있음을 보여준다. (B)의 개인 연령

을 기준으로 한 분해에서는 분석 기간 중 증가한 지니계수의 9.4%, 빈곤율의 31.0%가 전체 개인에서 노인이 차지하는 비율의 증가로 설명될 수 있음을 보여준다. 그러나 전체 소득분배 변화 중 더 많은 부분이 구조효과에 의해 설명된다. 지니계수 증가의 80-90% 정도, 빈곤율 증가의 60%대 정도가 노인, 비노인 집단 내부의 소득분배 변화에 의해 설명되는 것이다. 따라서 분석 기간 중 전체 소득분배 변화에 대한 이해를 위해서는 근로연령대 성인 집단과 노인 집단을 구분하여 분석하는 것이 유용할 것이다. 이어지는 III장과 IV장에서는 근로연령대 성인 집단을 대상으로 소득분배의 변화를 분석한다. V장에서는 노인 소득분배를 다룬다.

III.

노동시장에서의 소득분배

1. 한국의 시장소득분배는 평등한가?

한국의 소득분배에서 특징으로 자주 꼽히는 사실은 시장소득, 그리고 그 대부분을 점하는 근로소득의 분배는 국제적인 기준에서 보아 평등한데, 가처분소득의 분배는 매우 불평등하다는 점이다. 한국에서 시장소득과 근로소득의 분배가 양호하다는 점은 한국의 가계금융복지조사자료와 LIS 자료를 이용하여 2010-2011년 시점에서 25-64세의 근로연령대 가구주를 가진 인구집단을 대상으로 근로소득과 시장소득, 가처분소득을 비교한 〈그림 3.1〉에서 나타난다.

(a)에서 나타나듯이 한국의 가처분소득 기준 지니계수는 0.34 정도로 브라질과 미국을 제외하고는 가장 높은 수준을 보이지만 시

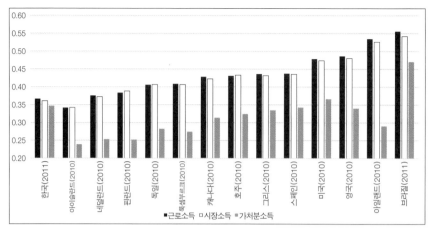

(a) 지니계수

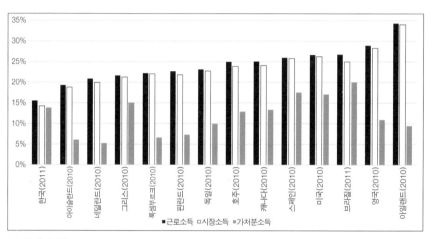

(b) 상대빈곤율

그림 3-1. 근로연령대 가구의 근로소득, 시장소득, 가처분소득의 분배 비교

자료: 2012 가계금융복지조사, Luxembourg Income Study

장소득과 근로소득 기준으로는 아이슬란드 다음으로 가장 평등한 분배 양상을 보인다. (b)의 가처분소득 기준 상대빈곤율을 보면, 한 국은 14% 정도로 브라질과 미국, 남유럽의 스페인과 그리스 다음 의 높은 수준을 보인다. 그러나 시장소득과 근로소득을 기준으로

보면 단연 가장 낮은 수준의 빈곤율을 보인다. 이러한 근로소득, 시장소득과 가처분소득의 분배상태의 비교를 통해서 한국에서는 시장소득이나 근로소득의 분배는 매우 평등한 편이지만, 국가의 공적소득이전 역할이 미약하여 가처분소득의 분배는 좋지 않다는 결론이 도출되기도 한다.

　그런데 과연 한국에서의 시장소득, 특히 근로소득의 분배는 평등하다고 볼 수 있을까? 이를 보기 위해서는 우선 〈그림 3.1〉의 분석이 근로연령대 가구주를 가진 '가구'를 대상으로 하여 가구 단위의 근로소득, 시장소득, 가처분소득을 비교한 것이라는 점을 분명히 할 필요가 있다. 즉, 위에서 검토한 근로소득의 분배는 개인 근로소득의 분배가 아니라 개인들의 근로소득을 그들이 속한 가구 단위에서 합산하여 조정한 가구 단위의 근로소득분배인 것이다. 그리고 이러한 가구 단위 근로소득의 분배는 개인들 사이에서 근로소득이 분배되는 양상과 개인들이 가구를 형성하여 근로소득을 가구소득으로 결합하는 양상이 같이 작용한 결과이다. 따라서 시장에서 결정되는 근로소득분배의 실태를 명확히 보기 위해서는 가구 단위에서 본 근로소득의 분배상태가 아니라 개인들 사이에서 이루어진 근로소득의 분배 실태를 분석해야 한다. 가구구성의 양상에 따라 개인 단위와 가구 단위에서의 분배상태에 차이가 나타나게 마련이며 가구구성의 양상은 나라마다 차이가 있기 때문이다.

　실제로 한국에서는 가구 단위에서의 근로소득 불평등과 근로

소득 빈곤은 국제적인 기준에서 보아 상당히 낮은 수준이지만, 개
인 단위에서의 근로소득 불평등과 저근로소득층 비율이 매우 높다
는 점은 약간의 분석으로 쉽게 확인된다. 〈그림 3.2〉는 근로연령대
성인이 가구주인 가구원들을 표본으로 하여 한국의 개인 단위의 근
로소득 분포와 가구 단위의 근로소득 분포를 LIS 조사에 참가하고
있는 국가들과 비교하고 있다. 지니계수의 경우에는 가구 단위의
소득분배는 가구 근로소득 합을 성인가구원 수로 나눈 산술평균의
지니계수와 가구 근로소득 합을 전체 가구원 수의 제곱근으로 나눈
균등화 근로소득의 지니계수, 이 두 가지로 다시 나누어 보았다. 저
소득자 비율의 경우에는 개인 단위에서는 근로소득이 중위 근로소
득의 2/3 미만인 비율, 가구 단위에서는 산술평균소득이 중위소득
의 2/3 미만인 비율과 중위소득의 1/2 미만인 비율, 균등소득이 중
위소득의 1/2 미만인 비율로 살펴보았다.

　　분석 결과, 다른 나라들과 비교할 때 한국의 근로소득분배에
서는 매우 독특한 양상이 두드러진다. 개인 단위의 근로소득과 가
구 단위의 근로소득의 지니계수는 한국에서 가장 큰 격차를 보인
다. 한국의 개인 단위 근로소득 불평등 지니계수는 0.64로, 브라질,
아일랜드, 그리스 다음 수준으로서, 미국, 영국, 스페인과 함께 매우
불평등한 집단에 속하였다. 하지만 가구 단위에서 근로소득 불평등
도를 보면, 산술평균으로 볼 경우에는 지니계수가 0.39이고 균등소
득으로 볼 경우에는 지니계수가 0.38로 아이슬란드 다음으로 가장

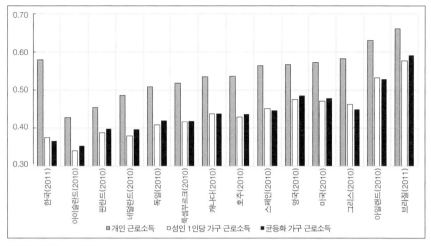

(a) 근로소득 지니계수

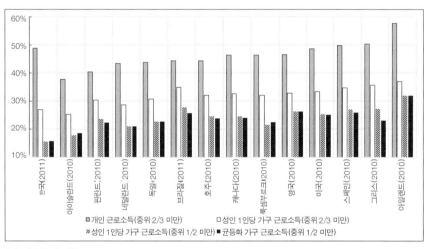

(b) 저소득자 비율

그림 3-2. 근로연령대 가구의 개인 근로소득과 가구 근로소득의 분배 국제비교

자료: 2012 가계금융복지조사, Luxembourg Income Study

평등한 국가로 나타났다. 한편 저소득자 비율을 보면, 개인 근로소
득에서 가구 단위 산술평균소득으로 이행하는 과정에서 한국의 중
위소득 2/3 기준 저소득자 비율은 40%에서 25%로, 중위소득 1/2

기준 비율은 16%로 급격하게 떨어졌다. 그리고 가구 단위의 균등
소득으로 볼 경우에 저소득자 비율(빈곤율)은 18%로 나타났다. 요
컨대, 한국은 가구 단위의 근로소득 불평등도와 빈곤율은 가장 낮
은 국가이지만, 개인 단위 근로소득의 불평등도와 저소득자 비율은
매우 높은 경우에 속하는 것이다.

　　이러한 분석에 따르면, 한국에서 시장소득 혹은 그 주된 원천인
근로소득이 평등하게 분배된다는 주장은 그다지 정확한 것은 아니
다. 시장소득, 그리고 근로소득의 분배는 개인 단위에서 분석할 때
잘 드러나는데, 이 경우에는 한국에서 그 분배가 매우 불평등하다
는 것이 확인된다. 그러나 이러한 시장소득의 불평등에도 불구하고
가족적 결합을 통해 가구 단위의 분배상태는 평등하게 개선되는 것
이다. 이하 III장에서는 우선 개인 단위의 근로소득분배 양상과 그
시간적 변화를 검토한다. 그리고 IV장에서는 개인 단위의 근로소득
불평등이 가족 단위의 결합을 통해 완화되는 메커니즘을 분석하고
그 시간적 변화를 검토한다.

2. 근로소득 불평등에 대한 이론적 검토

그렇다면, 우리나라에서 근로소득 불평등도가 높은 이유는 무엇일
까? 산업화된 대다수의 나라에서 근로소득으로 가장 큰 비중을 차

지하는 것은 피용자의 임금소득이다. 우리나라의 경우도 예외는 아니다. 따라서 우리나라의 근로소득 불평등은 근로소득자의 다수를 차지하는 피용자의 임금소득이 불평등하게 분배되어 있기 때문에 나타났을 것이다. 실제 우리나라의 임금 불평등도는 국제적인 기준에서 볼 때 매우 높은 것으로 알려져 있다(김유선, 2005). 그러나 다른 한편으로는 우리나라에서는 자영자의 규모가 상대적으로 큰 편이서 자영자의 근로소득도 적지 않은 비중을 차지한다. 자영자의 근로소득분배가 피용자보다 불평등하다면 자영자의 규모가 크다는 점 때문에 우리나라의 근로소득 불평등이 높아질 수 있다. 여기에서는 피용자 임금소득과 자영자 근로소득의 분배에 관련된 이론적 논의에 대해 살펴본다.

그렇다면 높은 임금 불평등도는 어떻게 설명될 수 있는가? 불평등을 다루는 문헌에는 크게 두 가지 접근법이 존재하는데 이에 대한 검토는 임금 불평등을 이해하는 데에 도움이 된다. 한편에서는 불평등을 경제적 현상으로 좁게 이해하는 데에 반대하고 정치적, 이념적, 인지적 요인들이 불평등 증대에 미친 영향을 강조하는 시각이 있다. 노벨경제학상 수상자인 조지프 스티글리츠(Joseph Stiglitz)는 그의 저서 『불평등의 대가』(2013)를 통해 미국의 불평등 심화는 월가(Wall Street)로 대변되는 금융자본 관련세력의 지대추구(rent-seeking) 행위와 밀접하게 관련되어 있다고 주장한다.[4] 이

---

4   여기서 지대추구는 지주가 특별한 생산적 기여 없이 토지생산물 수익을 약탈적으로 챙

들은 정치적, 이념적 영향력을 확대하며 경제의 금융화와 금융의 세계화를 주도했는데, 이것이 1980년대 이후 신자유주의 확산의 핵심을 이루는 것으로 최상위 1% 계층의 엄청난 부의 축적과 불평등 악화의 주된 원인이라는 것이다. 정치학의 불평등 연구도 이러한 맥락에서 이루어지고 있다(Hacker and Pierson, 2011). 다른 한편에서는 불평등을 경제적 요인과 관련지어 검토하고 특히 노동시장과 관련제도에 초점을 맞추어 원인을 규명하는 보다 전통적인 입장이 있다. 이 전통적 입장에서의 이론적 논의에 따르면, 임금 불평등 증대에는 노동력의 수요·공급과 관련된 노동시장 요인과 최저임금제나 노동조합 같은 제도적 요인이 작용한다. 본 연구는 불평등을 정치·사회적 맥락에서 보아야 한다는 주장을 타당한 것으로 받아들이지만 가구조사 자료를 이용한 실증적 연구라는 특성상, 노동시장과 관련제도의 요인을 중심으로 논의가 이루어지는 한계가 있음을 밝힌다.

기존 연구문헌의 많은 논의들은 임금 불평등 증가의 주요 원인으로 숙련 수익(return to skills)의 증가를 든다. 노동력의 수요, 공급 요인을 강조하는 입장에서는 이러한 숙련 수익 증가가 노동시

기듯이, 금융자본도 사회에 대한 생산적 기여 없이 많은 부를 자기 몫으로 가져가는 현상을 가리킨다. 이들 월가의 금융자본은 약탈적 대출과 투기적 투자로 2008년 금융위기를 일으켜 중산층 주택가격 폭락과 저소득층 대량실직을 초래했지만, 막대한 정치적 영향력을 통해 거액의 수익을 올리는 데에 성공하였다. 1997년 외환위기도 우리나라가 국제화된 금융자본의 희생양이 된 예로 볼 수 있는데, 이후 우리나라의 불평등 악화가 본격화되었다는 점도 주목할 수 있다.

장에서의 숙련에 대한 수요와 공급의 관계에 의해서 결정되었다고
본다. 미국의 경우에는 1970년대 이래로 숙련노동력에 대한 수요
가 증가하였고 그러한 상황에서 고숙련근로자의 공급이 그에 상응
하는 속도로 빠르게 이루어지지 않게 되어 임금 불평등이 증가하
였다는 것이다. 그 대표적인 견해는『교육과 기술의 경주(*The Race
Between Education and Technology)*』에 나오는 가설로서, C. 골딘
(Goldin)·L. 카츠(Katz, 2008)는 숙련 편향적 기술혁신으로 인해 숙
련근로자에 대한 수요가 확장되는 상황에서 대졸자 등의 고숙련노
동력을 배출하는 데 미국의 교육제도가 제 역할을 하지 못하였음을
지적한다. 경제학자들은 이러한 숙련노동력 수요 증가의 원인으로
컴퓨터 도입 등의 숙련 편향적 기술혁신(Skill-Biased Technological
Change)을 주로 꼽는다(Katz and Murphy, 1992; Levy and Murnane,
1992; Juhn, Murphy and Pierce, 1993; Acemoglu, 2002). 그리고 교육
정책의 개선을 통한 인적자본(human capital)의 향상이 임금 불평
등 증가에 대한 대책으로서 제안된다.

　이러한 전통적인 숙련 편향적 기술변화론은 근로자 숙련(work-
ers' skills)과 직무과업(job tasks)을 구분하고 그 관계를 설명하는
직무기반 접근(task-based approach)에 의해 일정한 수정을 겪게
된다(Autor, Levy, and Murnane, 2003; Acemoglu and Autor, 2011;
2012). 이러한 접근은 미국에서 1990년대 이후 주로 중위소득자 이
상의 상위소득층 내에서 집중적으로 나타난 임금 불평등 증대 현

상에 대한 설명으로 등장하였다. 이 견해에서는 컴퓨터혁명 등의 기술변화가 중간소득층의 반복적인 작업(routine job)에 대한 수요를 줄이지만 상위와 하위소득층의 반복적이지 않은 작업(non-routine job)에 대한 수요를 늘리는 일자리 양극화(job polarization)가 나타난다고 본다. 그리고 이러한 일자리 수요 변화로 인해 중간층에 비해 상위층과 하위층의 소득이 증가하게 된다고 설명한다 (Autor, Katz, and Kearney, 2008). 해외 아웃소싱(off-shoring)과 같은 국제화도 중간소득층 반복 작업의 대체에 기여하는 요인이 된다 (Acemoglu and Autor, 2011; 2012). 이는 개발도상국으로부터의 수입 증가 또한 관련제조업의 일자리 감소에 기여한다(Autor, Dorn, and Hanson, 2013). 한편 저숙련 서비스 일자리의 증가는 중간소득층의 반복작업 일자리의 감소와 대비되는 것으로 하위층 소득이 중간층에 비해 상승하는 요인으로 작용한다(Autor and Dorn, 2013).

한편 임금 불평등 변화에서 제도의 역할을 강조하는 연구들은 미국에서 1980년대에 노동조합 약화와 최저임금 하락 등의 요인이 임금 불평등 증가에 크게 기여하였음을 지적하였다(Dinardo, Fortin, Lemiuex, 1996). 또 1990년대 이후 나타난 상위소득층의 불평등 증대에 대해서도 노조조직률의 하락, 성과급제도의 확산 등 제도변화의 역할을 강조한다. 최상위소득층의 집중 현상에 대해서도 제도와 사회규범 등이 영향을 미친 것으로 설명될 수 있다(Piketty and Saez, 2003; Lemiuex, 2008).

제도의 역할을 강조하는 이러한 입장은 미국의 임금 불평등에 대해서만이 아니라 프랑스, 독일 등의 유럽대륙 국가나 일본 등 1980년대에 유사한 기술변화를 경험한 선진산업국가에서 임금 불평등 추이에 나타난 차이에 대해서도 설명력을 가진다(Lemiuex, 2008). 사실 숙련 편향적 기술변화론에 따르면 모든 국가가 유사한 기술변화를 경험하고 이에 따라 유사한 방향으로 임금 불평등도의 변화를 겪게 될 것이다. 그러나 이러한 예측은 선진산업국가들에서 나타나는 다양한 불평등도 양상과 부합되지 않는다. 이러한 국가 간 차이는 임금 불평등 변화에서 임금결정 등의 제도적 요인이 중요한 역할을 한다는 점을 시사한다. 임금결정이 중앙화된 정도나 노동조합의 힘 등이 미국과 유럽의 차이를 설명할 수 있다는 것이다(Freeman and Katz, 1995).

이러한 이론적 논의에 기초하여 볼 때 한 나라의 임금 불평등도는 노동시장 수요, 공급요인과 제도의 영향을 포괄하여 통합적으로 설명하는 것이 필요할 것으로 보인다. 기존에도 노동시장 수요, 공급과 제도의 역할을 통합하여 설명하려는 시도가 있었다. 영미 계열 국가들과 유럽대륙 국가 간의 차이를 하나의 통합적 가설로 설명하는 통합이론(unified theory)이 등장하였다. 일부 노동경제학자들은 미국과 유럽이 모두 기술변화와 세계화 등으로 노동수요의 변화를 경험하였지만 노동시장제도의 차이로 인해 그 발현 양상이 다르게 나타난 것으로 본다(Blank, 1997; Blau and Kahn, 2002).

그런데 근로소득은 피용자의 임금소득만으로 구성된 것은 아니며 자영자 소득도 중요한 구성요소이다. 특히 우리나라는 국제적인 기준에서 보아 자영자 비중이 매우 높다. OECD(2008)의 국제비교 자료에 따르면 우리나라 전 산업 부문에서 비임금근로자가 차지하는 비율은 2006년 32.8%에 달하여 OECD 평균 16%의 두 배가 넘는다. 그런데 자영자의 근로소득 불평등도는 근로자의 근로소득 불평등도보다 높을 것으로 예상된다. 자영자에는 영세 저소득 자영자와 전문직의 고소득 자영자가 포함되어 있기 때문이다. 따라서 우리나라의 높은 자영자 비율은 근로소득 불평등도를 높이는 하나의 요인으로 작용할 수 있다.

우리나라에서 자영자의 비중은 시간적 변화를 겪어왔다. 금재호 외(2009)에 제시된 통계청 「경제활동인구연보」 자료에 따르면, 농림수산업을 제외한 전 산업 부문을 대상으로 볼 경우 자영업 종사자의 비중은 1965년 42.3%에서 꾸준히 하락하여 1990년 27.9%까지 줄었다. 이러한 자영자 감소는 산업화에 따라 나타난 자연스런 추세이지만 그 비중은 서구 국가들에 비해서 매우 높은 수준을 보여주었다. 우리나라에서는 정부의 보호무역주의와 대기업 규제, 조세정책 등의 영향으로 자영자의 비중이 높게 유지되었을 것으로 짐작해볼 수 있다. 그런데 다른 많은 국가들에서도 나타나듯이 1990년대에는 자영자 비중이 다시 증가 추세로 돌아 1990년대 후반 30%를 넘었다가 2000년대 이후 다시 감소세로 돌아서서 2007년에는

27.2%로 낮아졌다(전 산업을 보면 1964년 69.3%에서 2007년 31.8%로 줄었다). 기술혁신, 서비스경제로의 이행 등의 변화가 자영업 창업을 유인하는 영향을 미쳤는가 하면, 노동시장 유연화 등 임금근로 고용 불안 증대, 저학력 고령자의 노동시장 퇴출 등이 저숙련 중고령자의 자영업 진입을 촉진한 면도 있는 것으로 보인다(금재호 외, 2009; 최문경·이명진, 2005). 1990년대 후반에는 자영업이 고용불안과 실업에 대한 안전망으로서 기능한 측면도 있는 것으로 보인다(류재우·최호영, 1999). 하지만 2003년 신용대란을 거치면서 자영업 부문의 쇠락이 본격화되었다. 2000년대에 들어서서는 자영자의 소득이 정체되고 임금근로자 대비 상대소득도 하락하는 추세를 보이며 자영업 내부에서의 양극화도 본격화된 것으로 보인다(금재호 외, 2009).

이러한 추세에 따르면 자영자의 근로소득 불평등도가 악화되었음을 짐작할 수 있고, 이것이 다시 전체 근로소득 불평등도를 높이는 추가적인 요인으로 작용하였을 것으로 보인다. 이러한 가능성은 가구 수준에서 자영자와 근로자를 비교한 분석에 의해서 밑받침된다. 반정호(2012)에 따르면 외환위기를 전후로 하여 자영자가구 근로소득의 증가율이 낮아지면서 근로자가구와의 소득역전현상이 나타났고 자영자 내부 소득격차와 빈곤위험이 증대하였다. 자영자는 임금근로자에 비해 소득 불평등도가 높으며 저소득층의 비중도 높다. 그 결과 1990년대 후반부터는 자영자 가구의 빈곤율이 임금근로자 가구의 빈곤율보다 높은 경향을 보인다.

3. 한국 근로소득분배 실태의 분석

1) 한국의 임금 불평등도 추이

〈그림 3.3〉은 우리나라 전일제 근로자의 임금 불평등도와 저임금근로율을 다른 OECD 국가들과 같이 제시하고 있다. 임금 불평등도는 임금 10분위배율(D9/D1)로 제시하였고, 저임금근로율은 세전 임금소득이 중위 임금의 2/3보다 낮은 저임금근로자 비율로 측정되었다. 이를 보면 2011년 기준 한국의 임금 10분위 배율은 5에 육박하여 이스라엘, 미국과 함께 가장 높은 수준을 보인다. 또 저임금 근로자의 비율 또한 OECD 회원국 중 가장 높은 수준이다. 한국의 저임금근로자 비율은 25%가 넘어, 15%대 이하의 수준을 보이는 다수의 유럽 국가들은 물론 영국, 캐나다 등의 영미 계열 국가들보다도 높아 미국과 함께 가장 높은 수치를 나타낸다. 임금 분배에서 불평등도와 저임금근로율이 모두 높게 나타나고 있는 것이다.

그렇다면 이러한 임금소득의 분배양상은 언제부터 시작되었는가? 〈그림 3.4〉의 (a)에는 1980년대 전반(1984년)부터 2012년까지 한국 전일제 근로자의 임금 10분위배율(D9/D1)로 측정하여 주요 OECD 국가들과 비교한 결과를 보여준다. 한국의 임금 10분위배율은 2011년 기준 4.8 수준을 보여 5.0에 달한 미국에 비해서는 조금 낮으나 3.5를 넘는 영국은 물론, 3.0에서 3.5 사이의 독일, 프랑스,

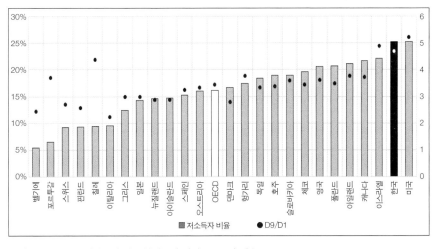

그림 3-3. OECD 회원국의 임금 불평등과 저임금근로자 비율
자료: OECD 통계치

일본, 2.0대의 스웨덴, 덴마크와 비교할 때 매우 높은 수준을 보인다. 이러한 한국의 높은 임금 불평등도 수준은 1990년대 전반 이후 20년간 빠르게 악화된 결과로 나타난 것이다. 1980년대 전반에 한국의 임금 10분위배율은 4.5를 넘어 매우 높은 수준이었으나 1990년대 전반까지는 3.5에 근접한 수준으로 떨어져 미국보다 낮고 영국에 근접하는 수준으로 개선되었다. 이러한 임금 불평등의 증가 추세는 미국과 영국에서는 1980년대부터 시작되어 지속되었고, 독일과 스웨덴, 덴마크도 임금 불평등도의 절대적인 수준은 낮은 상태에 있지만 1990년대부터 증가세를 보인다. 한편 프랑스와 일본은 대체로 임금 불평등도가 정체상태를 보인다. 한국은 완만한 증가를 보인 유럽 국가들은 물론, 급속한 불평등 증가를 보인 미국과 비교해서도 매우 급속한 불평등 증가 추세를 경험하였음이 확인된다.

1990년대 이후 두드러진 한국의 임금불평등 악화가 소득분배에 미치는 영향을 가늠하기 위해서는 그 세부적인 양상을 볼 필요가 있다. 〈그림 3.4〉 (b)에서 나타나듯이 중위 임금근로자 대비 상위 9분위 근로자의 상위 임금배율(D9/D5)의 상승은 일본과 프랑스를 제외한 대다수 나라에서 관찰된다. 미국이나 영국에서는 1980년대 이후 그 상승이 빠르게 이루어졌고, 다른 유럽 국가들에서도 1990년대 이후에 상승 양상이 나타난다. 한국의 경우 임금 10분위배율과 마찬가지로 1980년대에 걸쳐 상위 임금배율이 빠르게 감소하다가 1994년 이후 반전하여 빠르게 증가하는 양상을 보인다. 반면에 (c)에서 알 수 있듯이, 1990년대 하위 1분위 근로자 대비 중위 근로자의 하위 임금배율(D5/D1)의 상승은 한국에서만 나타나는 특이한 현상이다. 한국은 1980년대에 하위 임금배율이 감소하였지만 1990년대에는 빠르게 증가하여 미국과 함께 가장 높은 수준을 보인다. 통일을 경험한 독일이나 덴마크가 1990년대 이후 하위 임금배율이 상승하여 한국의 하위 임금근로자의 임금 하락과 유사한 양상을 나타낼 뿐이고, 다른 나라들은 하위 임금배율의 증가 추세가 뚜렷하지 않다. 이렇게 한국에 특이한 하위 임금배율의 빠른 증가세와 높은 수준이 빈곤의 급격한 증가로 이어진 것으로 보인다. 이상의 결과를 전반적으로 볼 때 임금소득의 분배 추세는 가구 소득의 불평등도와 빈곤이 모두 증가한 양상과 일관되게 나타남을 알 수 있다.

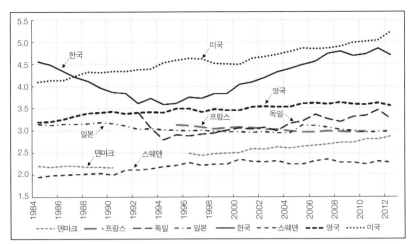

(a) D9/D1 추이

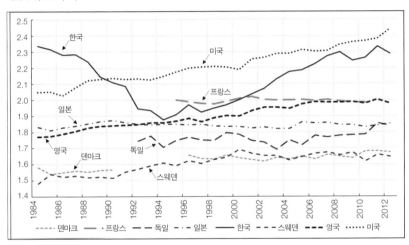

(b) D9/D5 추이

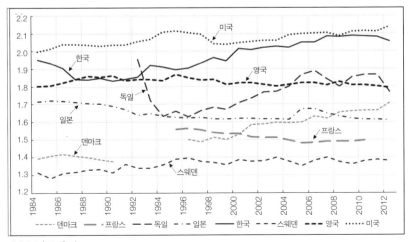

(c) D5/D1 추이

그림 3-4. 한국과 주요 OECD 회원국의 임금분산(D5/D1) 추이

자료: OCED 통계치

이러한 임금 불평등 추이에 대해 우선 설명하여 할 점은 임금 불평등도가 1980년대 이후 1990년대 전반까지 크게 개선되다가 그 이후 악화 추세로 반전되고 2000년대 후반까지 급속하게 악화된 전반적인 추이에 관한 것이다. 다수의 기존 연구들은 이러한 임금 불평등 추이를 노동시장에서의 수요, 공급 요인으로 설명하였다. 1980년대 이후 대졸자와 같은 고학력자의 공급과 수요의 변화가 학력 간 임금격차의 변화를 초래하는데, 이것이 이 시기 임금 불평등도 변화의 전반적인 추이를 설명한다고 본다(Kim and Topel, 1995; 유경준, 1998; Fields and Yoo, 2000; Kang and Yun, 2008). 최강식·정진호(2003)에 따르면, 1983년에서 1993년에 이르는 시기에는 대졸자의 공급증가로 대졸자의 상대임금이 하락하였으나 1993년에서 2000년에 이르는 시기에는 대졸자의 지속적인 공급증가에도 불구하고 대졸자의 상대임금이 상승세를 보였다. 이 연구에서는 노동시장에서 대졸자에 대한 수요증가가 공급증가를 초과하여 학력 간 임금격차가 확대되었다고 보며 이러한 노동수요 변화는 산업 전반에 걸친 숙련 편향적 기술진보에서 초래되었다고 본다.

이렇게 기존 연구에서는 1990년대 이후 임금 불평등 악화의 주요 원인으로 숙련 편향적 기술변화를 강조하여 이로 인한 숙련, 비숙련 근로자에 대한 노동수요 변화가 강조되었다(신석하, 2007; 박성준, 2000; 최강식·정진호, 2003; 서환주 외, 2004; 박철성, 2012). 또 1990년대 이후 우리나라 임금 불평등도 악화에서 경제개방의 영향을 강조하는 연구들도 적지 않다(옥우석·정세은·오용협, 2007; 안정화, 2007; 남병탁, 2010).

이들 연구에 따르면 1990년대 중반 이후 중국과의 교역 증가나 우리나라 기업의 해외 아웃소싱 증가 등으로 국내 저숙련근로자에 대한 수요는 크게 감소하고 고숙련자의 비중은 증가하였다(전병유, 2013).

그러나 이러한 노동수요 변화가 매우 급속하게 이루어진 임금 불평등도의 추이 변화를 전체적으로 설명하기에 충분한 정도인 것으로 볼 수 있는지는 의문이다. 더욱이 그간의 연구는 전반적인 임금 불평등도의 추이에 주의를 기울일 뿐, 다른 나라와는 달리 우리나라에서 저숙련근로자의 임금하락이 뚜렷한 점에 대해서는 충분한 설명을 제공하고 있지 못하다. 우리나라에서는 다른 선진산업국가들과 같이 중위층 이상에서의 불평등이 악화하였지만, 이들 나라들과는 달리 중위층 이하에서의 임금 불평등도 크게 아화되는 모습을 보였다(〈그림 3-4〉 (c) 참조). 이러한 점에서 임금 불평등에 영향을 미치는 제도적 요인에 대한 검토가 중요하다.

그런데 제도적 요인으로 흔히 검토되는 노동조합이나 최저임금제도는 우리나라에서 임금 불평등도 변화에 큰 영향을 발휘한 것으로 보이지는 않는다. 무엇보다도, 우리나라에서 노동조합이나 최저임금제도가 가진 영향력에 근본적인 한계가 있었던 것이 그 원인으로 볼 수 있다. 노동조합이 임금 불평등에 미친 영향을 검토한 연

구들을 보면, 일부 연구는 노동조합이 임금분산을 축소시키는 역할
을 하며 이러한 노동조합의 약화가 임금 불평등을 확대하는 데에
영향을 미쳤음을 시사한다(황덕순, 2005; 강승복·박철성, 2014). 그러
나 상이한 결과를 보이는 다른 연구들도 있어 이러한 기존 연구를
전반적으로 볼 때, 노동조합의 변화가 우리나라 임금 불평등도에
큰 영향을 미치지는 않은 것으로 보인다(Fields and Yoo, 2000; 이정
현, 2004; 류재우, 2007; Kang and Yun, 2008; 성재민, 2009). 이러한 발
견은 최저임금제도의 영향에 관해서도 대체로 적용된다. 2000년대
에는 우리나라 최저임금의 적용대상이 크게 확대되고 그 상대수준
도 향상되었지만, 그 영향은 매우 미약한 것으로 판단된다(정진호,
2011; 성재민, 2014; 김영민·김민성, 2013).

　기존 연구에서는 1990년대를 거치면서 확연하게 진행된 대기
업과 중소기업 간의 임금격차 확대, 저임금의 비정규직 확산 등 제
도적 여건에서의 중요한 변화에 대해서는 소수의 연구들만이 주목
을 하였다. 정이환(2007)은 이 시기 임금 불평등 확대에서 사업체
간 불평등 확대가 큰 역할을 하였으며 특히 대기업과 나머지 기업
의 사업체 규모별 격차 확대가 중요하다고 보고하였다. 중소기업
(근로자 수 10-299인)과 대기업(근로자 수 300인 이상) 사이의 사업체
규모별 임금격차는 1986년 9% 수준에서 2005년 49%까지 올랐다.
대기업체에서는 근로자들의 교육, 근속에 대한 보상이 높은 수준
으로 이루어졌다(조동훈, 2008). 조성재(2005)는 1990년대 이후 중

소기업 노동자의 주변화가 급속하게 진행되었음을 보여주었다. 임금 불평등도 변화와 관련하여 중요한 변화로 정규직과 상당한 임금격차를 보이는 비정규직 고용 확산이 제기되었다(김유선, 2005). 비정규직 임금이 정규직 임금의 60% 이하에 머무르는 고용형태별 임금격차는 인적 속성 등의 차이를 감안하더라도 과도한 것으로서 (Grubb, Lee, and Tergeist, 2007), 이러한 비정규직이 30%를 상회하는 수준으로 증가한 변화가 임금 불평등도에 상당한 영향을 미칠 수밖에 없다.

이러한 제도적 여건 변화는 1990년대 전반을 거치며 본격화되었다. 1993년 출범한 김영삼정부가 세계화를 국정지표로 하여 추진한 노동시장 유연화는 이후 지배적인 담론으로 자리 잡았고, 대기업은 단기적인 이익극대화 전략에서 중소기업과의 관계, 근로자의 고용관계 등을 재편해 나갔다(김유선, 2005; 조성재, 2005). 이렇게 시작된 고용체제의 변화는 1990년대 말 IMF 외환위기를 거치면서 우리 사회의 대세로 자리를 잡았고, 이 시기는 임금 불평등이 크게 악화한 시기였다.

2) 한국의 근로소득분배 실태와 추이 분석

지금까지의 논의에 따르면 우리나라에서는 임금 불평등도가 높은데 임금 불평등도만으로는 개인들의 근로소득분배 상태를 전체적으로 파악할 수 없다. 임금 불평등도는 피용자만을 대상으로 한 것이므로 자영자 근로소득의 분배상태까지를 같이 고려해야 근로소득분배 상태를 전체적으로 파악할 수 있을 것이다. 또 근로연령대의 실업자와 비경제활동인구를 같이 고려하는 것이 실제 근로소득분배 상태의 이해에 도움이 될 것이다. 여기에서는 우선 피용자와 자영자, 실업자와 비경제활동인구 등을 분석에 포함하는 경우에 근로소득의 분배상태에 어떤 변화가 일어나는지를 검토한다. 다음으로 여기서 분석된 25-64세 사이의 근로연령대 개인들이 가구에서 차지하는 지위를 검토하여 개인들의 근로소득분배 상태가 가구의 근로소득분배 상태로 이어지는 양상을 검토한다.

먼저, 피용자와 자영자의 근로소득을 함께 고려할 경우 분배상태에서 어떤 변화가 일어나는지를 검토할 필요가 있다. 자영자 집단의 근로소득 불평등도는 더욱 높고 그 비중도 매우 커서 자영자와 피용자를 합한 개인의 근로소득 불평등도는 더욱 높아질 것으로 보인다. 이러한 우리나라 근로소득 불평등의 실재 상태를 국제비교 자료를 통해 살펴보자. 〈그림 3.5〉는 한국의 가계금융복지조사 자료와 LIS 자료를 이용하여 전일제 근로자만을 대상으로 한 경우, 전일제와 시간제 근로자를 함께 분석한 경우, 전일제와 시간제 근로자로 이루어진 피용자만이 아니라 자영자를 함께 분석한 경우의 세 단계에서 근로소득분배 상태가 어떻게 변화하는지를 지니계수와 저소득근로자 비율로 제시하였다.

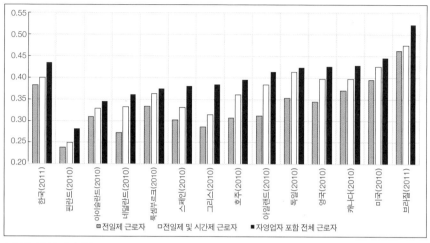

(a) 근로소득 지니계수

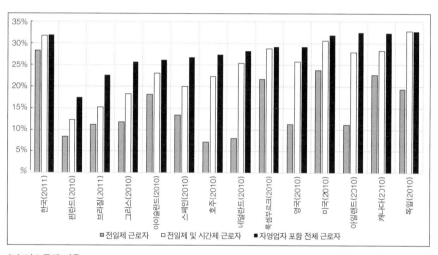

(b) 저소득자 비율

그림 3-5. 전일제 근로자, 전일제와 시간제 근로자, 전체 근로자 소득분배의 비교

자료: 2012 가계금융복지조사, Luxembourg Income Study

    (a)는 한국의 경우 전일제 피용자의 근로소득 지니계수가 0.38로, 캐나다와 미국의 중간 정도 수치를 보여 비교국가 중 가장 불평등도가 높은 집단에 속한다. 또 우리나라는 전일제와 시간제를 합한

피용자의 근로소득 지니계수는 0.40로서 지니계수는 다소 높아지나, 다른 국가들과 비교할 때에는 시간제 피용자의 소득 불평등 기여도는 가장 작은 경우에 속한다. 많은 영미 계열 국가들과 독일, 네덜란드 등 일부 유럽대륙 국가들에서는 시간제 근로자를 포함할 경우 전일제 근로자만을 본 경우에 비해 불평등도가 크게 증가한다. 반면에 우리나라에서는 시간제를 포함할 경우에도 전일제 근로자만을 대상으로 한 불평등도와 큰 차이를 보이지 않는다. 이는 국제적인 기준에서 보아 우리나라 시간제 근로자의 규모가 작기 때문에 나타난 현상으로 판단된다. 이러한 분석을 전반적으로 볼 때, 우리나라 피용자의 근로소득 불평등도는 영미 계열 국가들이나 최근 시간제 근로자가 급증한 독일과 비슷한 수준으로 심각한 상태임을 알 수 있다.

〈그림 3-5〉의 검은 막대로 표시한 세 번째 단계의 분석에서는 피용자와 자영자를 합친 전체 취업자의 근로소득 지니계수를 제시하였다. 자영자를 포함하는 경우 근로소득 불평등도가 크게 증가하는 국가들로는 스페인과 그리스 같은 남유럽 국가나 브라질이 눈에 띈다. 한국의 경우는 피용자에서 전체 근로자로 대상을 확대하는 경우, 지니계수가 0.40에서 0.44로 증가하여 이들 국가에 비해서는 증가폭이 크지 않다. 하지만 이들을 제외하고 영미 계열과 유럽 국가들과 비교할 경우에는 한국의 자영자층이 전체 근로소득 불평등에 미치는 기여도가 높은 편임을 알 수 있다.

⒝에 제시된 저소득근로자 비율을 세 단계로 분석할 경우에는 조금 상이한 양상이 나타난다. 한국의 전일제 피용자의 저소득자 비율은 28.3%로서 비교국가들 중 단연 최고의 수준을 보인다. 이는 ⒜에서 지니계수로 본 순위와 차이가 있는 것으로, 불평등도가 유사한 영미 계열 국가들과 비교하여도 저소득자 비율이 월등히 높은 수준인 것으로 나타났다. 시간제 피용자를 포함할 경우, 한국은 저소득자 비율이 31.7%로 여전히 높아 독일 다음의 수치를 보이지만 시간제 피용자 규모가 작아 다른 나라들과의 격차는 다소 줄어든다. 최종적으로 자영자까지 포함하여 전체 취업자의 저소득자 비율을 보면, 한국은 32.0%로 피용자의 비율과 큰 변화를 보이지 않는다. 이는 미국이나 독일을 제외하고는 대다수 비교국가들이 자영자가 저소득자 비율 증가에 큰 기여를 하는 것과 대비된다. 그 결과 자영자를 포함한 전체 취업자의 저소득자 비율에서는 한국은 다른 국가들과의 격차가 줄어든다. 하지만 여전히 한국은 독일과 영미 계열 국가들과 유사하게 가장 높은 저소득자 비율을 보인다. 여기에서 또 하나 간과하지 말아야 할 점은 한국의 자영자층 저소득자 비율이 국제적으로 낮은 수준은 아니라는 점이다. 자영자의 저소득자 비율은 30%를 훌쩍 넘는 높은 수준이지만 피용자 중 저소득 근로자 비율이 이미 32.0% 수준으로 매우 높아 저소득자 비율에 대한 자영자층의 추가적인 기여도가 크게 나타나지 않을 뿐이다.

다음으로 〈그림 3.6〉에서는 한국의 가구소비실태조사 1996년

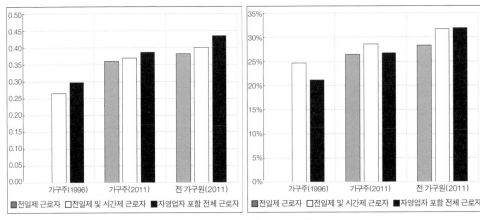

(a) 근로소득 지니계수   (b) 저소득자 비율

그림 3-6. 한국의 전일제 근로자, 피용자, 취업자 근로소득분배 추이 비교
자료: 1996 가구소비실태조사, 2012 가계금융복지조사

자료와 가계금융복지조사 2011년 자료를 이용하여 전일제 근로자
만을 대상으로 한 경우, 전일제와 시간제 근로자를 함께 분석한 경
우, 전일제와 시간제 근로자로 이루어진 피용자만이 아니라 자영자
를 함께 분석한 경우의 세 단계 각각에서 근로소득분배 상태가 시
간적으로 어떻게 변화하였는지 지니계수와 저소득근로자 비율을
이용하여 분석한 결과를 제시하였다. 1996년 자료의 경우에는 전일
제와 시간제 피용자의 구분이 가능하지 않아 피용자를 분석한 경우
와 피용자, 자영자를 모두 포함한 취업자를 분석한 경우 두 단계로
나누어 제시하였다. 또한 1996년 자료의 경우에는 가구주만을 대상
으로 분석이 가능하기 때문에 그 결과를 제시하였고, 2011년 자료
의 분석에서는 가구주만을 대상으로 분석한 결과와 전체 가구원을
포함하여 분석한 결과를 모두 순서대로 제시하였다.

(a)의 분석 결과에 따르면, 가구주 피용자의 지니계수는 1996
년 0.27에서 2011년 0.37로 크게 증가하였다. 앞에서 언급하였듯이,
우리나라는 시간제 피용자 규모가 작고 그 변화도 크지 않기 때문에
이러한 피용자 지니계수 증가는 전일제 피용자의 임금 불평등도 악
화를 반영하는 것으로 볼 수 있다. 다음 단계로 자영자를 포함하여
가구주 취업자의 지니계수를 살펴보면 1996년에 0.30에서 2011년
0.39로 증가한 것이 확인된다. 이는 자영자를 포함할 경우 피용자
만의 경우보다 불평등도가 증가함을 재확인시켜줌과 함께, 1990년
대 이후 자영자의 지위변화에도 불구하고 전체 취업자의 근로소득
불평등도 증가에 대한 기여도에서는 추가적인 영향력 변화가 나타
나지 않음을 보여준다. 요컨대 이러한 가구주 근로소득 불평등도의
변화 양상은 전체 취업자에서 유사하게 이루어진 것으로 보이며,
그 인구비율이 큰 피용자 집단의 임금소득 불평등 악화가 큰 역할
을 하였다고 볼 수 있다. 한편 가구원 정보가 있는 2011년 자료를 이
용하여 가구주 대상의 지니계수와 가구원을 추가한 경우의 지니계
수를 비교해보면, 가구주를 추가한 경우에 불평등도가 상당히 높아
짐을 알 수 있다. 2011년 전체 가구원 대상의 지니계수를 보면, 전
일제 피용자의 경우 0.38로 가구주 대상의 0.36보다 높고, 전체 피
용자의 경우는 0.40으로 가주구 대상의 0.37보다 높으며, 전체 취업
자의 경우에는 0.43으로 가구주 대상의 0.39보다 상당히 높게 나타
났다.

(b)에서는 동일한 방식으로 저소득자 비율의 시간적 변화를 분석한 결과를 제시하였다. 가구주 대상 분석에서 전체 피용자의 저소득자 비율은 1996년 24.7%에서 2011년 28.6%로 상당히 증가하였다. 지니계수의 경우와는 달리 시간제 피용자를 포함하는지의 여부가 저소득자 비율에 무시하지 못할 차이를 초래하는데, 이는 시간제 피용자의 임금총액이 적어 이들 중 많은 수가 저소득근로자로 분류되기 때문임을 짐작할 수 있다. 다음 단계로 자영자를 포함하여 가구주 취업자의 저소득자 비율을 살펴보면, 1996년에 21.3%에서 2011년 26.7%로 더욱 증가한 것으로 나타났다. 양 연도에서 모두 자영자의 경우 피용자에 비해 저소득자 비율이 낮아 전체 취업자의 저소득자 비율을 떨어뜨리는 영향을 미쳤지만, 자영자 집단이 저소득자 비율을 감소시키는 영향은 1990년대 중반 이후 하락하였다. 이 시기 자영자의 지위악화가 피용자의 지위 변화 이상으로 저소득자 비율 변화에 영향을 미쳤음을 알 수 있다. 이는 1990년대 이후 자영자의 지위 변화가 전체 취업자의 근로소득 불평등 악화에 추가적인 영향을 미치지 않았던 결과와 대비된다.

참고로 2011년 자료에서 가구주에 가구원을 추가한 전체 가구원을 대상으로 한 저소득자 비율은 가구주만을 대상으로 한 비율에 비교해 크게 높은 수치임을 알 수 있다. 전일제 피용자의 경우 28.3%로 가구주만을 대상으로 한 저소득자 비율 26.4%보다 높았고, 전체 피용자의 경우에는 31.7%로 가구주 대상의 28.6%보다 상당히 높다. 전체 취업자의 경우에는 저소득자 비율이 32.0%로서 가구주만을 대상으로 한 수치 26.7%보다 매우 높게 나타났다. 지니계수 경우의 결과와 함께 고려하여 보면, 전체 가구원을 대상으로 분석하는 경우가 가구주만을 분석하는 경우에 비해 불평등도와 저소득자 비율이 크게 증가하는 것이다. 이는 저소득근로자의 상당수가 가구주가 아닌 가구원에 속하여 가구주 사이의 소득분배는 가구 구성원 전부를 개인 단위에서 볼 경우의 소득분배에 비해 양호하게 나타남을 알 수 있다.

그런데 기존 연구는 1990년대 중반 이후 가구주의 고용률 하락이 소득 불평등 증가에 적지 않은 기여를 하였음을 밝히고 있다(이철희, 2008). 1990년대 후반을 거치면서 무직가구가 급증하여 빈곤율이 높아졌음을 밝히는 연구도 있다(반정호, 2012). 이러한 연구들은 실직상태의 개인들의 수가 증가한 것이 소득 불평등도 증가에 영향을 미쳤음을 보여주는 것으로, 이들을 포함하여 근로소득 불평등도를 비교하는 것도 의미가 있음을 알려준다.

〈그림 3.7〉은 앞의 분석에 포함된 피용자와 자영자 등의 근로소득자에 실직자, 전업주부 등의 근로연령대 무직자를 추가하여 근로소득 지니계수를 구한 결과를 보여준다. 한국의 지니계수는 취업자만을 대상으로 했을 때의 0.435에서 0.573으로 크게 증가하였다. 비취업자를 포함한 지니계수를 기준으로 보면, 브라질이나 아일랜드보다는 낮으나, 불평등도가 심한 국가인 스페인, 미국, 영국,

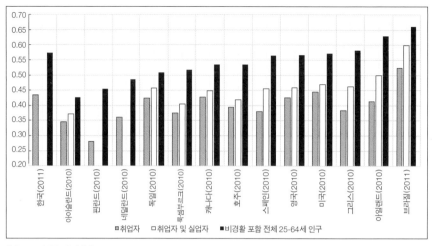

(a) 근로소득 지니계수

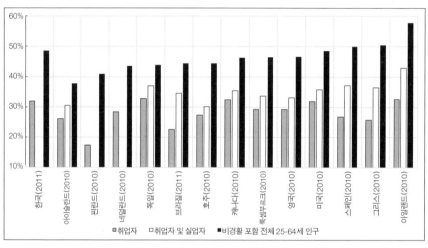

(b) 저소득자 비율

그림 3-7. 근로연령대 인구(25-64세) 근로소득분배 비교

자료: 2012 가계금융복지조사, Luxembourg Income Study

그리스와 비슷한 수준이다. 저소득근로자 비율도 취업자만을 대상

으로 했을 때의 32.0%에서 48.6%로 증가하였다. 이러한 저소득자

의 비율은 아일랜드보다는 낮은 수치이나, 영국, 미국, 스페인, 그리

스 등과 유사한 수준이다. 지니계수와 저소득자 비율을 같이 고려하여 보면, 우리나라는 비취업자를 포함한 경우의 소득분배가 취업자만을 대상으로 한 경우에 비해 국제비교에서 상대적으로 나아 보인다. 이는 우리나라는 낮은 고용률과 높은 비경제활동인구 비율로 인해 비취업자를 포함할 경우 소득분배 양상이 악화되지만, 서구 국가들에서는 높은 실업률 등으로 인해 비취업자를 포함할 경우 소득분배가 더 악화된 양상을 보이기 때문에 나타난 현상일 수 있다.

다음으로 〈그림 3.8〉에서는 가구소비실태조사 1996년 자료와 가계금융복지조사 2012년 자료를 이용하여 취업자만을 대상으로 한 경우와 취업자와 실업자, 비경제활동인구를 모두 포함한 경우의 근로소득분배 상태가 시간적으로 어떻게 변화하였는지를 지니계수와 저소득근로자 비율을 이용하여 분석한 결과를 제시하였다. 1996년 자료의 경우에는 가구주만을 대상으로 분석이 가능하기 때문에 그 결과를 제시하였고, 2011년 자료의 분석에서는 가구주만을 대상으로 분석한 결과와 전체 가구원을 포함하여 분석한 결과를 모두 순서대로 제시하였다.

(a)의 분석 결과에 따르면, 가구주 취업자의 지니계수는 1996년 0.298에서 2011년 0.386으로 크게 증가하였다. 다음 단계로 비취업자를 포함하여 가구주의 지니계수를 살펴보면 1996년 0.337에서 2011년 0.421로 역시 유사한 크기로 증가한 것이 확인된다. 이러한 비교에 따르면, 취업자에 비취업자를 더할 경우 불평등도가 증가하

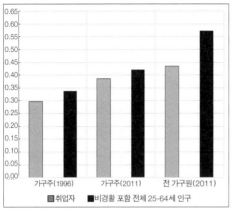

(a) 근로소득 지니계수

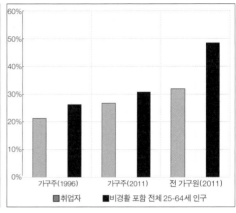

(b) 저소득자 비율

그림 3-8. 한국 근로연령대 인구(25-64세)의 소득분배 종단 비교

자료: 1996 가구소비실태조사, 2012 가계금융복지조사

지만, 불평등도를 증가시키는 정도는 1990년대 이후 크게 달라지
는 않았음을 보여준다. 한편 가구원 정보가 있는 2011년 자료를 이
용하여 가구주 취업자 대상의 지니계수와 가구원을 추가한 경우의
지니계수를 비교해보면, 가구주를 추가한 경우에 불평등도가 상당
히 높아짐을 알 수 있다.

　(b)의 분석 결과에 따르면, 가구주 취업자의 저소득자 비율은
1996년 21.3%에서 2011년 26.7%로 크게 증가하였다. 앞에서 언급
하였듯이, 다음 단계로 비취업자를 포함하여 가구주의 저소득비율
을 살펴보면 1996년 26.3%에서 2011년 30.8%로 역시 크게 증가한
것이 확인된다. 이는 취업자에 비취업자를 더할 경우 저소득자 비
율이 증가함을 확인시켜주지만, 1990년대 이후 가구주 중 비취업
자의 증가가 저소득자 비율 증가에 추가적인 영향을 미치지는 않은
것으로 보인다.

한편 가구원 정보가 있는 2011년 자료를 이용하여 가구주 취업자 대상의 지니계수와 가구원을 추가한 경우 저소득자 비율을 비교해보면, 가구원을 추가한 경우에 상당히 높아짐을 알 수 있다. 2011년 전체 가구원 대상의 저소득자 비율을 보면, 취업자의 경우 32.0%로 가구주 대상의 26.7%보다 크게 높고, 비취업자를 포함한 경우는 48.6%로 가주구 대상의 30.8%보다 매우 높게 나타났다. 지니계수 경우의 결과와 함께 고려하여 보면, 전체 가구원을 대상으로 분석하는 경우가 가구주만을 분석하는 경우에 비해 불평등도와 저소득자 비율이 크게 증가하는 것을 알 수 있다. 이는 비취업자의 상당수가 가구주가 아닌 가구원에 속하여 가구주 사이의 소득분배는 가구 구성원 전부를 개인 단위에서 볼 경우의 소득분배에 비해 양호하게 나타남을 알 수 있다.

지금까지 전일제 근로자와 시간제 근로자, 자영자, 비취업자를 단계적으로 추가하여 분석 대상을 넓히면서 근로소득의 분배 실태를 비교, 분석하였다. 전일제 근로자만을 대상으로 본 근로소득분배가 국제적인 기준에서 가장 불평등한 상태를 보였다면, 시간제 근로자, 자영자, 비취업자를 추가할 경우에도 여전히 높은 불평등 상태를 보였다. 하지만 대상을 넓히는 경우에는 다른 비교국가와의 불평등도 격차가 다소 감소하는 경향을 보였다. 이는 특히 시간제 근로자를 추가하는 경우와 실업자 등의 비취업자를 추가하는 경우에 잘 나타나는데, 영미 국가들이나 일부 유럽대륙 국가들에서 시간제 근로자와 실업자의 규모가 커서 나타난 현상으로 보인다.

3) 개인 근로소득과 가구 근로소득의 관계 분석

지금까지 III장에서는 우리나라의 개인 단위의 근로소득분배가 국제적인 기준에서 보아 매우 불평등한 상태임을 확인하였다. 임금 불평등도와 근로소득의 분배는 1990년대 이후 급속하게 악화된 것으로 보인다. 이러한 개인 단위 근로소득의 분배 악화는 당연히 가구소득의 분배 악화로 이어질 것이다. II장에서 언급하였듯이 같은 시기에 한국의 가구소득분배는 계속 악화되는 추세를 보였다. 가구소비실태조사와 가계금융복지조사를 비교한 결과에 따르면, 1996년 0.28이던 가구소득의 지니계수는 2011년 0.36으로 크게 증가하였다. 또 빈곤율은 8.8%에서 16.7%로 급증하였다.

개인 단위에서의 근로소득분배 악화는 다양한 경로를 통해서 가구 단위의 소득분배 악화에 영향을 미칠 것이다. 개인 단위의 근로소득분배가 가구소득 불평등으로 이어지는 통로로는 우선 가구주와 배우자의 근로소득분배 변화를 생각할 수 있다(가구주와 배우자 이외에도 기타 가구원의 근로소득분배가 가구소득 불평등에 영향을 미치겠지만, 그 크기는 비교적 작을 것이므로 여기에서는 분석의 편의를 위해 기타 가구원의 근로소득은 무시한다). 특히 가구주의 근로소득이 가구소득에서 차지하는 비중을 생각하면 가구주 근로소득분배가 중요할 것이다. 관련 연구에 따르면, 1990년대 후반 이래 가구소득 불평등은 주로 근로소득의 불평등, 그중에서도 가구주 근로소득 불평등에 의해 설명된다(정진호 외, 2002; 유경준·김대일, 2002; 이철희, 2008). 이철희(2008)는 가구주 근로소득 불평등이 전체 불평등의 70%를 설명한다고 보고한다. 따라서 개인 근로소득분배와 가구소득분배의 관련을 파악하기 위해서는 가구주 근로소득의 분배 양상을 살펴볼 필요가 있다. 이를 위해서 근로소득이 없는 실업자와 비경제활동인구의 소득을 0으로 포함하여 개인 근로소득분배 상태를 그림으로 살펴보자.

　〈그림 3.9〉의 (a)에서는 가구 근로소득과 가구주 근로소득, 배우자 근로소득의 분포를 1996년과 2011년 연도별로 제시하였다. 그리고 〈표 3.1〉과 〈표 3.2〉에서는 가구주와 배우자 집단 각각에서 근로소득이 없는 비율과 가구주와 배우자 집단 각각의 근로소득의 지니계수를 제시하였다. 〈그림 3.9〉에서는 가구 근로소득은 실선으로 나타냈는데, 2011년에는 1996년의 소득분포에서 연평균 1,500만 원과 5,500만 원 사이의 중간지대에 있던 가구들은 줄고 그 경계 밖의 하위소득 가구와 상위소득 가구는 증가하였음을 알 수 있다. 근로소득이 없는 가구의 비율도 1996년 5.6%에서 2011년 8.3%로 증가하였다(〈표 3.1〉 참조). 그 결과 가구 근로소득의 지니계수는 1996년 0.35에서 2011년 0.44로 크게 증가하였다(〈표 3.2〉 참조). 1996년과 2011년 사이의 이러한 가구 근로소득분배의 악화

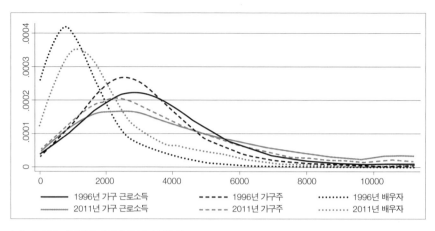

(a) 가구 및 가구주와 배우자의 근로소득 분포

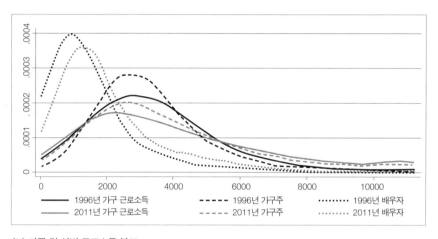

(b) 가구 및 성별 근로소득 분포

그림 3-9. 근로소득 분포 변화, 1996-2011

주: 1. 분석 대상은 근로연령대(25-64세) 가구와 해당 가구에 속해 있는 가구주 및 배우자이며, 분석사례는 1996년
　　은 39,495명, 2011년은 26,022명임. 가구가중치 부여하여 분석함.
　　2. 가구 근로소득은 가구주와 배우자의 근로, 사업(부업)소득의 합이며, 1996년 소득은 소비자물가지수(CPI)를
　　사용하여 2011년 물가로 조정함. 근로소득이 0인 사례는 제외하였으며, 가구 근로소득의 99퍼센타일 값을 가
　　구 근로소득과 개인 근로소득의 상한(top coding)으로 함.
자료: 1996 가구소비실태조사, 2012 가계금융복지조사

　　　　는 대체로 가구주 근로소득분배 변화의 악화 양상을 반영한 것으로

　　　보인다. 〈그림 3.9〉에서 긴 점선으로 나타낸 가구주 근로소득도 대

략 1,500만 원에서 4,500만 원 사이의 중간소득층이 크게 줄고 상위소득층과 하위소득층이 늘었다. 근로소득이 없는 가구주의 비율도 1996년 4.7%에서 2011년 6.3%로 증가하였다(〈표 3.1〉 참조). 그 결과 가구주 근로소득 지니계수는 1996년 0.34에서 0.42로 증가하였다.

이 기간 배우자들의 근로소득분배 변화를 보면 저소득 근로자의 비율은 줄어들고 중간과 상위소득층의 비율은 늘어 소득분배가 개선되는 양상을 보였다. 근로소득이 없는 배우자의 비율도 1996년 60.3%에서 2011년 56.8%로 줄었다(〈표 3.1〉 참조). 그 결과 배우자 근로소득의 지니계수는 1996년 0.79에서 2011년 0.75로 감소하였다(〈표 3.2〉 참조). 이는 배우자의 전반적인 경제활동참가가 다소 증가하고 경제활동참가가 상대적 고학력층 배우자들로 확산되면서 나타난 결과로 볼 수 있다. 이러한 배우자들의 근로소득분배 개선이 가구 근로소득분배에 미치는 영향은 쉽게 판단하기 어렵다. 여기에는 가구주와 배우자 근로소득의 상관관계, 배우자 근로소득의 가구소득 내 비중 등의 요인이 같이 작용하기 때문이다. 그러나 전반적인 양상을 볼 때 배우자 근로소득 변화보다는 가구주 근로소득 변화가 가구 근로소득분배 변화에 큰 영향을 미쳤을 것으로 보인다.

다음으로 〈그림 3.9〉의 (b)에서는 (a)와 같이 가구주와 배우자를 대상으로 하되, 성별로 근로소득의 분배상태를 제시하였다. 가구 근로소득의 분배는 (a)와 동일하다. 그리고 〈표 3.1〉과 〈표 3.2〉

표 3.1 무소득 가구(원) 비율, 1996-2011

대 상	1996년	2011년
25-64세 가구 근로소득	5.64	8.32
25-64세 가구주 근로소득	4.74	6.27
25-64세 배우자 근로소득	60.28	56.80
25-64세 남성 근로소득	7.03	6.58
25-64세 여성 근로소득	51.52	48.06

주: 1. 분석 대상은 근로연령대(25-64세) 가구와 해당 가구에 속해 있는 가구주 및 배우자이며, 분석사례는 1996년 39,495명, 2011년 26,022명임(가구표본 가중치 부여)
　　2. 가구 근로소득은 가구주와 배우자의 근로, 사업(부업) 소득의 합임
　　3. 1996년과 2011년 모두 가구표본가중치를 부여하여 분석함
자료: 1996 가구소비실태조사, 2012 가계금융복지조사

표 3.2 대상별 지니계수, 1996-2011

대 상	1996년	2011년
25-64세 가구 근로소득	0.348	0.444
25-64세 가구주 근로소득	0.337	0.422
25-64세 배우자 근로소득	0.789	0.748
25-64세 남성 근로소득	0.333	0.407
25-64세 여성 근로소득	0.729	0.691

주: 1. 상동. 각 지니계수는 근로소득이 0인 가구와 개인을 포함하여 구한 수치임
자료: 1996 가구소비실태조사, 2012 가계금융복지조사

의 하단에서는 남성과 여성 각각에서 근로소득이 없는 비율과 남성과 여성 근로소득의 지니계수를 제시하였다. 〈표 3.1〉을 보면, 가구주를 대상으로 분석하고 비교할 때 남성을 대상으로 분석하는 경우에 근로소득이 없는 비율은 높은데, 이는 남성의 근로소득이 지속

적으로 없는 경우 가구주에서 배우자로 지위가 변하여 나타난 현상으로 짐작된다. 한편 지니계수의 경우에는 남성은 가구주에 비해 조금 낮게 나타나지만 거의 비슷한 수준을 보였다. 〈그림 3.9〉의 (b)를 보면, 이 기간에 남성의 근로소득분배는 중간층이 크게 줄고 하위층과 상위층이 증가하는 양상을 보여 가구주 근로소득분배 변화와 거의 비슷한 모습을 보인다. 이러한 변화가 영향을 미쳐 남성 근로소득 지니계수는 1996년 0.33에서 0.41로 증가한 것으로 보인다(〈표 3.2〉 참조). 근로소득이 없는 남성의 비율은 1996년 7.0%에서 2011년 6.6%로 감소하였다(〈표 3.1〉 참조). 이는 근로소득이 없는 가구주의 비율이 다소 증가한 것과는 대비되는 현상이다. 그러나 무소득자 남성의 비율 감소는 매우 작은 수준이어서 남성 근로소득 지니계수 변화에는 큰 영향을 미치지 않은 것으로 보인다.

또 여성의 근로소득분배는 배우자의 분배 변화와 같이 하위층이 줄고 중간층이 늘어나는 거의 유사한 양상을 보였다. 근로소득이 없는 여성의 비율도 1996년 51.5%에서 2011년 48.1%로 줄었다(〈표 3.1〉 참조). 이러한 수치는 배우자의 수치보다 낮은데 이 또한 경제활동에 참가하는 여성 중 일부는 가구주의 지위를 점하여 나타난 결과로 짐작할 수 있다. 여성 근로소득의 지니계수는 1996년 0.73에서 2011년 0.69로 감소하여 배우자 근로소득의 지니계수보다 다소 낮은 수준을 보였으나 변화의 추이는 거의 유사한 것으로 나타났다(〈표 3.2〉 참조). 남성이 대체로 가구주의 지위를 점하고 여성이 배우자의 지위를 점한다는 점에서 이러한 유사성은 자연스러운 것으로 이해할 수 있다.

지금까지 가구 근로소득분배 변화와 가구 구성원의 근로소득분배 변화의 관계를 그래프를 통해 변화 양상을 비교하는 방식으로 살펴보았다. 전반적으로 볼 때, 가구 근로소득분배 변화의 양상은 가구주(혹은 남성) 근로소득분배 변화와 유사하게 나타나 가구주(혹은 남성) 근로소득분배 악화가 가구 근로소득 불평등 증대에 중요한 영향을 미쳤음을 시사한다. 배우자 근로소득의 불평등도는 완화되는 방향으로 변화하였는데, 이러한 변화가 가구 근로소득분배 변화에 어떠한 영향을 미쳤는지에 대해서는 그래프를 이용한 분석만으로는 직접적인 판단이 어렵다.

IV.

소득분배와 가족의 역할[5]

III장에서는 우선 개인 단위의 근로소득분배 양상과 그 시간적 변화를 검토하였다. 전일제 근로자의 임금 불평등도의 추이를 검토한 결과, 불평등이 크게 악화되었고 매우 심각하다는 사실이 확인되었으며 여기에 시간제 근로자, 자영자, 비취업자를 추가하면서 근로소득의 분배 상황을 검토해도 우리나라 근로소득 불평등도는 상당히 심각하다는 점을 확인할 수 있었다. 많은 국내외 연구가 특히 남성 근로소득 불평등 증가가 가구소득분배 악화에서 큰 역할을 하였음을 밝혔다(정진호 외, 2002; Juhn and Murphy, 1997). 하지만 개인의 근로소득 불평등이 악화되었더라도 가족은 그 영향을 완충하

---

5 이 장의 일부 내용은 다음 자료로 요약해 발표되었다. 구인회(2018), "한국의 소득분배 악화와 사회정책", 강원택·구인회·권현지·김용창·주병기,『사회적 갈등과 불평등』, 서울: 푸른길.

는 기제로서 작용할 수 있다. III장에서 살펴보았듯이, 우리나라는 개인의 근로소득분배는 매우 불평등한 상태에 있으나 가구 단위에서는 근로소득분배, 더 나아가서 시장소득분배가 국제적인 기준에서 매우 평등한 상태인 것으로 나타났다. 이러한 현상은 가족적 유대가 강하여 가족 단위에서 소득의 공유(income sharing)가 널리 이루어질 경우에는 그렇지 않은 경우에 비해 소득 불평등도가 낮아져 나타날 수 있다. 한국 등 동아시아 국가들은 가족 단위에서의 상호 원조가 강하게 유지되어 상당한 복지 기능을 하고 있다고 알려져 있기도 하다. 그 외에도 개인 근로소득과 가구 근로소득 분배의 관계에는 배우자의 경제활동참가 양상이 영향을 미칠 수 있다.

IV장에서는 이러한 가족의 분배 개선 역할을 검토한다. 개인 단위의 근로소득 불평등이 가족 단위의 결합을 통해 완화되는 메커니즘을 분석하고 그 시간적 변화를 검토한다. 그런데 이러한 가족의 분배 기능 실태나 변화에 대해서는 연구를 통해서 밝혀진 것이 많지 않다. 가족의 분배 기능과 관련된 쟁점으로는 여성 배우자의 경제활동참가 증가, 가족구조의 변화가 중요하지만 이들 쟁점에 대한 국내의 연구는 아직 초보적인 단계에 머물러 있다. 이 장에서는 먼저 근로소득분배에서 가족이 하는 역할에 대해 논의를 한다. 가족의 역할에서 한국은 다른 국가들과 비교하여 어떤 차이를 보이는지를 살펴보아야 한다. 또한 1990년대 한국의 소득분배 악화에서 이러한 가족의 역할이 어떻게 변화하고 있는지를 분석한다.

1. 소득분배에서 가족의 역할에 대한 이론적 검토

가족관계는 개인 단위의 근로소득분배를 평등화하는 기제로 작용한다. 이는 근로소득을 버는 능력이 약한 개인들의 관점에서 보면 쉽게 이해할 수 있는데, 이들은 가족의 구성원이 됨으로써 두 가지 혜택을 본다. 첫째로 소득능력이 큰 가족 구성원이 벌어온 소득에 접근할 수 있다. 이는 실제 소득자 이외에 다른 가족 구성원들도 가구소득을 동등하게 향유한다는 가정에 따른 것인데 어느 정도 현실을 반영한다. 둘째로는 소비에서의 규모경제(economies of scale)효과로 혜택을 본다. 개인들이 가족관계를 이룰 경우에는 주거시설이나 가재도구 등의 가족 공공재를 같이 이용할 수 있어 개인이 단독으로 사는 경우보다 적은 소득으로도 높은 생활수준을 유지할 수 있다(Burtless, 2009). 이러한 이유로 개인 소득의 분배상태보다는 가구소득의 분배상태가 평등한 양상을 보이게 된다.

가족 단위에서 소득분배는 남성과 여성이 결혼이나 이혼을 통해서 부부가구나 성인 단독가구를 구성하는 가족구조(family structure)의 양상, 부부가구에서 가구주와 배우자 근로소득 사이의 관계 양상 등에 영향을 받는다. 우선, 가족의 소득평등화효과는 부부가구와 단독 성인가구(한부모가구 포함)의 상대적 비율에 따라서 달라질 것이다. 여러 사회, 혹은 여러 시기를 비교하여 보면 많은 개인이 혼인관계를 통해 가족을 이루는 경우가 다수의 개인이 단독으로 사

는 경우보다 더 평등한 분배 양상을 보일 것이다. 결혼을 지연하는
인구가 늘면서 혼인율이 감소하고 이혼율이 증가하고, 미혼 출산이
증가하면 부부가구는 감소하고 1인 성인가구(single-adult families)
가 증가한다. 그리고 부부가구의 감소와 1인 성인가구의 증가는 소
득분배 악화로 이어진다(McCall and Percheski, 2010; McLanahan
and Percheski, 2008). 특히 저소득층에서 단독 성인가구가 발생하
는 경향이 강하여 가족구조 변화는 분배를 더욱 악화시키는 결과를
낳는다.

　또 개인들이 부부관계를 형성하는 경우에는 가구주 근로소득
과 배우자 근로소득 사이의 관계 양상에 따라 가구소득의 분배 양
상이 달라진다. 이러한 배우자 사이의 근로소득 관계 양상에는 여
성의 경제활동참여가 중요한 영향을 미친다(Juhn and Murphy,
1997; Schwartz, 2010). 선진산업국가에서는 과거에 주로 저소득층
가구의 여성 배우자들 사이에서 경제활동참가가 활발하여 여성 경
제활동참가가 가구 근로소득의 분배를 평등화하는 역할을 한 것으
로 알려져 있었다. 하지만 근래에는 상대적으로 고소득 남편의 배
우자들 사이에서 경제활동참가가 활발해지는 변화가 나타나고 있
다. 이러한 변화는 결혼제도가 남편은 시장 노동을 맡고 아내는 가
사와 양육을 담당하는 전문화와 교환(specialization and trading)의
체계에서 배우자들이 모두 가구경제에 대한 기여에 가치를 부여하
는 협동(collaboration)의 체계로 이행하고 있는 현실을 보여준다

(Oppenheimer 1994, 1997). 이렇게 배우자 여성들 사이에서 경제활동참가 양상이 변화하면서 여성 경제활동참가와 가구소득분배의 관계는 논쟁의 대상이 되었다(Treas, 1987; Cancian et al., 1993; Blackburn and Bloom, 1995; Karoly and Burtless, 1995; Cancian and Reed, 1998; 1999; Burtless 1999; Hyslop 2001; Daly and Vallette, 2006; Chen, Forster and Llena-Nozal, 2013).

그런데 기혼여성의 경제활동참가만이 아니라 동종혼의 정도가 가구소득의 분배에 영향을 미친다. 사회경제적으로 유사한 계층에 속하는 개인들이 부부관계를 형성하는 선별적 혼인(assortative mating)의 경향이 강한 경우, 그렇지 않은 경우에 비해 가구 근로소득의 분포는 불평등한 양상을 보일 것이다(Schwartz, 2013). 고소득층으로 구성된 부부의 가족에 비교해서 저소득층끼리 부부를 이루어 가족을 구성한 경우에는 가족구성으로 인한 규모경제효과는 누리지만 더 높은 수준의 소득에 접근하지는 못하게 된다(Burtlcss, 2009). 실제로 근래의 경험적 연구들은 동종혼으로 인해 소득 불평등이 증가하였다는 결과를 보고하고 있다(Fernandez and Rogerson 2001; Hyslop, 2001; Aslaken, Wennemo, and Aaberge, 2005; Esping-Andersen 2007; Breen and Andersen, 2012). 반면에 선별혼이 소득 불평등에 미치는 영향은 그다지 크지 않고 그 영향의 방향도 분배 악화로 나타나지 않는다는 결과도 보고되고 있다(Western et. al, 2008; Breen and Salazar, 2011). 이는 선별혼 경향이 높은 경우에도 배우자 여성이 경제활동에 참가하지 않으면 소득분배에는 영향을 미치지 않을 것이기 때문이다.

지금까지의 소득분배에서 가족의 역할에 대한 이론적 검토에 따르면, 우리나라에서 개인 단위와 가구 단위 소득분배의 차이를 낳는 데에서 가족의 역할은 파악하기 위해서는 가족구조와 여성 경제활동참가 양상을 살펴보는 것이 필요하다. 우선 개인들이 부부관계를 형성하여 가족으로 결합하는 정도를 검토하는 것이 중요하다. OECD 자료에 따르면 2012년 현재 한국의 유배우 기혼자 비율은 55.8%로서, OECD 평균 52.4%보다 높은 수준이다. 한국에서 유배우 기혼자의 비율이 높은 것은 사별, 이혼, 별거 가구의 비율이 매우 낮아 나타난 현상이다. 하지만 단독가구의 비율이 상당히 높은 점이 기혼자 비율을 낮추는 방향으로 작용하였다(OECD, 2014). 이러한 가족구조의 양상에 따르면 서구 국가들에 비해서 우리나라에서는 가족구조가 개인 단위에서의 소득분배 악화를 완충하는 기제로서 작동할 가능성이 크다.

〈표 4.1〉에서는 우리나라 가계금융복지조사 자료와 LIS 자료를 이용하여 우리나라의 가구 유형별 인구 비중의 분포를 외국과 비교하였다. 비교 대상국가로는 미국, 영국과 함께 북구의 핀란드, 유럽대륙의 독일, 스페인을 포함하였다. 한국에서는 전체 성인 중에서 아동을 부양하는 부부가구에 속한 비율이 42.1%, 아동을 부양하지 않는 부부가구에 속한 비율이 30.9%로 73.0%가 부부가구

표 4.1 가구 유형별 인구 비중 분포의 국제 비교, 2010년경

국가/구분	아동부양부부	부양아동 없는 부부	한부모	1인 가구 및 기타
한국	42.09	30.93	4.75	22.23
핀란드	31.47	27.75	6.13	34.65
독일	33.24	24.87	7.98	33.91
스페인	54.42	18.45	7.73	19.4
영국	37.36	25.46	12.29	24.89
미국	36.34	23.26	12.42	27.98

주: 1. 아동은 연령이 만 17세 이하(LIS기준)인 개인으로 정의하였음
자료: 2012 가계금융복지조사, Luxembourg Income Study

에 속한다. 나머지 성인들의 경우에는 22.2%가 1인 가구 등에 속하고 한부모가구에 속한 것으로 나타난 성인은 4.8%에 불과하다. 다른 나라들은 우리나라에 비해 부부가구에 속한 성인의 비율이 낮다. 한국처럼 가족주의가 강한 스페인이 72.9%로 우리나라와 유사한 수준을 보였지만 핀란드는 59.2%, 독일 58.1%, 영국 62.8%, 미국 59.6%로 우리나라와의 격차가 10%p가 넘는다. 아동을 부양하는 부부가구의 비율에서는 스페인이 우리나라보다 훨씬 높은 수준을 보이지만, 다른 나라들은 우리보다 5-10%p 이상 낮은 수준이다.

반면에 한부모가구가 차지하는 비율은 우리나라가 4.8%로 다른 나라들에 비해 가장 낮은 수준이고 12%가 넘는 미국, 영국과 큰 격차를 보인다. 성인 단독가구 등 기타 가구에 속한 비율은 우리나라가 22.2%여서 스페인보다는 약간 높은 수준이지만 다른 나라에

비해서는 낮다. 특히 핀란드, 독일과는 10%p 이상 큰 차이를 보였
다. 이렇게 개인들이 가구 단위로 결합하는 정도가 높을수록 분배
가 개선되는 경향이 나타나는데, 그 분배 개선의 정도에는 배우자
간의 근로소득 상관관계의 양상이 영향을 미친다. 앞의 이론적 논
의에서 언급하였듯이 이러한 배우자간 소득의 상관관계는 동질혼
의 정도와 여성의 경제활동참가 양상에 따라서 달라진다.

　　우리나라에서 동질혼의 정도는 매우 강한 것으로 알려져 왔다.
유교적 전통을 가진 동아시아 국가들이 강한 교육적 동질혼 경향
을 보이는데, 그중에서도 한국이 가장 강한 것으로 보고되었다. 동
질혼의 시간적 추이를 본 국내 다수의 연구들이 우리나라에서 동질
혼 경향이 강하게 유지되어 온 것으로 보고 있다. 그러나 일부 연구
는 근래에 들어 교육적 동질혼 현상이 약화되고 있음을 보여준다.
1990년대 이후에는 부부의 학력 연관성이 약화되고 동질혼이 감소
하고 있다는 것이다(박현준·김경근, 2011). 전체적으로 볼 때 우리나
라 동질혼 정도는 높은 상태이나 1990년대 이후에도 이러한 상태
에 큰 변화가 있었던 것으로 보이지는 않는다. 국내의 일부 연구들
은 교육적, 직업적 동질혼이 소득 불평등 악화와 관련되었을 가능
성을 제기하고 있지만(김영미·신광영, 2008; 이성균, 2008), 동질혼과
소득 불평등의 관계는 아직 일관되게 나타나지 않는다.

　　동질혼은 여성 배우자의 경제활동참가를 통해서 영향을 미치
기 때문에 배우자간 소득의 상관관계를 파악하기 위해서는 여성의

경제활동참가를 보는 것이 중요하다. 우리나라에서 여성의 경제활동참여율은 그간 꾸준히 증가하였지만, 국제적으로 보면 상당히 낮은 상태이다. 15세 이상 64세 이하 여성의 경제활동참여율은 2011년 기준으로 54.9%로 OECD 평균 61.8%에 비해 크게 낮고, 70%를 넘는 북구나 북미 국가들에 비해서는 더욱 그러하다. 서구의 경험으로 볼 때 이렇게 여성의 경제활동참가가 보편화되지 않은 상황에서는 여성 경제활동참가는 가구주의 낮은 소득을 보완하려는 동기에서 일어나는 경향이 강하다. 이러한 경험이 우리나라에도 적용된다면 우리나라 여성의 경제활동참가는 가구주 근로소득이 낮은 가구에서 더 높은 비율로 이루어질 가능성이 있고 따라서 가구소득을 평등화하는 방향으로 작용할 것이다.

　〈그림 4.1〉에서는 남편의 소득을 10분위로 나누고 각 분위별 여성 배우자 근로소득의 평균을 제시하였다. 그림에서 나타나듯이 서구 국가들에서는 남편의 소득이 커질수록 여성 배우자의 근로소득도 커지는 모습이 나타나 배우자간 소득의 정적인 상관관계가 뚜렷하게 확인된다. 이에 비해 한국에서는 남편 소득 최하위 분위의 여성 배우자 근로소득이 높은 양상을 보이고, 중간 분위로 가면서 여성 배우자의 소득이 줄다가 상위 분위에서 다시 늘어나는 모습을 보인다. 서구 국가들에 비해 한국에서는 배우자 간 근로소득의 정적 상관관계가 약해 여성 배우자의 근로소득이 소득분배를 개선하는 기능을 할 것으로 기대된다.

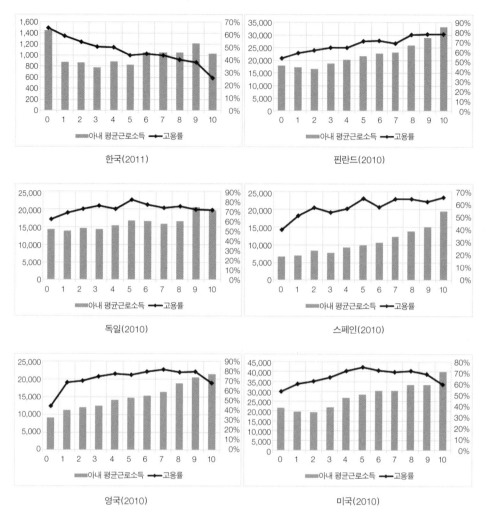

그림 4-1. 남성 근로소득 10분위별 여성 배우자의 평균근로소득 분포

자료: 2012 가계금융복지조사, Luxembourg Income Study

또 한국은 다른 국가들에 비해 남성 가구주의 저소득을 여성

배우자의 근로소득으로 보충하여 가구 단위에서 저소득 지위를 벗

어나는 효과가 일정 부분 존재할 것으로 기대된다. 이를 검토하기

위해 〈표 4.2〉에서는 미국, 핀란드, 독일, 스페인, 영국, 미국 등 6개

표 4.2 개인 단위 저소득자와 가구 단위 저소득자의 가족관계 특성

국가	가족관계	(a) 개인 근로소득	(b) 성인 1인당 가구 근로소득	(c) 균등화 가구 근로소득	감소율 (a → b)	감소율 (a → c)
한국 (2011)	전체	48.96	15.59	15.83	68.2%	67.7%
	가구주	12.19	8.25	9.82	32.3%	19.4%
	배우자	28.35	4.32	4.26	84.8%	85.0%
	기타	8.43	3.03	1.75	64.1%	79.2%
핀란드 (2010)	전체	40.43	23.66	22.46	41.5%	44.4%
	가구주	20.35	17.05	16.94	16.2%	16.8%
	배우자	18.91	6.13	5.22	67.6%	72.4%
	기타	1.18	0.48	0.30	59.4%	74.6%
독일 (2010)	전체	43.81	22.75	22.73	48.1%	48.1%
	가구주	25.39	16.55	17.37	34.8%	31.6%
	배우자	16.53	5.36	4.75	67.6%	71.3%
	기타	1.89	0.84	0.61	55.7%	67.5%
스페인 (2010)	전체	49.90	27.10	25.93	45.7%	48.0%
	가구주	22.81	13.93	14.03	38.9%	38.5%
	배우자	19.66	8.67	8.37	55.9%	57.4%
	기타	7.43	4.50	3.53	39.4%	52.5%
영국 (2010)	전체	46.61	26.35	26.25	43.5%	43.7%
	가구주	22.84	17.98	18.68	21.3%	18.2%
	배우자	21.11	6.99	6.57	66.9%	68.9%
	기타	2.67	1.38	1.00	48.4%	62.6%
미국 (2010)	전체	48.67	25.40	25.27	47.8%	48.1%
	가구주	26.63	15.58	16.60	41.5%	37.6%
	배우자	14.93	6.21	5.93	58.4%	60.3%
	기타	7.12	3.61	2.74	49.2%	61.5%

주: 1. 분석 대상은 근로연령대(25-64세) 가구 내 25-64세 가구원이며, (a)의 저소득 기준은 개인 근로소득을 기준으로 취업자 중위소득의 2/3로 정하였으며, 표본의 개인가중치를 부여함

2. (b)의 성인 1인당 가구 근로소득은 가구의 총 근로소득을 가구 내 근로연령대(25-64세) 가구원 수로 나눈 소득을 의미함. 저소득 기준은 중위소득의 1/2로 정하였으며, 표본의 개인가중치를 부여함

3. (c)의 가구 균등화소득은 가구의 총 근로소득을 가구원 수로 균등화한 소득을 의미함. 저소득 기준은 해당 소득을 기준으로 중위소득의 1/2로 정하였으며, 표본의 개인가중치를 부여함

자료: 2012 가계금융복지조사, Luxembourg Income Study

국의 취업자를 대상으로 개인 근로소득을 대상으로 분석한 경우의 저소득층 비율과 가구 근로소득을 대상으로 한 경우의 저소득층 비율이 어떻게 달라지는지를 분석하였다. 가구 근로소득을 대상으로 한 분석은 다시 가구원 총 근로소득을 가구 내 성인 수로 나누어 구한 성인 1인당 가구 근로소득을 대상으로 분석한 경우와 가구의 총 근로소득을 가구 규모(성인과 아동을 모두 포함한 가구원 수)를 반영하여 균등화한 가구 근로소득을 대상으로 분석한 경우로 나누어진다. 개인 근로소득의 분석에서는 저소득 여부를 판별하는 기준을 중위소득의 2/3에 해당하는 금액으로 정하였다. 가구 근로소득 분석에서는 중위소득의 1/2을 저소득 기준으로 하였다. 이러한 저소득 기준은 임금근로자 중 저소득근로자를 판별할 때에 일반적으로 사용되는 기준과 가구소득을 이용하여 빈곤층을 판별할 때 쓰는 일반적인 기준을 그대로 따른 것이다. 〈표 4.2〉의 분석에서는 특히 개인 근로소득에서 가구 근로소득으로 분석의 대상을 바꿀 때 전체 가구원 중 저소득층 비율이 어떻게 다른지를 보여준다. 또 가구원들을 가구주, 배우자, 기타 가구원 등 가구 지위별로 나누어 저소득층 비율이 어떻게 달라지는지를 보았다.

우선 (a)열을 보면, 개인 근로소득을 분석할 때에는 한국의 저소득층 비율이 전체 개인의 49.0%에 달해 스페인, 영국, 미국과 유사하게 높은 수준임을 알 수 있다. 이에 비해 (b)열과 (c)열에서는 저소득층 비율이 각각 15.6%, 15.8%로 22-26%에 달하는 서구 국가들에 비해서 크게 낮은 수준이다. 이는 우리나라에서는 개인 단위에서 볼 때에는 저소득층인 개인들이 가구 단위로 결합한 후에는 저소득층을 벗어나는 정도가 매우 높다는 점을 보여준다. 마지막 두 열에서 보듯이, 우리나라의 경우 개인 근로소득에서 가구 근로소득으로 분석을 바꿀 때 저소득층 비율이 68.2%, 67.7% 정도 감소하였다. 이에 비해 다른 국가들에서는 40%대의 감소율을 보였다.

다음으로 가구 지위별로 저소득층 비율 변화를 살펴보면, 우선 한국에서는 가구주 중에서 저소득자 비율은 12.2%이고 배우자의 저소득자 비율은 28.4%로서 저소득자 중 다수가 배우자임을 알 수 있다. 이에 비해 서구 국가들에서는 가구주의 저소득자 비율이 20%대를 차지하여 개인 단위 저소득자 중에서 가구주가 다수를 차지하거나 배우자와 비슷한 규모를 차지함을 알 수 있다. 이는 서구 국가들에서 성인여성 중에 혼인상태의 배우자로 되지 않은 개인의 비율이 높고 이들 중 상당수가 저소득자에 속하여 나타난 현상으로 이해된다. 그런데 모든 나라에서 저소득 개인 중 가구주는 가구 단위에서도 저소득층으로 남는 경향이 강하고 저소득 개인 중 배우자는 가구 단위에서는 저소득 지위를 탈피하는 비율이 높다. 개인 근로소득으로 저소득자인 가구주들은 근로소득을 가진 다른 가구원들이 없거나 있더라도 그 액수가 많지 않아 저소득자 지위를 벗어나지 못하는 경우가 많을 것이다. 그러나 개인 근로소득으로 저소득자인 배우자는 가구 단위로 보면 가구주의 근로소득을 공유하여 저소득 지위를 벗어날 가능성이 높은 것이다.

　　그런데 이러한 현상은 다른 나라에 비해 한국에서 훨씬 두드러진다. 가구주의 경우 개인 근로소득에서 저소득자 비율이 12.2%인데 가구 단위로 보아도 저소득자 비율이 8.3%, 9.8%로 핀란드, 영국과 함께 그 감소율이 낮은 나라에 속한다. 반면에 배우자 중 저소득자 비율은 개인 단위에서는 28.4%로 가장 높은 수준이지만, 가구 단위로 보면 4.3% 정도로 떨어져서 그 감소율이 85%에 달한다. 다른 나라 중에서 핀란드, 독일이 배우자 저소득자 감소율이 72.4%, 71.3%로 높은 편인데, 한국은 이들 국가에 비해서도 배우자 저소득자 감소율이 훨씬 높다. 이렇게 서구 국가들에 비해 한국에서 개인 근로소득 기준 저소득자 비율이 가구 근로소득 기준에서는 크게 감소하는 현상은 배우자 이외에도 기타 가구원의 경우에서도 나타난다. 개인 단위에서는 저소득층인 기타 가구원 중 64.1%, 79.2%가 가구 단위에서는 저소득층을 벗어나 다른 국가들에 비해 훨씬 높은 수준의 감소율을 보인다.

　　〈표 4.2〉의 분석은 한국에서 개인 근로소득의 분배는 불평등한데 가구 근로소득의 분배는 상당히 평등하게 나타나는 메커니즘을 보여준다. 이 분석 결과를 〈표 4.1〉과 같이 고려하면, 한국은 다른 나라들에 비해 개인들이 가족 단위로 결합하는 정도가 높은 점이 개인 근로소득은 불평등하지만 가구 근로소득은 평등한 소득분배 양상을 설명하는 주요 요인임을 짐작할 수 있다. 또한 우리나라

의 경우 여성의 경제활동참가율이 낮아 가구 근로소득분배에 미치는 영향은 크지 않을 것으로 보이지만, 다른 나라들에 비해 남성 가구주 소득이 낮은 계층의 여성 배우자에 의한 경제활동이 활발하여 가구 단위에서 근로소득 불평등을 완화하고 저소득층을 줄이는 역할을 한 것으로 보인다.

2. 한국 가족의 변화 실태

1절에서 살펴보았듯이, 가족관계는 개인 단위의 근로소득분배를 평등화하는 기제로 작용하고 특히 우리나라에서는 이러한 가족의 소득분배 개선 기능이 강력하였다. 그런데 가족의 이러한 기능은 고정된 것이 아니다. 가족은 끊임없는 변화의 과정에 있고 우리나라에서는 특히 가족이 큰 변화를 겪어왔다. 이 절에서는 우리나라에서 소득분배 악화와 관련된 가족의 변화 실태를 검토한다.

지금까지의 논의에 따르면, 소득분배 악화에 미친 가족 기능의 변화를 볼 때 가장 중요한 두 가지 요인은 1인 가족구조 변화와 여성 경제활동참가 증가이다. 여러 나라에서 근래에 올수록 부부가구가 줄고 성인 단독가구와 한부모가구가 증가하는 변화가 이루어지고, 부부가구에서는 배우자 간 근로소득 상관관계가 증가하는 변화도 나타나서 가족의 소득 불평등 완화 기능이 약화되고 있다는 우려가 제기되었다(Esping-Andersen, 2009). 우리나라의 경우도 가족 구조나 여성 경제활동참가 등에서 유사한 방향으로 변화를 겪고 있는 것으로 보인다.

우리나라에서도 가족구조 변화가 빠르게 진행되었다. 서구에서 한부모가족의 증가가 가장 중요한 변화였다면, 우리나라에서는 가족구조 변화와 가장 두드러진 특징은 1인 가구의 증가이다. 전체 가구 중 1인 가구가 차지하는 비율은 1980년 4.8%에서 1990년 9.1%로 늘었고, 2000년에는 15.5%, 2010년에는 23.9%로 빠르게 증가하였다. 그에 따라 1인 가구가 차지하는 인구비율 또한 1980년 1.7%, 1990년 3.5%에서 2000년 6.5%, 2010년 11.1%로 크게 늘었다(정경희 외, 2012). 이러한 1인 가구의 증가 중 일부는 노인층에서 단독가구가 증가한 데에 기인하였다. 2013년 기준 65세 이상 노인 독거가구가 전체 가구의 6.9%를 차지한다. 그러나 이 수치는 전체 1인 가구 비율 23.9%에 비교하여 낮은 것이어서 젊은 연령대에서 미혼인구가 늘고 이혼이 증가한 것이 1인 성인가구 증가의 주요한 원인임을 시사한다.

이렇게 1인 가구가 빠르게 증가한 것에 비해 우리나라에서 한부모가구는 완만하게 증가하고 있다. 전체 가구에서 한부모가구가 차지하는 비율은 1990년 7.8%, 2000년 7.9%로 큰 변화 없이 비슷한 수준에서 머물렀다가 2000년대 이후 증가세를 보여 2010년에는 9.2%로 늘었다. 이러한 한부모가구의 증가 추이는 대체로 사별가구의 감소 추세와 이혼가구의 증가 추세에 의해 설명된다. 미혼 한 부모가구는 완만한 증가세를 보일 뿐이다. 이는 우리나라에서 미혼 출산에 대한 낙인(stigma)이 강하여 낙태와 입양이 빈번하고 미혼 한부모가구의 구성이 억제된 결과일 것이다. 한편 한부모가구 중 80% 가량은 모자가구로 구성되어 있어 부자가구는 소수에 머무르고 있다(통계청, 2014).

이러한 가족구조 변화는 소득분배를 악화시키는 요인으로 작용할 것이다. 서구 국가에서 이루어진 많은 연구에서는 가족구조 변화는 빈곤과 불평등 악화에 중요한 요인으로 검토되어 왔다. 실제로 성인 1인 가구의 증가, 특히 한부모가구의 증가는 소득분배 악화에 중요한 기여를 한 요인으로 밝혀졌다(Gottschalk and Danziger, 1993; Karoly and Burtless, 1995; Burtless, 1999; Daly and Vallette, 2006; Martin, 2006; Chen, Forster and Llena-Nozal, 2013). 하지만 가족구조 변화가 소득 불평등에 미치는 영향의 크기에 대해서는 연구들 사이에 추정치의 차이가 작지 않다(McLanahan and Percheski, 2008).

가족구조 변화와 함께 여성 경제활동참가 변화가 소득분배 변화와 상당한 관련을 가질 수 있다. 우리나라에서 여성의 경제활동참여율은 국제적으로 보면 상당히 낮은 상태이다. 15세 이상 64세 이하의 여성 중 경제활동참가율은 2011년 기준으로 54.9%로 OECD 평균 61.8%에 비해 크게 낮고, 70%를 넘는 북구나 북미 국가들에 비해서는 더욱 그러하다. 하지만 시간적인 추이를 볼 경우에는 우리나라 여성의 경제활동참가율도 꾸준히 증가하였음을 알 수 있다. 15세 이상 64세 이하 여성에서 1990년 49.9%이던 참가율은 2000년에는 51.9%에 머무르다가 2005년 54.4%, 2012년 이후에는 55%로 증가하였다. 연령대별로 보면 25세 미만은 1990년 40.7%에서 2012년 30.9%로 크게 감소한 반면, 25-34세 연령대는 같은 시기 46%에서 63.4%로 크게 증가하였다. 35-44세와 55세 이상의 경우 증가세가 미미하나 45-54세의 경우 62%에서 65%로 증가하였다. 혼인상태별로 보면, 미혼여성은 1990년 46.5%에서 2012년 51.1%로 4.6%p 증가하였으며 사별 및 이혼 여성의 경우 62.2%에서 65.7%로 3.5%p 증가하였다. 이에 비해 유배우 여성은 1990년 49.8%에서 2012년 55.7%로 5.9%p 올라 가장 큰 증가세를 보였다(여유진 외, 2013). 그런데 이러한 여성 경제활동참가 증가가 소득 불평등 변화에 미친 영향에 대해서도 국내외의 연구에서 상이한 발견이 보고되고 있다. 이렇게 상이한 결과가 발견되는 데에는 연구마다 분석하는 문제의 정의에 차이가 있는 점이 영향을 미쳤다. 우선 여성 근로 증가를 분석하는 연구에서 분석 대상 여성의 범위를 다르게 잡는 경우가 있다. 대다수의 연구는 부부가구에서 여성 배우자의 근로 증가를 다룬다. 여성 배우자의 근로 증가가 중요한 현상일지라도 미혼이나 이혼 여성의 근로 증가도 같이 나타난 현실을 고려할 때, 대상을 부부가구로 한정하여 여성 근로 증가의 영향을 분석하는 것은 여성 근로 증가 전체가 소득분배에 미치는 영향을 제대로 보여주지는 못한다. 또 일부 연구는 여성의 경제활동참가와 소득분배의 관계에 초점을 맞추었는데(Daly and Velletta, 2006), 다른 연구들은 여성 근로소득과 소득분배의 관계를 분석하였다(Burtless, 1999; Cancian and Reed, 1998; 1999). 그런데 여성의 근로소득은 경제활동참가 행위와 노동시장 여건에 의해 영향을 받으므로 여성 근로소득과 소득분배의 관계를 분석하는 경우에는 이 두 가지 영향이 혼재되어 나타난다는 문제점이 있다. 최근의 일부 연구는 여성 배우자 소득과 남성 소득의 상관관계에 초점을 맞추어 분석한다(Schwartz, 2010). 국내의 경우에도 일부 연구는 여성 배우자의 근로가 소득 불평등을 개선한다고 보고하고 있지만(구인회, 2006; 이철희, 2008; 여유진 외, 2013), 다른 연구들은 반대의 결과를 보여준다(장지연·이병희, 2013; 최바울, 2013). 이러한 논란의 배경에도 여러 연구에서 규명하고자 하는 문제의 정의가 상이하게 이루어지고 있는 점이 작용하였다.

3. 한국 소득분배 악화와 가족 변화의 관계에 대한 실증분석

앞에서 살펴보았듯이 국제적으로 비교할 때 우리나라에서는 가족이 개인 단위에서의 소득분배를 개선하는 데에서 큰 역할을 한 것으로 보인다. 하지만 시간적인 추이로 보면 우리나라 가족의 분배 개선 기능은 상당한 변화를 겪었을 가능성이 있다. 여성의 경제활동참가, 특히 유배우 여성의 경제활동참가가 증가한 것과 결혼 감소와 이혼 증가로 인해 1인 성인가구가 증가한 것이 가족의 분배 기능을 변화시켜 소득분배 추이 변화에 중요한 요인으로 작용했을 수 있다. 여기에서는 우리나라에서 여성의 경제활동참가율 증가, 가족구조의 변화 등 가족 분배 기능의 변화가 소득 불평등 악화에 미친 영향을 분석한다. 이 분석에서는 가구주가 근로연령대인 가구를 대상으로 1996년에서 2011년 사이 소득분배의 변화를 분석한다. 여성 경제활동참가 증가가 소득분배에 미치는 영향을 검토할 때 분석 대상 여성은 배우자로 한정하지 않고, 대상 가구의 가구주나 배우자인 여성을 모두 포함한다. 또 여기에서 분석은 여성 근로소득 변화가 아니라 여성 경제활동참가 변화를 다룬다. 단독가구의 증가 같은 가족구조 변화는 노인가구에도 영향을 미치는데, 노인가구에 대한 분석은 다음 장으로 미루고 여기에서는 근로세대가구로 한정하여 분석을 진행한다.

1) 가구소득분배 악화와 관련된 요인의 추이

여기에서는 먼저 1990년대 중반 이후 가구소득분배가 어떠한 변화를 겪어왔는지를 살펴보고 다음으로 이러한 분배 악화와 관련된 요인들은 어떤 변화 양상을 보였는지를 검토하기로 한다. 일반적으로 가구소득분배를 분석할 경우에는 가처분소득을 대상으로 한다. 가구소득은 근로소득만이 아니라 자산소득, 정부의 이전소득이 포함되고 납부한 세금은 제외된 것이어서 가구가 활용 가능한 경제적 자원의 수준을 잘 보여주기 때문이다. 이러한 이유로 본 연구에서도 가처분소득을 대상으로 분석하는 것이 적절할 수 있다. 그러나 다른 한편으로는 근로연령대 가구의 경우에는 가구 근로소득이 소득의 대부분을 차지한다는 점이 잘 알려져 있다. 또 가구 근로소득은 가처분소득에 비해 분석 대상이 되는 가구원들의 행위나 가구특성 요인들과의 관계를 명확하게 보일 가능성이 있다. 이러한 점을 고려하여 이 장에서는 우선 가구 근로소득에 초점을 맞추어 논의하고 장의 후반부에서 가처분소득에 대한 분석을 살펴보도록 한다.

〈표 4.3〉에서는 1996년, 2011년의 가구 근로소득의 수준과 변화의 추이에 관한 통계치를 제시하였다. 가구 근로소득은 가구주와 배우자의 연 근로소득을 합한 후 가구 규모를 반영하여 균등화하였다. 가구 근로소득을 구할 때 가구 규모를 반영하는 이유는 가구 근로소득이 동일하더라도 가구 규모에 따라 가구원 1인당 근로소득은 달라지기 때문이다. 1인당 근로소득으로 균등화하는 가장 쉬운 방식은 가구 근로소득 총액을 가구원 수로 나누는 것이다. 그런데 이 방식은 가구원 수가 늘어나면 규모경제효과가 발생한다는 점

표 4.3 가구 근로소득분배의 추이 (만원/년)

지표/연도	1996	2011
중위소득	1,767.53	2,000.00
변이계수	0.74	0.91
지니계수	0.33	0.40
빈곤율	14.37	18.99

주: 1. 가구 근로소득에는 근로연령대(25-64세) 가구주가구의 가구주와 배우자의 근로소득이 포함된다. 분석사례는 1996년은 20,915가구이며, 2011년은 14,522가구이며 가중치는 가구표본 가중치를 적용하였음
2. 1996 가구소비실태조사에는 농가가 제외되어 있으므로, 분석의 일관성을 위해 2012 가계금융복지조사에서도 농림어업 가구주가구(1,358가구)는 제외함
3. 실질 균등화 가구 근로소득은 가구주 및 배우자 근로소득의 합을 전체 가구원 수로 균등화하였으며, 1996년 소득은 소비자물가지수(CPI)를 사용하여 2011년 물가로 조정함
4. 가구 근로소득이 0인 사례도 포함함
자료: 1996 가구소비실태조사, 2012 가계금융복지조사

을 고려하지 않는다. 예를 들어 2인 가구가 사는 데에 필요한 주거 공간이나 가구 등이 1인 가구보다 두 배씩 요구되지는 않는다. 이러한 규모경제효과를 반영하기 위해 가구소득을 가구원의 제곱근으로 나누는 방식이 널리 이용된다.

〈표 4.3〉에서 제시한 통계치는 이렇게 균등화한 근로소득을 이용하여 구한 것이다. 먼저 가구 근로소득의 중위값을 보면, 1996년 1,767만 원에서 2011년 2,000만 원으로 증가한 것을 알 수 있다. 잘 알려져 있듯이, 중위소득은 1990년대 후반 아시아 외환위기 기간 감소했다가 2000년대를 거치며 다시 증가세를 보였다. 그리고 변이계수, 지니계수 같은 불평등지수와 빈곤율 등의 모든 분배 지표가 1996년과 2011년 사이에 크게 악화되었음을 알 수 있다. 이 기

간 변이계수는 0.74에서 0.91로 23% 정도 증가하였고 지니계수는
0.33에서 0.40으로 21% 정도 증가하였다. 변이계수는 고소득층의
변화에 민감한 특징을 가졌고, 지니계수는 중간소득층에서의 변화
에 민감하게 영향을 받는 지수인데, 불평등 악화의 추이에서 거의
유사한 결과를 보여준다. 빈곤율은 상대빈곤의 개념을 따라 중위소
득의 50% 미만 소득자의 인구비율로 계산되었다. 빈곤율은 1996년
14.4%에서 2011년 19.0%로 크게 증가하였다.

　기존 연구문헌에 따르면, 이러한 가구 근로소득분배의 악화 추
이를 설명하는 중요한 요인으로는 우선 남성 근로소득의 변화를 생
각할 수 있다. 다수의 남성이 가구의 주소득원으로 역할을 하기 때
문이다. 〈표 4.4〉에서는 근로연령대 가구주가구의 가구주와 배우
자 중 남성을 대상으로 1996년에서 2011년 사이 근로소득의 변화
를 살펴본 결과를 제시하였다. 이 기간 남성 근로소득의 증가 정도
는 미미하여 중위소득 수준이 연 3,000만 원 정도에서 정체되어 있
음을 알 수 있다. 남성 근로소득이 가구 근로소득에 비해 높은 수준
으로 나타난 것은 남성 근로소득은 개인 소득으로 제시한 반면, 가
구 근로소득은 가구 규모를 반영한 균등 소득으로 제시하였기 때문
이다. 이 기간 변이계수는 1996년 0.78에서 2011년 0.99로 증가하
였고 지니계수는 같은 시기 0.34에서 0.41로 증가하였다. 남성 근
로소득의 불평등도는 양 연도에 모두 가구 근로소득보다 약간 높
은 수준을 보였으나 그 시간적 증가 추이는 가구 근로소득에서 나

표 4.4 남성 근로소득분배의 추이   (만원/년)

지표/연도	1996	2011
중위소득	2,964.24	3,000.00
변이계수	0.78	0.99
지니계수	0.34	0.41
빈곤율	15.21	17.37

주: 1. 분석 대상은 근로연령대(25-64세) 가구주 및 배우자 중 남성으로 제한하고, 가중치는 가구표본 가
　　　중치를 적용하였음. 분석사례는 1996년은 18,653가구이며, 2011년은 12,363가구임
　　2. 1996 가구소비실태조사에는 농가가 제외되어 있으므로, 분석의 일관성을 위해 2012 가계금융복
　　　지조사에서도 농림어업 가구주가구(1,358가구)는 제외함
　　3. 가구 내 남성 근로소득은 가구주 또는 배우자에 관계없이 남성의 연 근로소득을 의미하며, 소비자
　　　물가지수(CPI)를 사용하여 2011년 물가로 조정함
　　4. 남성 근로소득이 0인 사례도 포함함
자료: 1996 가구소비실태조사, 2012 가계금융복지조사

타난 양상과 상당히 유사하다. 빈곤율은 1996년 15.2%에서 2011년
17.4%로 2.2%p가량 증가하였다. 이러한 빈곤율 증가는 〈표 4.3〉
에서 본 가구 근로소득 기준의 빈곤율이 같은 기간 4.6%p 넘게 증
가한 것에 비해서는 그 폭이 작은 것이다. 불평등 증가에 비해 빈곤
증가에 대해서는 남성 근로자의 근로소득 이외의 다른 요인들이 추
가적인 영향을 미친 것이 두드러지게 나타난 것이다.

　〈표 4.5〉에서는 1996년과 2011년 25-64세 가구주가구를 대상
으로 가구 근로소득과 관련을 갖는 주요한 가족 특성에 대한 통계
치를 제시하였다. 가구 근로소득이 가구주 특성에 크게 영향을 받
기 때문에 가구주의 연령과 교육수준이 양 연도에 어떠한 차이를
보이는지를 볼 필요가 있다. 가구주 연령은 불평등을 증가시키는
요인으로 작용하는 것으로 알려져 있다(홍석철·전한경, 2013). 우리

표 4.5 가구 근로소득분배와 관련된 가구특성

구분/연도	1996	2011
가구주 연령	100.00	100.00
– 25~29세	10.52	3.78
– 30~39세	37.51	24.51
– 40~49세	28.46	34.37
– 50~64세	23.51	37.35
가구주 교육수준	100.00	100.00
– 고졸 미만	30.55	17.76
– 고졸	41.83	36.78
– 대입(전문대 포함) 이상	9.20	14.69
– 4년제 대졸 이상	18.42	30.78
가족구조	100.00	100.00
– 아동부양 부부 (만 19세 이하)	62.70	46.14
– 아동미부양 부부 (만 19세 이하)	19.18	26.55
– 단독 남성가구주가구	7.32	12.37
– 단독 여성가구주가구	10.80	14.93
여성 경제활동참가율	48.75	53.21
– 가구주만	82.75	85.67
– 배우자만	41.37	44.75

주: 1. 분석 대상은 근로연령대(25-64세) 가구주 및 배우자 가구로 한정하였으며, 가중치는 가구표본 가
       중치를 적용하였음. 분석사례는 1996년은 20,915가구이며, 2011년은 14,522가구임
   2. 1996 가구소비실태조사에는 농가가 제외되어 있으므로, 분석의 일관성을 위해 2012 가계금융복
       지조사에서도 농림어업 가구주가구(1,358가구)는 제외함
자료: 1996 가구소비실태조사, 2012 가계금융복지조사

나라에서 가구주의 교육수준 향상은 상향평준화의 경향을 띠고 있
어 소득 불평등을 완화하는 요인으로 작용할 것으로 기대된다. 또

앞에서 논의했듯이 가구 근로소득분배에 중요한 영향을 미치는 요 인으로 가족구조와 여성 경제활동참가율이 양 연도에 어떻게 나타 나는지를 보아야 한다.

먼저, 가구 근로소득과 밀접한 관련을 갖는 가구주 연령을 보 면, 1996년에는 20대의 가구주가 10%를 넘고 30대가 37.5%를 차 지하여 20-30대가 거의 절반에 달하였다. 40대의 가구주는 28.5% 로 30대 가구주 다음으로 큰 비율을 보였고, 50대 이상이 23.5%를 차지하였다. 2011년에는 20대의 가구주는 4% 미만이었고 30대 가 구주도 24.5%로 줄어 20-30대 가구주가 30%에 미달하였다. 이는 청년층의 가구 독립이 매우 지연되고 있음을 보여주는 것으로 청 년층 중 점점 많은 수가 결혼의 지연, 경제적 어려움으로 독립적인 가구 구성을 하지 않고 기존 부모세대와 동거를 유지하여 나타난 결과로 보인다. 20-30대와는 반대로 40대와 50대 이상 가구주는 각각 34.4%와 37.4%로 크게 증가하였고 특히 50대 이상 가구주의 증가는 13.9%p에 달하였다. 이는 우리사회 고령화 현상이 노인인 구 증가만이 아니라 가구주 연령 증가에서도 나타난 결과이다.

다음으로 가구주 교육수준을 보면 양 연도 사이에 교육수준 의 향상이 크게 이루어졌을 알 수 있다. 1996년에는 가구주 중 고 졸 미만 학력자가 30.6%였고 고졸자가 41.8%인 한편, 대입 이상은 27.6%에 머물렀다. 그런데 2011년에는 고졸 미만자는 17.8%로 크 게 줄었고 고졸자도 36.8%로 줄은 반면, 대입 이상은 45.5%로 크게 늘었다. 4년제 대졸자도 1996년 18.4%에서 2011년에는 30.8%로 큰 폭의 증가를 보였다. 이러한 가구주 학력의 빠른 증가는 한국사회 고등교육이 1980년대 이후 빠르게 팽창한 결과로 볼 수 있다. 특히 본 연구의 분석 대상 중에서는 분석 기간 동안 가구주 중 저학력자인 고령자들이 노인이 되어 분석 대상에서 제외되고, 새로 진입한 가구주들은 고학력자 위주로 구성되어 변화의 폭이 더 크게 나타난 것으로 보인다.

　이 기간 가족구조 변화는 매우 큰 폭으로 이루어졌다. 부부가구는 줄고 단독 성인가구는 늘어난 가족구조 변화가 두드러진다. 1996년에는 아동부양 가구와 아동미부양 가구를 합친 부부가구가 81.9%를 차지하였고 성인 단독가구는 18.1%를 차지하였다. 그런데 2011년에는 부부가구는 72.7%로 줄었고 성인 단독가구는 27.3%로 늘었다. 부부가구 내에서의 변화도 현저하였다. 불과 15년의 기간에 아동을 양육하는 부부가구 비율은 62.7%에서 46.1%로 16.6%p 줄었고, 아동 없는 부부가구가 19.2%에서 26.6%로 7.4%p 늘었다. 부부가구 축소, 특히 아동을 부양하는 부부가구의 축소로 요약되는 이러한 가족구조 변화는 소득분배를 개선하는 가족의 역할이 약화되었음을 시사한다.

　가구주 혹은 배우자인 여성을 대상으로 구한 경제활동참가율은 1996년 48.8%에서 2011년 53.2%로 4.5%p 정도 증가하였다. 가구주 여성의 경우에는 1996년 82.8%로 이미 매우 높은 수준을 보였으나 2011년까지 다시 2.9%p 정도 증가하였다. 배우자 여성의 경우에는 1996년 41.4%의 낮은 참가율을 보였고 2011년까지 3.4%p 정도의 증가를 보였다. 가구주 여성, 배우자 여성 각각의 경제활동참가율 증가 정도는 전체 여성 경제활동참가율 증가 정도에 비해 낮게 나타난다. 이러한 결과는 우리나라에서 여성 경제활동참가율 증가에 가구주 여성, 배우자 여성 각각의 참가율이 증가한 것과 함께 전체 여성 중 경제활동참가율이 높은 가구주 여성의 비중이 늘어난 점이 영향을 미쳤음을 보여주는 것이다.

그런데 여성의 경제활동참가 증가와 소득분배 변화의 관계를 이해하기 위해서는 그 증가 추세만이 아니라 그 증가 양상을 파악해야 한다. 무엇보다도, 소득계층별 여성 경제활동참가의 양상이 어떻게 변화하고 있는지가 중요하다. 〈그림 4.2〉는 1996년과 2011년 사이 남성 소득이 높은 소득계층의 여성 배우자 고용률이 다소 높아지고 있음을 보여준다. 남성 소득이 소득 1분위인 저소득층에서는 여성 고용률이 약간 늘었지만, 소득 7분위 이상의 고소득층에서 여성 고용 증가가 두드러진다. 하지만 양 연도 모두에서 남성의 소득계층이 높아질수록 배우자 여성의 경제활동참가율이 낮아지는 양상이 대체로 유지되어서 소득계층별 여성 경제활동참가의 양상에서 큰 변화가 일어나지는 않았음을 알 수 있다. 이렇게 여성 경제활동참가 증가가 비교적 완만하고 그 소득계층별 양상에서도 뚜렷한 변화가 없어 여성 경제활동참가 변화가 소득분배 변화에 큰 영향을

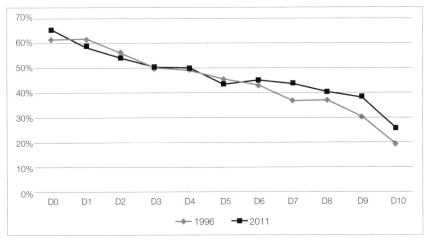

그림 4-2. 남성 소득 10분위별 여성 배우자의 고용률 분포, 1996-2011
자료: 1996 가구소비실태조사, 2012 가계금융복지조사

미쳤을 것으로 보이지는 않는다.

　그런데 근로시간이나 임금수준 등을 감안하지 않은 상태에서 여성의 고용 여부만을 검토하는 것으로는 여성 배우자의 근로소득의 영향을 충분히 포착하기 어렵다. 따라서 〈그림 4.3〉에서는 남성 근로소득을 기준으로 소득 10분위 계층별로 여성 근로소득 분포의 시간적 변화 양상을 직접 비교하였다. 결과에 따르면 1996년의 경우 남성 근로소득이 하위인 계층에서 배우자 여성의 근로소득이 높다. 특히 최하위계층인 소득 1분위에서 여성 근로소득 수준이 크게 높고 대체로 소득계층이 높아질수록 배우자 근로소득이 낮아져 배우자 여성의 경제활동이 가구 근로소득의 증가, 그리고 불평등과 빈곤 완화에 기여했음을 알 수 있다. 1996년에서 2011년 사이의 변

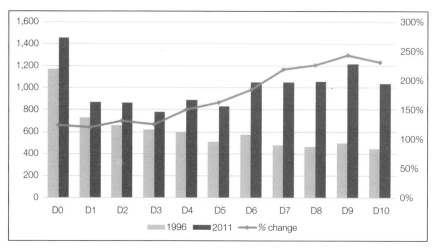

그림 4-3. 남성 소득 10분위별 여성 배우자의 고용률 분포, 1996-2011
자료: 1996 가구소비실태조사, 2012 가계금융복지조사

화를 보면 우선 여성 경제활동참가가 증가한 결과 전체 10분위 계
층에서 여성 근로소득의 증가가 이루어졌음을 알 수 있다. 그런데
이 시기 여성 근로소득 증가는 남성 근로소득 상위계층에서 더 큰
것으로 나타났다. 특히 남성 소득 6분위 이상의 상위소득층에서 배
우자 여성 근로소득이 크게 증가하여 여성 근로소득의 액수가 하위
소득층보다 더 높은 수준을 보였다. 그 결과 2011년에는 배우자 여
성의 근로소득이 가구 근로소득분배를 개선하는 효과가 1996년에
비해 낮아졌을 것으로 보인다.

　지금까지 본 가족 특성의 변화는 가구소득의 분배 변화와 상
당한 관련을 가졌을 것으로 보이나, 그 영향의 방향에 대해서는 예
상하기가 쉽지 않다. 가구주 연령과 교육의 변화가 가구주 소득분

배에 어떤 영향을 미쳤을지는 분명치 않다. 한편, 1990년대 이후에는 1인 성인가구의 증가 등 가족구조의 변화는 소득분배를 악화시키는 방향으로 영향을 미쳤을 것이 비교적 분명하게 예상된다. 여성 배우자 경제활동 양상의 변화 또한 소득분배 변화에 어떠한 방향으로 영향을 미쳤는지에 대해서는 논란이 많으나 그 영향의 정도는 크지 않았을 것으로 보인다. 여하튼 이러한 큰 폭의 가족 변화를 볼 때 우리나라에서 가족의 소득분배 개선 역할이 과거와 같이 계속 지속될 것으로 낙관하기는 어렵다.

2) 가구소득분배 악화의 요인분해 방법

본 연구는 1996년과 2011년의 두 시점 사이의 소득분배 악화에 남성 근로소득 불평등 변화, 여성 경제활동참가 증가, 가족구조 변화, 가구주 특성 변화의 네 가지 요인이 미친 영향을 분석한다. 분석의 초점은 가족의 분배 기능 변화에 있고 여성 경제활동 변화와 가족구조 변화가 중요한 대상이지만, 가구주 남성 근로소득 불평등 변화와 연령, 교육 등의 가구주 특성 변화도 소득분배 변화와 깊은 관련을 갖는 요인이어서 그 영향이 분석에 포함될 필요가 있다.

각 요인이 분석 기간 동안의 소득분배 변화에 미친 기여도를 평가하기 위해 실제 관찰된 소득 자료와 특정 요인의 영향이 반영된 가상적 상황의(counterfactual) 소득 자료의 분배 상태를 비교하는 접근법을 이용한다. 이러한 접근법의 원리를 가장 단순한 형태로 설명해보자. 우선 가구주 남성 근로소득분배 변화가 가구소득분배 악화에 미친 영향은 분석 자료에서 나타난 2011년 실제 상황(factual)에서의 소득 자료와 다른 모든 면에서는 2011년 상황과 같지만 남성 근로소득분배만은 1996년과 동일한 가상적 상황에서의 소득 자료를 비교하는 방식으로 추정된다. 두 가지 소득 자료에서 구한 변이계수, 지니계수나 빈곤율 등에 일정한 차이가 나타날 것인데 그 차이를 남성 근로소득분배 변화가 가구소득분배에 미친 영향으로 보는 것이다. 디나르도·포르틴·르미유(DiNardo, Fortin and Lemieux, 1996)가 잘 보여주듯이, 가상적 상황의 소득 자료를 구성하여 분배상태를 비교하는 분석방법은 변이계수나 지니계수 등 특정 소득분배 지표만을 대상으로 적용될 수 있는 분해방식을 적용한 기존 연구들과는 달리, 관련 요인의 영향을 다양한 분배 지표로 파악할 수 있다는 점에서 장점을 지닌다.

남성 근로소득 변화에 대해서와 마찬가지로, 여성 경제활동참가 증가, 가족구조 변화, 가족 특성 변화 등 다른 요인에 대해서도 가상적 소득 자료를 구성하여 소득분배를 비교하는 방식으로 소득분배에 미친 영향을 추정할 수 있다. 네 가지 요인에 대해 소득분배에 미친 영향을 추정할 때 가상적 소득 자료의 구성을 누적적으로 적용하면 전체 소득분배 지표의 악화를 각각의 요인들의 기여도로 분해하는 것이 용이하다. 예를 들어, 위의 가상적 자료, 즉 다른 모든 면에서는 2011년 상황과 같지만 남성 근로소득분배만은 1996년 과 동일한 가상적 상황에서의 소득 자료(가상자료 1)로부터 다른 모 든 면에서는 이 자료와 같지만, 여성 경제활동참가는 1996년과 동 일한 가상적 상황에서의 소득 자료(가상자료 2)를 누적적으로 구성 하여 이 두 가지 상황에서 소득분배 자료의 차이를 구하면 그 차이 가 여성 경제활동참가의 기여를 보여주는 것이다. 본 연구에서는 남성 근로소득 변화, 여성 경제활동참가 증가. 가족구조 변화, 가구 특성 변화의 차례로 순서적 분해(sequential decomposition)를 행 하여 각각의 요인들이 소득분배 변화에 미치는 기여도를 추정한 다. 소득분배 변화에 가장 큰 영향을 미친 것으로 논의되어온 가구 주 남성 근로소득 변화를 우선적으로 고려하고 다음으로 중요한 소 득원인 여성의 경제활동참가 변화를 고려하는 것이다. 그리고 가족 구조와 가구주 특성 변화를 다룬다. 그런데 이들 네 가지 요인들은 상호 관련성을 가지므로 분해의 순서에 따라 영향의 크기가 달라질 수 있다. 요인들 사이의 상관성이 높다면 분석에서 먼저 고려한 요 인의 영향이 더 크게 나타날 것이다. 이러한 순서의존성의 정도는 상이한 순서로 분석한 결과를 비교하면 알 수 있다. 여기에서는 남 성 근로소득부터 여성 경제활동참가, 가족구조, 가구특성의 순서로 분석한 후 가구특성부터 시작하여 가족구조, 여성 경제활동참가, 남성 근로소득에 이르는 역방향의 분해를 통해 이를 확인한다. 이 와 유사한 접근은 댈리·발레타(Daly and Valletta, 2006)에 의해 제시된 바 있고 구인회·이원진·이서윤(Ku, Lee and Lee, 2018)에 의해 한국 사례에 적용되었다.

이러한 가상적 소득분배에 기초한 접근법을 실행하는 구체적인 방법은 분석 대상이 되는 요인별로 다르기 때문에, 아래에서는 가구 근로소득분배 악화와 관련된 요인별로 그 방법을 설명한다. 우선, 남성 근로소득분배 변화를 조정하는 가상적 소득 자료 구성방법을 보자. 두 시기 사이 가구 단위 소득분배 변화에서 중요한 영향을 미치는 요인으로는 남성 근로소득분배 변화를 꼽을 수 있다. 남성 근로소득분배 변화의 영향을 보기 위해서는 우선 다른 모든 요소는 2011년 실제 소득분배 상태와 같지만 남성 근로소득분배는 1996년 상황을 따른다고 가정한 가상적 소득 자료(가상 자료 1)를 구성한다. 2011년의 남성 근로소득분배가 1996년 상황을 따르는 자료의 구축은 서열 유지 교체법(rank preserving distributional exchange)을 이용한다(Burtless, 1999). 이 방법에서는 1996년과 2011년 양 시기 가구주 남성의 소득 서열을 구하고 2011년 특정 순위에 있는 남성의 소득을 1996년 시점의 해당 순위 남성의 소득으로 교체하는 방식으로 두 시기의 남성 소득분배 상태를 조정한다. 다음으로 이렇게 구축된 가상적 자료의 소득분배 상태와 2011년의 실제 소득분배의 차이는 남성 근로소득분배 변화가 가구 근로소득분배 변화에 미친 영향으로 볼 수 있다. 이 소득분배 차이분이 1996년과 2011년 소득분배의 전체 차이 중 차지하는 비율을 남성 근로소득 불평등 변화가 전체 소득분배 악화에 기여한 정도로 볼 수 있다.

　다음으로 1996년과 2011년 사이 여성 경제활동참가 증가가 소
득분배 변화에 미친 기여를 분석하는 경우를 보자. 다른 모든 점에
서는 2011년 상황과 같지만 남성 근로소득 불평등만 1996년 상황
을 유지한 가상적 소득 자료(가상자료 1)와 여기에 여성 경제활동
참가까지 1996년 상태로 추가적으로 변경한 가상적 소득 자료(가
상자료 2)를 비교하여 분배 지표의 차이를 구하면 이 차이를 여성
경제활동참가 증가의 영향으로 본다. 다음으로 2011년 상황에 남
성 근로소득 불평등과 여성 경제활동참가를 1996년 치로 변경한
가상적 소득 자료(가상자료 2)와 여기에 가족구조까지 1996년 상태
로 조정한 가상적 소득 자료(가상자료 3)를 비교하여 구한 소득분
배의 차이를 가족구조 변화의 영향으로 본다. 또 2011년 상황에 남
성 근로소득 불평등과 여성 경제활동참가, 가족구조를 1996년 치
로 조정한 가상적 소득 자료(가상자료 3)와 여기에 가족 특성까지
1996년 치로 조정한 가상적 소득 자료(가상자료 4)의 소득분배 차
이를 가족 특성 변화의 영향으로 본다. 마지막으로 2011년 상황에
남성 근로소득 불평등과 여성 경제활동참가, 가족구조, 가족 특성
을 1996년 치로 조정한 가상적 소득 자료(가상자료 4)와 1996년의
실제 소득 자료의 소득분배 차이를 네 가지 요인 이외의 기타 요인
들의 영향으로 본다.

　남성 근로소득을 조정한 가상적 소득 자료(가상자료 1)의 구성

에는 서열 유지 교체법을 이용하지만, 여성 경제활동참가 증가, 가족구조 변화, 가구주 특성 변화를 조정한 가상적 소득 자료(가상자료 2, 3, 4)는 관련 범주별 확률 비교를 통한 재가중방법(reweighting)으로 구성이 가능하다. 예를 들어 여성 경제활동참가 확률이 1996년 49%에서 2011년 53%로 증가하였다면 가상자료 2는 가상자료 1의 경제활동참가 여성에 대해서는 49/53의 가중치를 적용하고 비참가 여성에 대해서는 51/47의 가중치를 적용하여 재가중화하여 구성할 수 있다. 가족구조 변화와 가구주 특성 변화에 대해서도 동일한 방식을 적용할 수 있다. 그런데 이러한 방식을 적절하게 적용하기 위해서는 양 연도에 범주별로 충분한 표본 수가 확보되어야 하므로 지나치게 표본 수가 적은 집단에 대해서는 범주 구성이 어렵게 된다. 이 분석에서는 한부모가구가 이러한 예에 해당되어 별도의 범주로 분석되지 못하였고, 남성 혹은 여성 성인 단독가구 범주로 통합되어 분석되었다.

그런데 여성 경제활동참가 증가, 가족구조 변화, 가구주 특성 변화는 상호 밀접하게 관련된 현상이어서 각각에 대해 독립적으로 재가중화하는 것이 적절하지 못하다. 예를 들면, 여성의 경제활동참가는 여성이 속한 가족구조(성인 단독가구 혹은 아동미부양 부부가구, 아동부양 부부가구)와 교육, 연령에 따라 큰 차이를 보이기 때문에 가중치 조정에서 이러한 차이를 반영해야 한다. 가령 1996년에는 여성 경제활동참가 확률이 49%이고 성인 단독가구 여성의 참가 확률이 83%이고 부부가구의 참가확률이 41%였는데, 2011년에는 여성 경제활동참가 확률이 53%, 성인 단독가구 여성의 참가 확률이 86%이고 부부가구의 참가 확률이 45%였다면, 2011년 단독가구 여성에 대해서는 83/86, 부부가구 여성에 대해서는 41/45의 가중치로 재가중화하는 것이 적절하다. 이렇게 가족구조별 여성 경제활동참가 확률을 이용한 재가중화는 조건부 확률 개념에 따른 것으로, 가족구조만이 아니라 가족 특성 등 다른 관련 요인들도 포함하여 조건 확률을 구하여 재가중화하는 것으로 확장될 수 있다. 또 가족구조의 변화를 조정하는 경우에도 가족구조가 교육수준이나 연령에 따라 다를 수 있다는 점을 반영하여 조건확률을 이용하여 재가중화하는 것이 가능하다. 요컨대, 여성 경제활동참가 증가, 가족구조 변화, 가구주 특성 변화 요인에 대해서는 해당 선택의 조건 확률(conditional probability)을 추정하고 이를 반영하여 재가중화한 가상적 소득 자료를 구성하여 비교하는 방식으로 그 영향을 평가한다.

3) 가구소득분배 악화의 요인분해 결과

이제 1996년과 2011년의 두 시점 자료를 이용하여 이 시기 가구소득 분배 악화를 남성 근로소득 불평등, 여성 경제활동참가 증가, 가족구조 변화, 가구주 특성 변화 등의 요인별 기여도로 분해하도록 한다. 우선 가구 근로소득의 분배가 악화된 결과를 살펴본 후 가처분소득 악화의 분해 결과를 보도록 한다.

〈표 4.6〉에서는 가구 근로소득을 대상으로 1996년과 2011년 기간 중위소득과 변이계수, 지니계수, 빈곤율에서의 총 변화량을 네 가지 관련 요인과 기타 요인, 각각의 기여로 분해한 결과를 제시하였다. 각 지표의 총 변화량은 〈표 4.3〉에서 제시한 양 연도의 지표값들의 차이를 보여준다. 중위소득 변화는 전체적인 소득의 증가 정도를 보여주기 때문에 소득분배 변화와 함께 고려할 경우 도움이 된다. 변이계수와 지니계수는 소득 불평등도를 보여주는 대표적인 지표로서 변이계수는 상대적으로 고소득층에서의 분배 변화에 민감한 지수이고 지니계수는 중간소득층의 분배 변화에 민감하게 반응하는 것으로 알려져 있다. 빈곤율은 중위소득의 50%에 미달하는 소득을 가진 인구 비율로서 저소득층 지위 변화를 잘 보여준다.

〈표 4.6〉의 첫째 열에서는 관찰 기간 동안 소득분배의 총 변화량을 제시했고, 나머지 열에서는 분석 대상이 되는 네 가지 요인들 각각의 기여량과 총 변화량 중 차지하는 기여율(각 괄호 안의 수치)을 제시했다. 마지막 열에서는 소득분배 총 변화량 중 이들 네 가지 요인으로 설명되지 않은 부분을 기타 요인의 기여분으로 제시했다.

첫 번째 행에 제시된 결과는 남성 근로소득의 변화가 가구 근로소득 중위값 증가분의 66%를 설명하였음을 보여준다. 여성 경제활동참가 변화는 중위소득을 증가시켰고 가족구조 변화는 중위소득을 감소시켰지만 그 기여분이 크지는 않았다. 연령과 학력에서의

표 4.6 가구 근로소득분배 변화의 요인분해, 1996-2011 : 순방향 분해

지표	총 변화량	영향요인				
		남성 근로소득	여성 경제활동	가족구조	가구주 특성	기타 요인
중위소득	232.469	153.519	20.982	-35.844	132.135	-38.323
		(0.66)	(0.09)	(-0.15)	(0.57)	(-0.16)
변이계수	0.174	0.075	-0.031	0.021	0.079	0.029
		(0.43)	(-0.18)	(0.12)	(0.45)	(0.17)
지니계수	0.075	0.040	-0.003	0.022	0.013	0.003
		(0.53)	(-0.04)	(0.30)	(0.17)	(0.03)
빈곤율	4.620	2.390	-0.550	2.700	0.230	-0.150
		(0.52)	(-0.12)	(0.58)	(0.05)	(-0.03)

주: 1. 분석 대상은 근로연령대(25-64세) 가구주 및 배우자 가구로 한정하였으며, 가구표본 가중치를 적용하여 가구 단위로 분석하였음. 분석사례는 1996년은 20,915가구이며, 2011년은 14,522가구임
　　 2. 1996 가구소비실태조사에는 농가가 제외되어 있으므로, 분석의 일관성을 위해 2012 가계금융복지조사에서도 농림어업 가구주가구(1,358가구)는 제외함
　　 3. 실질 균등화 가구 근로소득은 가구주 및 배우자 근로소득의 합을 전체 가구원 수로 균등화하였으며, 1996년 소득은 소비자물가지수(CPI)를 사용하여 2011년 물가로 조정함
　　 4. 실질 균등화 가구 근로소득이 0인 사례도 포함하였음
　　 5. 영향요인 중 가족구조는 '(19세 이하) 아동부양 부부가구, 아동미부양 부부가구, 단독 남성가구주가구, 단독 여성가구주가구'의 4가지로 구분하였고, 가구주 특성은 가구주의 연령(4개 범주)과 교육수준(4개 범주)을 바탕으로 다음의 15가지로 구분됨. '20대 고졸 미만과 고졸, 20대 대입 이상, 20대 4년제 대졸 이상, 30대 고졸 미만, 30대 고졸, 30대 대입 이상, 30대 4년제 대졸 이상, 40대 고졸 미만, 40대 고졸, 40대 대입 이상, 40대 4년제 대졸 이상, 50-60대 고졸 미만, 50-60대 고졸, 50-60대 대입 이상, 50-60대 4년제 대졸 이상'
자료: 1996 가구소비실태조사, 2012 가계금융복지조사

가구주 특성 변화는 남성 근로소득 변화 다음으로 중위소득 증가에 큰 영향을 미쳐 전체 중위소득 증가량의 57%를 설명하였다. 마지막 열에서는 기타 요인이 중위소득 변화분의 16% 정도를 감소시킨 것으로 나타나 위의 네 가지 요인들이 중위소득 변화의 대부분을

설명하고 있음을 알 수 있다.

다음으로 두 번째부터 네 번째 행까지는 소득 불평등과 빈곤 증가에 대한 각 요인들의 기여도를 제시하였다. 남성 근로소득은 불평등과 빈곤율을 증가시키는 요인으로 작용하였고, 변이계수 총 변화량 0.174의 43%, 지니계수 총 변화량 0.075의 53%, 빈곤율 총 변화량 4.620의 52%를 설명하여 분석 기간 소득분배 악화에 가장 큰 기여를 한 요인임을 알 수 있다. 이에 비해 여성 경제활동참가 증가는 소득분배 악화를 줄이는 요인으로 작용하였으나, 그 영향은 대체로 작은 수준으로 나타났다. 변이계수 변화에 대해서는 18%를 감소시켜 무시하지 못할 요인으로 나타났으나, 지니계수에는 −4% 의 미미한 영향을 미쳤다. 여성 경제활동참가는 빈곤율을 0.6 정도 감소시켜 빈곤율 총 변화량 4.62의 12%를 줄이는 영향을 미쳤다.

가족구조 변화는 불평등과 빈곤을 악화시키는 방향으로 상당한 기여를 한 요인으로 나타났다. 가족구조 변화는 변이계수 변화에 대해서는 12%를 설명하여 비교적 작은 영향을 보였지만, 지니계수 변화의 30%, 빈곤율 변화의 58%를 설명하여 중간층과 저소득층 사이의 소득분배에서 큰 영향을 미친 것으로 나타났다. 성과 연령의 가구주 특성 변화도 불평등과 빈곤율을 악화시키는 방향으로 기여하였으나 그 영향은 상대적으로 고소득층 사이의 분배 변화에서 큰 것으로 나타났다. 변이계수 변화에 대해서는 45%를 설명하여 남성 근로소득 이상의 큰 영향을 미치는 요인으로 나타났고,

지니계수 변화에는 17%의 기여도를 보였으나 빈곤율 변화에는 5%의 영향을 미치는 것에 그쳤다.

이상의 네 가지 요인들은 소득분배 변화의 대부분을 설명하였다. 마지막 열의 기타 요인 기여는 총 변화량 중 분석 대상인 네 가지 요인들이 설명하지 못한 부분을 보여주는데, 변이계수의 경우 17%를 차지하여 고소득층 내에서의 변화를 설명하는 데에는 일정한 한계를 보였으나, 지니계수의 경우 3%, 빈곤율에서는 −3%로 대체로 낮은 수준을 보여 중하위소득층의 변화에 대해서는 큰 설명력을 보였다.

〈표 4.6〉의 결과를 전체적으로 보면, 남성 근로소득은 중위소득을 향상시켰지만 이와 함께 불평등과 빈곤율을 증가시키는 영향을 미쳤다. 가구주들의 연령과 학력 증가 또한 중위소득을 증가시켰으나 소득분배를 악화시키는 요인으로 등장했다. 그러나 그 기여도는 남성 근로소득 변화에 비해 작았다. 가족구조 변화는 중위소득을 떨어뜨리고 소득분배는 악화시키는 방향으로 상당한 영향을 미치는 요인으로 나타났다. 이에 반해 여성 경제활동참가 증가는 중위소득을 증가시키고 소득분배는 개선하는 방향으로 작용하였으나 그 기여도는 전반적으로 크지 않았다.

〈표 4.6〉에 결과를 제시한 분석에서는 소득분배 변화에 가장 큰 영향을 미친 것으로 논의되어온 가구주 남성 근로소득 변화를 우선적으로 고려하고 다음으로 중요한 소득원인 여성의 경제활동참가 변화, 가족구조와 가구주 특성 변화를 다루었다. 그런데 이들 요인

들은 상호간에 밀접한 관련을 갖는 특성들이기 때문에 어떤 순서로 분석하는가에 따라 그 기여도가 다르게 나타날 수 있다. 이를테면, 가구주 특성 변화의 기여도를 먼저 분석할 경우에는 〈표 4.6〉에서 처럼 마지막에 분석하는 경우와 다른 결과를 나타낼 수 있다. 따라서 요인분해의 순서를 달리할 경우 요인들의 기여도가 다르게 나타나는지를 검토할 필요가 있다. 여기에서는 〈표 4.6〉의 분해 순서와 반대로 분석을 하는 방식으로 이러한 가능성을 검토하였다.

〈표 4.7〉에서는 네 가지 요인들의 분석 순서를 〈표 4.6〉의 역순으로 하여 행한 가구 근로소득 요인분해 결과를 제시하였다. 우선 중위소득 변화에 대한 요인별 기여도를 보면, 가구주 특성 변화를 첫 번째로 분석한 결과 그 기여도가 99%로 크게 증대하였다. 이는 마지막 순서로 분석한 남성 근로소득 변화가 중위소득 증가에 미친 기여도가 30%로 떨어진 것과 관련된 것으로 보인다. 이러한 결과는 중위소득 증가 요인의 분해에서 가구주 특성 변화와 남성 근로소득 변화는 분석 순서에 따라 기여도가 상당히 달라진다는 것을 보여준다. 그러나 가족구조와 여성 경제활동, 기타 요인의 경우에는 그 기여도에서 큰 차이를 보이지 않았다.

다음으로 소득 불평등과 빈곤율 변화를 역순으로 분해한 결과를 보면, 〈표 4.7〉의 분석 결과에서 각 요인의 기여도는 〈표 4.6〉의 분석 결과와 질적으로 유사한 경향을 나타냈다. 첫 번째로 분석한 가구주 특성의 경우 변이계수 변화에 미치는 기여도는 24%로 상당히 감소

표 4.7 가구 근로소득분배 변화의 요인분해, 1996-2011 : 역방향 분해

지 표	총 변화량	영향요인				
		가구주 특성	가족구조	여성 경제활동	남성 근로소득	기타 요인
중위소득	232.469	229.034	-29.034	0.000	70.792	-38.323
		(0.99)	(-0.12)	(0.00)	(0.30)	(-0.16)
변이계수	0.174	0.042	0.027	-0.008	0.084	0.029
		(0.24)	(0.15)	(-0.05)	(0.48)	(0.17)
지니계수	0.075	0.018	0.015	-0.002	0.041	0.003
		(0.24)	(0.20)	(-0.02)	(0.55)	(0.03)
빈곤율	4.620	0.300	2.340	-0.190	2.320	-0.150
		(0.06)	(0.51)	(-0.04)	(0.50)	(-0.03)

주: 1. 분석 대상은 근로연령대(25-64세) 가구주 및 배우자 가구로 한정하였으며, 가중치는 가구표본 가중치를 적용하여 가구 단위로 분석하였음. 분석사례는 1996년은 20,915가구이며, 2011년은 14,522가구임
　　2. 1996 가구소비실태조사에는 농가가 제외되어 있으므로, 분석의 일관성을 위해 2012 가계금융복지조사에서도 농림어업 가구주가구(1,358가구)는 제외함
　　3. 실질 균등화 가구 근로소득은 가구주 및 배우자 근로소득의 합을 전체 가구원 수로 균등화하였으며, 1996년 소득은 소비자물가지수(CPI)를 사용하여 2011년 물가로 조정함
　　4. 실질 균등화 가구 근로소득이 0인 사례도 포함하였음
　　5. 영향요인 중 가족구조는 '(19세 이하) 아동부양 부부가구, 아동미부양 부부가구, 단독 남성가구주가구, 단독 여성가구주가구'의 4가지로 구분하였고, 가구주 특성은 가구주의 연령(4개 범주)과 교육수준(4개 범주)을 바탕으로 다음의 15가지로 구분됨. '20대 고졸 미만과 고졸, 20대 대입 이상, 20대 4년제 대졸 이상, 30대 고졸 미만, 30대 고졸, 30대 대입 이상, 30대 4년제 대졸 이상, 40대 고졸 미만, 40대 고졸, 40대 대입 이상, 40대 4년제 대졸 이상, 50-60대 고졸 미만, 50-60대 고졸, 50-60대 대입 이상, 50-60대 4년제 대졸 이상'
자료: 1996 가구소비실태조사, 2012 가계금융복지조사

하였지만 지니계수 변화와 빈곤율 변화에 대한 기여도는 유사하게 나타났다. 지니계수와 빈곤율 변화에 대한 기여도에서는 큰 변화를 보이지 않았다. 가족구조 변화의 경우에는 정방향의 분석 결과와 기여의 방향이나 크기에서 큰 차이를 보이지 않았다. 지니계수 변화에

대한 기여도에서만 약간의 감소를 보였다. 여성 경제활동참가는 소득 불평등과 빈곤을 줄이는 방향으로 기여하는 양상을 유지하였으나 그 기여도는 전반적으로 조금씩 줄어들어 전체 소득분배 변화에 미치는 영향력은 미미한 것으로 나타났다. 이러한 역순서의 분석 결과에 따르면 〈표 4.6〉의 분석에서 나타난 가구 근로소득 변화의 요인분해 결과가 분석 순서에 크게 영향받지 않는 것임을 알 수 있다.

　지금까지는 가구 근로소득의 분배 악화와 관련된 요인을 분석하였다. 그런데 앞에서도 논의하였듯이 가구 근로소득보다는 가구 가처분소득이 가구가 활용할 수 있는 경제적 자원의 수준을 잘 보여준다. 이러한 점을 고려하여 지금부터는 가구 가처분소득을 대상으로 분석을 진행한다. 〈표 4.8〉에서는 가구 가처분소득의 수준과 변화의 추이에 관한 통계치를 제시하였다. 가구 가처분소득은 가구 규모를 반영하여 균등화한 것이다. 이러한 가구 가처분소득의 중위값은 1996년 1,962만 원에서 2011년 2,153만 원으로 증가한 것으로 나타났다. 이러한 수치는 〈표 4.3〉에서 제시한 가구 근로소득의 중위값 1996년 1,768만 원과 2011년 2,000만 원에 비해 다소 높은 액수이다. 또한 두 시점의 불평등과 빈곤 등 가처분소득의 모든 분배 지표는 가구 근로소득의 분배 지표에 비해 양호한 모습을 보였다. 자산소득은 가처분소득과 근로소득분배 지표의 차이를 확대시키는 방향으로 작용했을 것이다. 그러나 상대적으로 고소득층이 납세 부담이 크고 정부의 소득이전 혜택은 저소득층에 많이 주어지기 때문

표 4.8 가구 가처분소득 분배의 추이   (만원/년)

지표/연도	1996	2011
중위소득	1,962.25	2,152.94
변이계수	0.64	0.88
지니계수	0.27	0.34
빈곤율	7.51	13.01

주: 1. 분석 대상은 근로연령대(25-64세) 가구주가구임. 분석사례는 1996년은 20,915가구이며, 2011
　　　년은 14,522가구이며, 가구표본 가중치를 적용하여 분석하였음
　　2. 1996 가구소비실태조사에는 농가가 제외되어 있으므로, 분석의 일관성을 위해 2012 가계금융복
　　　지조사에서도 농림어업 가구주가구(1,358가구)는 제외함
　　3. 실질 균등화 가처분중위소득은 가구 가처분소득을 가구원 수로 균등화하여 도출하였으며, 1996년
　　　소득은 소비자물가지수(CPI)를 사용하여 2011년 물가로 조정함
　　4. 실질 균등화 가처분중위소득이 0 이하인 사례도 포함하였으며, 대수편차평균과 타일지수를 도출할
　　　때에는 1,000원으로 변환하여 계산함
자료: 1996 가구소비실태조사, 2012 가계금융복지조사

에 가처분소득의 분배 지표가 근로소득에 비해 낮게 나타난 것으로 짐작된다. 하지만 분석 기간 동안 가처분소득의 분배는 가구 근로소득의 경우와 마찬가지로 악화 추세를 보인다. 가처분소득의 변이계수는 1996년 0.64에서 2011년 0.88로 늘어 가구 근로소득의 경우보다 불평등 증가가 큰 것으로 나타났다. 지니계수는 1996년 0.27에서 2011년 0.34로 증가하여 낮은 증가 정도를 보였지만, 빈곤율은 1996년 7.5%에서 2011년 13.1%로 늘어 적지 않은 증가를 보였다.

〈표 4.9〉에서는 1996년과 2011년의 두 시점 사이의 가구 가처분소득 분배 변화를 요인분해 결과로 제시하였다. 여기에서는 〈표 4.6〉의 가구 근로소득분배 변화의 요인분해와 같이 남성 근로소득, 여성 경제활동, 가족구조, 가구주 특성의 순으로 분해한 결과를 제

표 4.9 가구 가처분소득 분배 변화의 요인분해, 1996-2011 : 가구 단위 분석

지표	총 변화량	영향요인				
		남성 근로소득	여성 경제활동	가족구조	가구주 특성	기타 요인
중위소득	135.928	178.465	22.945	5.737	162.478	-233.697
		(1.31)	(0.17)	(0.04)	(1.20)	(-1.72)
변이계수	0.179	0.051	-0.027	-0.010	0.108	0.058
		(0.29)	(-0.15)	(-0.06)	(0.60)	(0.32)
지니계수	0.068	0.036	0.001	0.010	0.012	0.009
		(0.53)	(0.02)	(0.15)	(0.17)	(0.13)
빈곤율	5.920	3.210	0.080	2.170	-0.620	1.080
		(0.54)	(0.01)	(0.37)	(-0.10)	(0.18)

주: 1. 분석 대상은 근로연령대(25-64세) 가구주 및 배우자 가구로 한정하였으며, 가중치는 가구표본 가중치를 적용하여 가구 단위로 분석하였음. 분석사례는 1996년은 20,915가구이며, 2011년은 14,522가구임
　　 2. 1996 가구소비실태조사에는 농가가 제외되어 있으므로, 분석의 일관성을 위해 2012 가계금융복지조사에서도 농림어업 가구주가구(1,358가구)는 제외함
　　 3. 실질 균등화 가처분중위소득은 가구가처분소득을 가구원 수로 균등화하여 도출하였으며, 1996년 소득은 소비자물가지수(CPI)를 사용하여 2011년 물가로 조정함
　　 4. 실질 균등화 가처분중위소득이 0 이하인 사례도 포함하였음
　　 5. 영향요인 중 가족구조는 '(19세 이하) 아동부양 부부가구, 아동미부양 부부가구, 단독 남성가구주 가구, 단독 여성가구주가구'의 4가지로 구분하였고, 가구주 특성은 가구주의 연령(4개 범주)과 교육수준(4개 범주)을 바탕으로 다음의 15가지로 구분됨. '20대 고졸 미만과 고졸, 20대 대입 이상, 20대 4년제 대졸 이상, 30대 고졸 미만, 30대 고졸, 30대 대입 이상, 30대 4년제 대졸 이상, 40대 고졸 미만, 40대 고졸, 40대 대입 이상, 40대 4년제 대졸 이상, 50-60대 고졸 미만, 50-60대 고졸, 50-60대 대입 이상, 50-60대 4년제 대졸 이상'
자료: 1996 가구소비실태조사, 2012 가계금융복지조사

시한다. 이는 가구 가처분소득 분배 변화의 분해 결과를 가구 근로소득의 경우와 비교하는 것을 용이하게 한다. 그리고 〈표 4.6〉과 〈표 4.7〉의 비교에서 요인분해의 순서에 따라 결과가 크게 다르지 않음이 확인되었으므로 가처분소득의 경우에는 역방향으로 추가 분석

을 하지는 않는다.

〈표 4.9〉의 결과를 〈표 4.7〉의 가구 근로소득에 대한 요인분해 결과와 비교하여 검토하여 보자. 1996년에서 2011년에 이르는 시기의 가구소득 변화가 남성 근로소득, 가구주 특성에 큰 영향을 받으며 가족구조도 빈곤율 등 하위소득층의 소득분배에 큰 설명력을 갖고, 여성 경제활동의 설명력은 미미하다는 점에서는 두 가지 결과에 큰 차이가 없는 것으로 보인다. 그러나 가처분소득의 분해에서는 가구주 특성의 영향이 다소 증대하고 남성 근로소득의 영향은 다소 감소하는 경향을 보인다. 또 여성 경제활동은 계속 소득분배 변화에 별 설명력을 갖지 않는 것으로 나타났다. 가족구조는 가구 근로소득의 경우보다 설명력이 다소 떨어졌다. 이러한 결과는 잔차의 증가에서 확인되듯이 네 요인 모두를 고려할 경우의 설명력이 떨어지는 것으로 이어졌다.

첫 번째 열을 보면, 남성 근로소득 증가와 가구주 특성 변화가 중위소득 증가에 대해 각각 131%, 120%의 기여를 한 것으로 나타났고 여성 경제활동 증가와 가족구조 변화의 영향은 작은 것으로 나타났다. 마지막 열을 보면, 가처분소득의 중위소득 변화에 대한 앞의 네 가지 요인의 종합적 설명력이 떨어져 설명되지 않는 부분이 매우 크게 나타남을 알 수 있다. 이는 이들 네 가지 요인이 자산소득이나 공적·사적 이전소득에 대해 설명력이 크지 않아 나타난 현상으로 볼 수 있다.

　다음으로 두 번째부터 네 번째 열에서 소득 불평등과 빈곤 증가에 대한 각 요인들의 기여도를 보자. 남성 근로소득은 변이계수 총 변화량의 29%, 지니계수 총 변화량의 53%, 빈곤율 총 변화량의 54%를 설명하여 분석 기간 가처분소득의 분배 악화에 가장 큰 기여를 한 요인임을 알 수 있다. 이에 비해 여성 경제활동참가 증가는 변이계수 변화분의 15%를 감소시켜 불평등을 감소하는 영향 요인으로 나타났으나, 지니계수와 빈곤율에 대해서는 거의 영향을 미치지 않았다. 가족구조 변화는 변이계수 변화에 대해서는 미미한 영향을 보였지만, 지니계수 증가의 15%, 빈곤율 증가의 37%를 설명하였다. 가족구조 변화는 중간층과 저소득층 사이에서 소득분배를 악화시키는 요인으로 영향을 미친 것이다. 성과 연령의 가구주 특성 변화는 변이계수 증가에 대해서는 60%를 설명하여 가장 강력한 불평등 증가 요인으로 나타났으나, 지니계수 변화에 대해서는 17%의 기여도를 보였고 빈곤율에는 감소하는 영향을 미친 것으로 나타났다. 마지막 열의 기타 요인 기여는 가구 근로소득의 경우에 비해 다소 증가하였다. 이는 위의 네 가지 요인들이 가처분소득 분배 악화에 대해 갖는 설명력이 가구 근로소득분배 악화에 대한 설명력보다 떨어진다는 점을 보이는 것이다.

　〈표 4.10〉에서는 1996년과 2011년의 두 시점 사이의 가구 가처분소득 분배 변화의 요인분해를 개인 단위에서 수행한 결과를 제시하였다. 〈표 4.6〉과 〈표 4.7〉, 〈표 4.9〉에 결과를 제시한 분석에서는

표 4.10 가구 가처분소득분배 변화의 요인분해, 1996-2011: 개인 단위 분석

지 표	총 변화량	영향요인				
		남성 근로소득	여성 경제활동	가족구조	가구주 특성	기타 요인
중위소득	190.685	220.899	23.797	16.216	185.597	-255.824
		(1.16)	(0.12)	(0.09)	(0.97)	(-1.34)
변이계수	0.239	0.031	-0.042	0.004	0.120	0.127
		(0.13)	(-0.18)	(0.02)	(0.50)	(0.53)
지니계수	0.067	0.036	0.001	0.008	0.011	0.012
		(0.53)	(0.01)	(0.12)	(0.16)	(0.18)
빈곤율	5.500	3.780	0.140	1.610	-0.850	0.820
		(0.69)	(0.03)	(0.29)	(-0.15)	(0.15)

주: 1. 분석 대상은 근로연령대(25-64세) 가구주 및 배우자 가구로 한정하였으며, 가중치는 가구표본
　　가중치에 가구원 수를 곱하여 개인 단위로 분석하였음. 분석사례는 1996년은 20,915가구이며,
　　2011년은 14,522가구임
　2. 1996 가구소비실태조사에는 농가가 제외되어 있으므로, 분석의 일관성을 위해 2012 가계금융복
　　지조사에서도 농림어업 가구주가구(1,358가구)는 제외함
　3. 실질 균등화 가처분중위소득은 가구 가처분소득을 가구원 수로 균등화하여 도출하였으며, 1996년
　　소득은 소비자물가지수(CPI)를 사용하여 2011년 물가로 조정함
　4. 실질 균등화 가처분중위소득이 0 이하인 사례도 포함하였음
　5. 영향요인 중 가족구조는 '(19세 이하) 아동부양 부부가구, 아동미부양 부부가구, 단독 남성가구주
　　가구, 단독 여성가구주가구'의 4가지로 구분하였고, 가구주 특성은 가구주의 연령(4개 범주)과 교
　　육수준(4개 범주)을 바탕으로 다음의 15가지로 구분됨. '20대 고졸 미만과 고졸, 20대 대입 이상,
　　20대 4년제 대졸 이상, 30대 고졸 미만, 30대 고졸, 30대 대입 이상, 30대 4년제 대졸 이상, 40대
　　고졸 미만, 40대 고졸, 40대 대입 이상, 40대 4년제 대졸 이상, 50-60대 고졸 미만, 50-60대 고졸,
　　50-60대 대입 이상, 50-60대 4년제 대졸 이상'
자료: 1996 가구소비실태조사, 2012 가계금융복지조사

　가구 규모 차이에 상관없이 모든 가구에 동일한 가중치를 부여하여
분석한 것이다. 따라서 이들 분석 결과는 모두 가구를 분석단위로
하여 얻은 결과라 할 수 있다. 그런데 가구마다 가구 구성원의 수가
달라, 어떤 가구는 5인 가구이고 어떤 가구는 1인 가구일 수 있다.

지금까지 분석에서는 이러한 가구 규모의 차이를 반영하지 않았다는 한계를 갖는다. 모든 개인이 소속한 가구와 무관하게 동등한 가치를 지닌다는 점을 생각한다면 개인을 분석단위로 하는 것이 적절하다. 이러한 이유로 〈표 4.10〉에서는 가구 규모를 반영한 가중치를 적용하여 개인을 분석단위로 하여 가처분소득 분배 악화에 각 요인들이 미친 영향을 살펴보았다. 분석한 요인들이 분석의 순서 등 다른 모든 사항은 〈표 4.9〉의 가구 단위 분석과 동일하다.

먼저 첫 번째 행에서 제시한 중위소득 증가의 분해 결과는 〈표 4.9〉의 가구 단위 분석과 질적으로 유사하다. 개인 단위에서 중위소득 증가는 191만 원으로 가구 단위 증가 136만 원보다 더 큰 폭으로 나타났다. 이러한 증가에는 남성 근로소득 증가와 가구주 특성 변화가 여전히 큰 기여를 한 것으로 나타났고 여성 경제활동 증가와 가족구조 변화의 영향은 매우 작았다. 또 중위소득 변화에는 네 가지 요인 이외의 영향도 상당한 것이 재확인된다.

소득 불평등과 빈곤 증가에 대한 각 요인들의 기여도에서도 〈표 4.10〉의 개인 단위 분석 결과는 〈표 4.9〉의 가구 단위 분석 결과와 큰 차이를 보이지 않는다. 남성 근로소득 변화는 변이계수 증가에 대해서는 작은 기여를 한 것으로 나타났지만, 지니계수 변화에 대한 기여는 가구 단위에서와 유사하게 나타났고 빈곤율 증가에 대해서는 69%를 기여하여 더욱 큰 설명력을 보였다. 여성 경제활동참가 증가와 가족구조 변화의 기여는 가구 단위 분석에서와 마찬가지로 전반적으로 작다. 특히 가족구조 변화가 빈곤율 증가에 기여한 정도가 가구 단위 분석에서보다 감소한 것으로 나타났는데, 이는 단독가구 등 취약가구의 가구 규모가 작은 점이 반영된 결과로 보인다. 가구주의 성과 연령 변화는 변이계수 증가에 대해서는 가장 큰 기여 요인으로 나타났고, 지니계수와 빈곤율 증가에 대해서도 상당한 영향을 미쳤다.

지금까지 1996년에서 2011년에 이르는 시기의 가구소득 분배에 대한 요인분해의 결과를 종합적으로 보면, 남성 근로소득 변화의 영향이 가장 강력한 분배 악화 요인으로 작용하였다는 점이 모든 분석에서 일관되게 확인된다. 가구주 특성 또한 모든 분석에서 중요한 영향 요인으로 나타났다. 가구주 특성은 가구 근로소득분배에서는 불평등과 빈곤을 악화시키는 요인으로 나타났는데, 가처분소득의 분배 변화에서는 불평등은 증가시키지만 빈곤을 감소시키는 요인으로 나타나는 차이를 보였다. 이는 가구주의 교육수준 향상이 한편으로는 소득 불평등을 증가시키지만 다른 한편으로는 빈곤을 감소시키는 영향을 미치기 때문으로 보인다. 가족의 변화 또한 소득분배 변화에 무시 못할 영향을 미치는 것으로 나타났다. 그런데 여성 경제활동 증가는 소득분배 변화에 거의 미미한 영향을 미친 반면, 가족구조 변화는 분배 악화에 상당한 영향을 미쳤다. 빈곤율 증가에 대해서는 가족구조 변화는 남성 근로소득 변화 다음으로 강력한 영향을 미쳤다.

V.

노인의 소득분배

III장과 IV장에서는 가구 근로소득분배에서 노동시장과 가족의 역할에 초점을 맞추어 우리나라 근로연령대 가구의 소득분배 추이와 그에 미친 영향 요인을 검토하였다. 그런데 우리나라 소득분배에서 또 하나의 커다란 쟁점은 극심한 노인빈곤 문제이다. 또한 기존 연구에서 노인 집단 내의 소득 불평등이 비노인 집단에 비해 크다는 점이 확인되었다. 더구나 이러한 노인의 소득분배는 지속적으로 악화 추세를 밟아왔다. 이 장에서는 1996년과 2011년의 노인 소득분배 상황을 비교, 분석하여 1990년대 중반 이후 노인의 소득분배 추이와 그에 영향을 미친 요인을 검토한다. 그런데 근로연령대와는 달리 노인의 경우에는 소득에서 근로소득이 차지하는 비중이 작고 자산소득이나 공적·사적 이전소득의 비중이 크다. 따라서 이 장에서의 노인 소득분배 분석에서는 이들 소득을 모두 합치고 세금을 제외한 가처분소득을 대상으로 한다.

노인의 소득분배는 주된 관심 방향에 따라서 연구 대상을 달리하여 진행될 수 있다. 우선, 노인이 가구주인 가구를 대상으로 하여 불평등과 빈곤을 분석하는 것이 가능하다. 이 경우에는 분석 대상에는 가구주 노인만이 아니라 노인이 아닌 가구원들도 포함되고 이러한 점에서 노인가구의 소득분배를 다룬다고 하는 것이 더 정확한 표현이다. 이러한 접근을 취하는 이유는 앞 장들의 검토에서 근로연령대 성인을 가구주로 하는 가구를 대상으로 소득분배 추이를 분석한 것과 같은 것으로, 개인의 연령보다 주 생계부양자인 가구주 연령이 해당 개인의 소득지위를 잘 보여주는 경향이 있기 때문이다. 이러한 가구 단위 접근과는 달리 노령의 개인들을 대상으로 소득분배를 검토하는 개인 단위 접근이 가능하다. 이 경우에는 분석에 포함되는 노인들은 독립가구를 구성한 노인들뿐만이 아니라 근로연령대의 가구주와 동거하는 노인들이 포함되며, 반면에 노인 가구주와 동거하더라도 노인이 아닌 가구원들은 분석에서 제외된다. 이러한 개인 단위 접근은 노인 인구 전체를 대상으로 소득분배 상태를 분석한다는 점에서 노인 소득분배 분석이라는 개념에 더 부합한다고 볼 수 있겠다. 이 장에서는 개인 단위 접근에 따라 노인 소득분배 추이를 주로 분석하되, 앞 장들에서의 분석과 연결성을 고려하여 노인가구 소득분배 추이를 같이 분석한다.

1. 노인 소득분배에 대한 문헌 검토

본 연구에서의 분석은 노인을 대상으로 소득분배의 시간적 변화 추이를 파악하는 것이다. 그러나 조금 더 넓은 시각에서 보면 노인의 소득분배를 전체 인구의 소득분배와의 관계에서 볼 필요가 있다. 이러한 이유로 본 연구의 주된 관심과는 달리, 노인의 소득분배를 비노인의 소득분배의 관계 속에서 분석하는 한 갈래의 연구들이 있다(Pampel and Hardy, 1994; 임병인·전승훈, 2005; 강성호·임병인, 2009; 이원진, 2012a; 2013). 이들 연구들은 노인의 소득 불평등을 근로연령기의 소득 불평등과의 관련 속에서 파악해야 함을 강조하는 공통점을 지닌다. 그런데 근로기와 노년기의 소득 불평등 관계의 강도에 대해서는 의견의 차이가 존재한다. 노인기의 소득에 큰 영향을 미치는 공적 이전소득의 재분배효과에 대한 판단 차이에 따라 근로기에 비해 노년기에는 소득 불평등이 감소, 유지, 혹은 증가할 것이라고 상이하게 예측한다. 이러한 의견의 차이에도 불구하고 이 연구 흐름은 노령기의 소득분배를 규명할 때 근로연령기의 소득분배와 관련지어 분석하는 것이 중요하다는 점을 시사한다. 노년기의 소득지위를 비노년기의 소득지위와의 관련하에서 파악하는 것은 노인빈곤의 변화를 파악하는 데에도 도움이 될 수 있다. 노년기 소득 불평등 변화는 물론, 노년기의 평균적인 소득지위가 비노년기의 평균소득과 비교해서 어떻게 변화하는가에 따라 노인의 빈곤상태는 달라질 것이다.

　다른 기존 연구들은 노인 소득 불평등의 변화 추이와 그 원인을 분석하였다(김경아, 2008a; 손병돈, 2009; 임병인·강성호, 2011; 이원진, 2012b). 이들 연구는 노인 소득 불평등은 외환위기를 거치며 악화 추세를 걷다가 2000년대를 지나면서 개선 추세로 반전하는 경향을 보고하였다. 또 이들 연구들은 주로 소득 불평등의 소득원천별 요인분해를 통해 근로소득의 영향이 중요함을 제시하였고, 공적연금이나 부동산소득의 중요성이 제기되기도 하였다(강성호·임병인, 2009; 손병돈, 2009). 이들 문헌은 노인 소득 불평등 추이에서 근로소득의 중요성을 강조하고 있지만, 노인 근로소득 변화의 원인에 대해서는 충분한 규명이 이루어지지 않았다.

　이러한 노인 소득 불평등 문헌에서 나타난 중요한 문제점으로는 대다수의 연구들은 성, 연령, 교육수준 등 노인의 인구학적 특성, 노인의 가구구성 등의 변화가 노인의 소득분배에 미친 영향을 고려하지 않았다는 점을 들 수 있다. 우리나라에서는 고령화가 급속하게 진행됨에 따라 고령 노인과 여성 노인이 증가하는 등 노인의 인구학적 구성이 크게 변화하였고, 노인의 교육수준 또한 빠르게 향상되었다. 또 성인 자녀와 동거하는 노인이 빠르게 줄고 독립가구에서 사는 노인이 증가하는 변화가 매우 빠르게 진행되었다. 이러한 노인의 인구학적 특성, 노인의 가구구성에서의 변화는 노인의 소득분배 변화와 밀접한 관계를 가질 것이다. 실제로 이원진

(2012b)은 노인 가구주가구 증가 등 가구구성 변화가 노인 소득 불평등 증가에 크게 기여하였음을 보고하였다. 이러한 노인의 인구구성과 가구구성의 변화가 고려되지 않을 경우, 이러한 구성변화로 인한 불평등도 변화가 근로소득 변화로 잘못 파악될 가능성이 크다. 예를 들어 인구구성 변화를 고려하지 않은 분석에서는 여성 노인과 고령 노인의 증가로 인한 불평등도 악화가 근로소득이 없거나 적은 노인의 증가로 인한 불평등도 변화로 나타날 것이기 때문이다.

노인 소득 불평등 추이를 다룬 기존 연구의 이러한 문제점은 노인빈곤 문제를 다룬 문헌들의 경향과 대비된다. 우리나라 노인의 빈곤은 다른 인구집단에 비해 매우 높을 뿐만 아니라 최근까지 악화 추세를 지속하고 있는 양상을 보인다(김수완·조유미, 2006; 김수영·이강훈, 2009; 여유진 외, 2012). 노인빈곤을 다룬 문헌들에 따르면, 고령 노인, 여성 노인, 단독가구 노인의 빈곤율이 높은 것으로 나타났다(홍백의, 2005; 석재은·임정기, 2007; 최옥금, 2007; OECD, 2011; 여유진 외, 2012). 이러한 발견은 노인이 개인적, 가족적 특성에 따라 소득지위에 큰 차이가 있음을 보이는 것으로, 특히 성별과 가족구조가 중요한 차이를 나타나게 하는 요인임을 보여준다. 김희삼(2014)은 노인의 연령대가 높아질수록 근로소득은 줄고 사적 이전소득은 증가하는 변화를 관찰하여 소득원천의 변화가 연령 등 인구구성 변화와 밀접하게 관련된 현상임을 시사한다.

한편 이러한 노인빈곤에 관한 선행연구들은 노인의 고령화, 여성 노인, 단독가구 노인의 증가 등 노인의 개인적, 가구적 특성 요인의 변화와 함께, 사적이전의 감소와 공적이전의 미흡 등 노인 소득구조상의 변화가 노인빈곤의 악화와 관련하여 주목할 요인임을 시사한다. 노인의 소득원천과 관련해서는 기존 연구들은 노인의 소득원 중 사적이전의 비중이 크고 그 빈곤감소효과가 크며, 공적이전의 빈곤감소효과가 미흡함을 지적하였다. 그런데 최근으로 올수록 연금 등 공적이전의 비중은 크게 늘고 사적이전의 비중은 크게 줄어들고 있음을 보여준다(김경아, 2008b; 김희삼, 2008; 2014; 석상훈, 2012; 금현섭·백승주, 2014). 그러나 노인 불평등 연구문헌들과는 달리, 이들 연구들의 다수는 한 시점의 노인빈곤을 분석하고 일부는 노인빈곤의 시간적 변화를 다루고 있지만 그 분석 기간이 짧아 노인빈곤 변화의 추이에 다양한 요인들이 어느 정도의 영향을 미쳤는지를 밝히는 데에는 큰 한계를 보인다. 특히 고령화나 자녀의 부양을 받던 노인들이 자녀와 별거하여 독립가구를 이루는 가구구성에서의 변화 등 비교적 장기에 걸쳐 진행되는 노인의 개인적, 가구적 특성 변화에 대해서 고려를 하지 못한 점은 결정적 문제라 하겠다. 이러한 분석을 수행한 연구로는 최근 발표된 구인회·김창오(Ku and Kim, 2018)가 있을 뿐이다.

2. 한국 노인 소득분배에 대한 실증분석

1) 노인가구의 소득분배

노인 소득분배에 대한 분석은 1996년 가구소비실태조사와 2012년 가계금융복지조사의 노인 가구주가구 구성원을 표본으로 하여 이루어졌다. II장의 〈표 2.3〉에서 제시하였듯이, 15년의 분석 기간 사이에 가구주 연령별 인구구성은 상당한 변화를 겪었다. 특히 노인 가구주가구에 사는 개인의 수가 크게 증가하였음을 알 수 있다. 1996년에는 60세 이상의 노인이 가구주인 가구에 사는 인구가 7.6%였으나 2011년에는 17.1%에 달하였다. 이러한 노인가구 인구의 증가는 노인인구 증가율을 넘어서는 것으로, 노인의 독립가구화 등의 추가적인 요인이 작용했을 것으로 짐작된다. 구체적으로는 성인자녀와 동거하며 부양을 받던 노인의 비중이 줄어들고 성인자녀와 별거하는 노인가구가 늘어난 것이 중요한 요인으로 보인다.

　〈표 5.1〉에서는 같은 기간 노인가구 인구의 특성 변화를 보여준다. 우선 노인가구 내부 구성의 변화를 보면, 노인부부가구 인구의 비율이 1996년 35.5%에서 2011년 42.9%로 7.3%p가량 늘었음을 알 수 있다. 노인독거가구도 1996년 14.3%에서 2011년 16.5%로 증가세를 보였다. 이에 반해 성인자녀와 동거하는 노인 가구주가구의 인구비율은 1996년 50.2%에서 2011년 40.7%로 9.5%p 정

표 5.1 노인 가구주 특성별 가구원 구성

구분/연도	1996	2011
가족구조	100.00	100.00
– 자녀동거가구 (노인 가구주)	50.15	40.70
– 노인독거가구	14.34	16.46
– 노인부부가구	35.51	42.85
가구주 특성		
교육수준	100.00	100.00
– 무학	23.82	16.55
– 초졸 이하	27.91	25.37
– 중졸 이하	12.91	17.66
– 고졸 이상	35.36	40.42
성별	100.00	100.00
– 남성	72.16	76.07
– 여성	27.84	23.93
연령	100.00	100.00
– 60~64세	53.32	33.40
– 65~69세	23.93	25.88
– 70~74세	13.18	19.27
– 75세~	9.57	21.45

주: 1. 분석 대상은 60세 이상 노인 가구주가구로 1996년은 1,849가구이며, 2011년은 3,232가구임. 가
중치는 가구표본가중치에 가구원 수를 곱하여 가구원 단위로 분석하였음
　　2. 1996 가구소비실태조사에는 농가가 제외되어 있으므로, 분석의 일관성을 위해 2012 가계금융복
지조사에서도 농림어업 가구주가구(1,358가구)는 제외함
　　3. 노인부부가구에는 노인(부부)과 기타 가구원(손자녀 등)이 동거하는 가구도 포함됨
자료: 1996 가구소비실태조사, 2012 가계금융복지조사

도 줄어들었다.

노인 가구주의 교육수준에서도 상당한 변화가 발견된다. 노인 가구주의 학력이 높아져 1996년에는 노인 가구주가 무학자인 가구 구성원이 차지하는 비율이 23.8%이었는데, 2011년에는 16.6%로 줄어들었다. 노인 가구주가 초졸 이하인 비율도 다소 감소하였다. 대신에 중등교육 이상을 받은 경험이 있는 노인 가구주가구의 인구 비율이 10%p 가까이 늘었음을 알 수 있다. 또 노인 가구주가구 인구 중 여성 노인 가구주와 사는 인구 비율은 약간 줄었다. 추가적인 분석에 따르면, 여성 노인 가구주가구의 비율은 약간 증가하였지만 여성 노인 가구주 중 다수가 단독가구이므로 여성 가구주가구 구성원 비율은 약간 감소하는 것으로 나타났다. 하지만 65세 미만의 노인 가구주가구의 인구 비율은 크게 줄고 노인 가구주 인구 중 75세 이상 고령자 가구주와 같이 사는 인구의 비율이 1996년 9.6%에서 21.5%로 크게 늘어나는 등 전반적인 고령화가 빠르게 진행되어 이들 가구의 경제적 취약성이 늘어났을 가능성을 시사한다.

1996년과 2011년 시점에서 노인가구의 소득수준과 분배 실태를 비교해보면 이 기간에 노인 가구주가구에 사는 인구집단의 소득지위와 분배상태가 전반적으로 악화되었음을 확인할 수 있다. 〈표 5.2〉에서 나타나듯이, 중위소득은 1,373만 원에서 1,254만 원으로 10% 가까이 감소하여 근로연령대 가구에서 1,962만 원에서 2,153만 원으로 10% 정도 증가한 것과 대비된다(〈표 4.8〉 참조). 또

표 5.2 노인 가구주가구 가처분소득의 중위소득과 분배상태, 1996-2011. (만원/년)

지표/연도	1996	2011
중위소득	1,373.11	1,254.41
변이계수	0.94	1.02
지니계수	0.42	0.45
빈곤율	33.00	41.88

주: 1. 분석 대상은 60세 이상 노인 가구주가구로 1996년은 1,849가구이며, 2011년은 3,232가구임. 가중치는 가구표본가중치에 가구원 수를 곱하여 가구원 단위로 분석함
　　2. 1996 가구소비실태조사에는 농가가 제외되어 있으므로, 분석의 일관성을 위해 2012 가계금융복지조사에서도 농림어업 가구주가구(1,358가구)는 제외함
　　3. 실질 균등화 가처분중위소득은 가구 가처분소득을 전체 가구원 수를 기준으로 균등화하였으며, 1996년 소득은 소비자물가지수(CPI)를 사용하여 2011년 물가로 조정함
　　4. 실질 균등화 가처분중위소득이 0인 사례도 포함하였으며, 대수편차평균과 타일지수를 도출할 때에는 1,000원으로 변환하여 계산함
자료: 1996 가구소비실태조사, 2012 가계금융복지조사

노인가구의 소득 불평등도는 높은 수준이고 분석 기간에도 증가하였음이 확인된다. 변이계수의 경우, 1996년에는 0.94이었고 2011년에는 1.02로 나타났다. 지니계수를 보면 1996년 0.42에서 2011년 0.45로 증가하였다. 이러한 소득불평노는 근로연령대 가구에 비해 높은 수준으로 분석 기간 근로연령대 가구에서의 소득분배 악화보다 정도는 덜하지만 악화 추세를 보였다(〈표 4.8〉 참조). 빈곤율의 경우에도 1996년 이미 33.0%의 매우 높은 수준을 보였으나 2011년에는 더욱 증가하여 41.9%에 달하게 되었다.

　그렇다면 이러한 노인가구 소득분배 악화에 영향을 미친 요인은 무엇일까? 〈표 5.3〉에는 가구주의 성별과 연령, 교육수준, 가구구성의 네 가지 주요한 특성 요인들을 대상으로 각각의 요인들의

표 5.3 노인가구 소득분배 변화의 요인분해: 가구특성별 분해, 1996-2011

지표	총 변화량	영향요인			
		성별+연령	교육수준	가구구성	기타 요인
중위소득	-118.70	-142.78	157.19	-160.07	26.97
	(1.00)	(-1.20)	(1.32)	(-1.35)	(0.23)
변이계수	0.08	0.01	-0.03	0.04	0.06
	(1.00)	(0.12)	(-0.36)	(0.48)	(0.77)
지니계수	0.04	0.01	-0.01	0.01	0.03
	(1.00)	(0.18)	(-0.31)	(0.30)	(0.84)
빈곤율	8.88	4.15	-4.57	4.11	5.19
	(1.00)	(0.47)	(-0.51)	(0.46)	(0.58)

주: 1. 분석 대상은 60세 이상 노인 가구주가구로 1996년은 1,849가구이며, 2011년은 3,232가구임. 가중치는 가구표본가중치에 가구원 수를 곱하여 가구원 단위로 분석하였음
2. 1996 가구소비실태조사에는 농가가 제외되어 있으므로, 분석의 일관성을 위해 2012 가계금융복지조사에서도 농림어업 가구주가구(1,358가구)는 제외함
3. 실질 균등화 가처분중위소득은 가구 가처분소득을 전체 가구원 수를 기준으로 균등화하였으며, 1996년 소득은 소비자물가지수(CPI)를 사용하여 2011년 물가로 조정함
4. 실질 균등화 가처분중위소득이 0인 사례도 포함함
5. 가구주의 성+연령 특성은 5개의 하위항목으로 구분하였으며, 구체적으로 1) 60-64세 남성 가구주, 2) 65-74세 남성 가구주, 3) 75세 이상 남성 가구주, 4) 60-64세 여성 가구주, 5) 65세 이상 여성 가구주임. 가구주의 교육수준은 '무학, 초졸 이하, 중졸 이하, 고졸 이상'의 4개 항목으로 구분하였고, 가구구성은 1) 성인세대와 동거하는 노인 가구주가구, 2) 노인독거가구, 3) 노인부부가구 외(기타 노인 가구 포함) 3개 항목으로 구분함
자료: 1996 가구소비실태조사, 2012 가계금융복지조사

변화가 소득분배 악화에 기여한 정도를 분석한 결과를 제시하였다. 가구주의 성별과 연령은 고령화 추세를 반영하는 요인들이다. 고령화가 진행될수록 노인 가구주가 늘어날 뿐만 아니라 노인 가구주 내에서도 고령 가구주가 늘고 상대적으로 수명이 긴 여성 가구주가 늘 것이기 때문이다. 이러한 고령화 관련 요인들은 소득능력이 취

약한 집단의 비중을 늘리는 효과를 가져 중위소득을 감소시키고 소득분배를 악화시키는 방향으로 작용했을 것이다. 지난 수십 년 간 우리나라 노인 인구에서는 급속한 교육수준의 향상이 이루어져 무학자와 초졸자의 비중이 크게 줄고 중등교육 경험자의 비율이 늘었다. 이렇게 노인 교육수준의 향상이 저학력자를 줄이는 방향으로 이루어져 중위소득을 늘리고 소득 불평등과 빈곤은 감소시키는 방향으로 작용했을 것으로 보인다. 우리나라에서 노인의 가구구성은 자녀와의 동거가 줄고 노인의 독립가구 구성이 늘어나는 급격한 변화를 겪었는데 이러한 변화에 따라 상대적으로 소득능력이 취약한 노인가구가 증가하여 중위소득은 떨어지고 소득 불평등과 빈곤은 악화할 가능성이 높다.

그런데 이들 노인가구의 특성 요인들은 상호 관련되어 있어서 어느 특성 변수의 기여도를 먼저 고려하는가에 따라 다른 변수들의 기여도가 상이하게 나타날 수 있다. 본 연구에서는 이러한 점을 고려하여 상대적으로 다른 특성의 영향을 받을 가능성이 낮은 요인의 영향을 먼저 분석하고, 다른 특성의 영향을 받을 가능성이 높은 요인의 영향은 나중에 분석하는 방법을 채택하였다. 가령, 노인 가구주의 교육수준은 성별과 연령에 영향을 받을 가능성이 있고, 가족구조는 성별과 연령, 교육수준에 의해서 영향을 받을 가능성이 크다. 반면에 노인의 성별과 연령이 교육수준이나 가족구조에 영향을 받거나 노인의 교육수준이 가족구조에 영향을 받을 가능성은 낮다.

이러한 점을 고려하여 이들 특성의 소득분배에 대한 기여도는 노인 가구주의 성별과 연령, 교육수준, 가족구조의 순서로 분석하였다. 또 노인의 성과 연령은 독립적인 분석을 수행하기에 사례 수가 충분하지 않은 범주(예를 들면, 75세 이상 여성 가구주 구성원 집단)들의 발생을 피하기 위해 성별, 연령을 조합한 기준으로 범주를 구성하여 분석을 하였다.

〈표 5.3〉에서 우선 중위소득의 변화 요인을 분해한 결과를 보면, 가구주 성별과 연령 두 변수를 조합한 기준으로 살펴본 구성변화는 142.7만 원의 중위소득 하락에 기여하여 1996년과 2011년 사이의 중위소득 총 변화량(118.7만 원의 중위소득 감소)의 120%를 설명한 것으로 나타났다. 그러나 노인 가구주의 교육수준이 향상된 것이 157.2만 원의 중위소득 증가에 기여하여 가구주 성과 연령 변화의 영향을 상쇄하고도 남는 영향을 미쳤다. 고령화로 인한 소득 하락을 교육수준 증가로 막은 셈이 된다. 그런데 가구구성 변화는 다시 중위소득을 160만 원 감소시키는 영향을 미쳐 중위소득 총 변화량의 135%를 설명하였다. 자녀와 동거하는 세대가 줄어들고 노인독거가구나 노인부부가구가 증가한 변화가 중위소득 하락으로 이어진 주요한 요인인 것으로 나타났다. 마지막 열의 기타 요인에는 노인 가구주 성별과 연령, 교육수준, 가족구조 변수들로 설명되지 않는 중위소득 변화분이 제시되어 있다. 노인가구 특성 변수들 전체로 보아 중위소득 총 변화분(감소분)의 123%를 설명하였고 이

중 초과 설명된 23%가 이들 특성 이외의 요인들의 영향을 받은 부분으로 볼 수 있다. 예를 들어 노인의 근로소득이나 자녀로부터의 사적 이전소득 감소 등 앞의 분석변수들의 변화와 독립적으로 이루어진 노인가구 소득원에서의 변화가 여기에 포함될 수 있다.

소득분배 악화에 대한 분석으로 넘어가면, 각 요인들의 영향이 대체로 예상과 부합한 방향으로 작용하였음을 알 수 있다. 가구주 성과 연령의 변화는 소득분배를 악화시키는 방향으로 작용하였고, 교육수준은 소득분배를 개선하였으며 가족구조는 다시 소득분배를 악화시키는 영향을 미쳤다. 가구주 성과 연령 변화는 소득 불평등을 증가시켰으나 변이계수를 12%, 지니계수를 18%로 증가시킨 정도의 작은 영향을 미쳤다. 노인 가구주 교육수준 향상은 변이계수를 36% 감소시키고 지니계수를 31% 감소시키는 상당한 정도의 영향을 미쳤고, 가족구조 변화는 변이계수를 48% 증가시키고 지니계수를 30% 늘려 소득 불평등 악화에 크게 기여하였다. 그러나 앞에서 살펴보았듯이, 노인가구 소득 불평등도 증가는 근로연령대 가구에 비해 작은 편이었고 노인가구 빈곤 증가에 비해서도 작은 변화를 보였음을 상기한다면 이들 요인이 소득 불평등 변화에 미친 영향은 크지 않은 것으로 볼 수 있다. 더욱이 이들 요인들로 설명되지 않는 소득 불평등 변화분이 80% 전후를 차지하여 노인가구 소득 불평등 변화에는 기타 요인들의 영향이 크게 작용하였음을 알 수 있다.

　　한편 1996년과 2011년 기간 33.0%에서 41.9%로 8.9%p나 증가한 빈곤율 변화에 대해서는 주요 특성 요인들의 변화가 비교적 큰 설명력을 보였다. 노인 가구주 성과 연령 변화는 4.2%p의 빈곤 증가에 기여하여 전체 빈곤율 증가의 47%를 설명하였다. 고령화와 이로 인한 성과 연령에서의 노인 구성의 변화가 노인빈곤 악화에 중요한 요인으로 작용하였음을 알 수 있다. 반면에 노인 가구주 교육수준의 향상은 빈곤율이 감소하는 방향으로 총 변화분의 51% 크기의 설명력을 가져 고령화로 인한 빈곤율 증가를 상쇄하는 중요한 요인으로 작용하였다. 이렇게 노인 가구주의 인구학적 특성 변화는 같이 합하여 볼 경우에는 상호간의 상쇄작용으로 인해 빈곤율 증가에 큰 영향을 미치지 않았으나, 가구구성 변화는 4.1%p 정도의 빈곤율 증가에 기여하여 전체 빈곤율 증가의 46%를 설명하였다. 한편 이 기간 전체 빈곤율 변화의 58%는 이들 주요 요인들의 변수로 설명되지 않아 기타 요인들의 영향이 상당하였음을 알 수 있다.

　　〈표 5.3〉에 제시된 전반적인 결과에 따르면, 노인가구의 소득분배 변화에서 가구주 특성이나 가구구성의 변화로 설명되지 않은 부분이 매우 크다. 이들 특성의 변화로 설명되지 않는 부분에 대해서는 가구소득을 구성하는 소득원천의 변화가 중요한 설명력을 가질 수 있다. 가령, 앞의 특성 변화와 독립적으로 이루어진 노인 근로소득의 감소, 자녀로부터의 사적 이전소득의 감소 등은 소득분배 악

화에 별도의 기여를 했을 것이다. 국민연금, 기초연금 등의 노령연
금이나 노인 대상 공공부조 같은 공적이전의 증가도 소득분배에 영
향을 미쳤을 것이다. 〈표 5.4〉에서는 1996년과 2011년 사이 중위소
득과 소득분배 변화량 중 가구주 특성과 가구구성 등 특성 요인의
변화로 설명되는 부분을 구성효과로 분류하고, 설명되지 않은 나머
지 변화량에 대해 노인가구 소득원천의 변화가 어떻게 관련을 가지
는지를 분석하여 얻은 결과를 제시하였다. 노인가구의 소득원은 근
로소득과 사업소득, 재산소득을 합친 본원소득, 사적 이전소득, 공
적 이전소득, 조세의 네 가지로 나누어 분석하였다.

　〈표 5.4〉에서 먼저 중위소득을 보면, 노인가구 특성 요인 변화
의 영향을 나타내는 구성효과는 총 변화분의 123%로서 〈표 5.3〉에
서 제시한 중위소득 총 변화분 중 관찰된 특성에 의해 설명되지 않
는 부분이 −23%에 해당함을 의미한다. 〈표 5.4〉의 첫째 행에서는
중위소득 변화분 중 설명되지 않은 부분을 소득원천 변화로 설명되
어야 할 부분으로 보고 소득원천별 기여도를 분해한 결과를 제시하
였다. 근로소득 등 본원소득과 사적 이전소득 감소가 각각 중위소
득 하락의 110%와 47%를 설명하였으나, 공적이전과 조세 변화가
본원소득과 사적이전의 감소를 상쇄하고도 남아 전체적인 소득원
천 변화가 중위소득을 26.97만 원(총 변화분의 23%) 증가시킨 것으
로 나타났다.

　앞의 〈표 5.3〉에서 보았듯이, 변이계수와 지니계수에서는 노인

표 5.4 노인가구 소득분배 변화의 요인분해; 소득원천별 분해, 1996-2011

지표	총 변화량	구성효과	소득원천 효과				
			총 효과	본원소득	사적이전	공적이전	조세
중위소득	-118.70	-145.66	26.97	-130.24	-56.17	211.36	2.02
	(1.00)	(1.23)	(-0.23)	(-1.10)	(-0.47)	(1.78)	(0.02)
변이계수	0.08	0.02	0.06	0.19	0.08	-0.13	-0.08
	(1.00)	(0.24)	(0.77)	(2.27)	(0.98)	(-1.53)	(-0.95)
지니계수	0.04	0.01	0.03	0.04	0.05	-0.05	-0.01
	(1.00)	(0.25)	(0.75)	(1.00)	(1.25)	(-1.25)	(-0.25)
빈곤율	8.88	3.69	5.19	5.13	5.07	-4.61	-0.40
	(1.00)	(0.42)	(0.58)	(0.58)	(0.57)	(-0.52)	(-0.05)

주: 1. 구성효과는 2011년 실제 가처분소득 지표와 가상 가처분소득 지표의 차이로 구함
　　2. 본원소득 = 근로소득+사업소득+재산소득, 시장소득 = 본원소득+사적 이전소득
　　3. 본원소득 효과 = 1996년 본원소득과 2011년 가상 본원소득 지표의 차이,
　　　사적이전 효과 = 1996년 시장소득과 2011년 가상 시장소득 지표의 차이 – 본원소득 효과,
　　　공적이전 효과 = 1996년 총소득(시장소득+공적 이전소득)과 2011년 가상 총소득 지표의 차이
　　　　– (본원소득+사적이전 효과),
　　　조세 효과 = 두 시점의 가처분소득(총소득–비소비지출) 지표의 차이–(본원소득+사적이전
　　　　+공적이전 효과)
자료: 1996 가구소비실태조사, 2012 가계금융복지조사

가구 특성 요인들의 변화가 각각 총 변화분의 24%와 25%를 설명
하였을 뿐이었다. 본원소득의 변화는 변이계수 변화의 227%, 지니
계수 변화의 100%, 빈곤율 증가의 58%를 설명하여 소득분배 악화
에 가장 크게 기여한 요인으로 나타났다. 앞에서 분석한 노인 가구
주의 성별, 연령, 교육수준과 가구구성 변화의 영향을 같이 고려하
여도 본원소득 분배 악화는 노인가구 소득분배에 가장 중요한 영
향을 미친 요인임을 알 수 있다. 한편 사적 이전소득의 변화도 소득

분배를 악화시킨 중요한 요인임이 확인되었다. 사적 이전소득의 변화는 변이계수 변화분의 98%, 지니계수 변화분의 125%, 빈곤율 변화분의 57%를 설명하였다. 한편 공적 이전소득 변화는 소득분배를 개선하는 영향을 미쳤다. 공적 이전소득의 변화는 변이계수 변화분의 153%, 지니계수 변화분의 125%, 빈곤율 변화분의 52%를 설명하여 사적 이전소득 변화의 소득분배 악화 영향을 상쇄하였다. 한편 조세 변화도 소득분배를 개선하는 요인으로 작용하였다.

지금까지 노인가구 소득분배 악화 요인의 분해 결과를 종합적으로 보면, 특성 요인 중에서는 가구주 성별과 연령의 변화와 가구 구성의 변화는 중위소득을 낮추고 소득분배를 악화시키는 요인으로 작용하였다. 이에 반해 가구주 교육수준의 향상은 중위소득을 늘리고 소득분배를 개선하고 특히 빈곤을 감소하는 데에서 중요한 역할을 하였다. 하지만 노인가구 소득분배 악화의 큰 부분은, 특히 소득 불평등 악화의 큰 부분은 소득원천의 변화로 설명되었다. 본원소득과 사적 이전소득의 변화가 중위소득을 감소시키고 소득분배를 악화시키는 가장 큰 영향을 미쳤다. 공적 이전소득과 조세의 변화는 중위소득을 증가시키고 분배를 개선하는 역할을 하였다. 공적이전과 조세는 본원소득 변화와 사적 소득이전 감소의 영향을 일부 상쇄하였지만 전체적인 소득분배 악화를 막는 데에는 미치지 못했다. 한편 빈곤율 악화 요인의 분해에 초점을 맞춘다면, 각각의 노인가구의 특성 요인 변화의 중요성이 커져 소득원천별 변화에 근접하는 영향을 미친 것으로 나타났다.

2) 노인의 소득분배

이상 앞 절의 분석은 노인 가구주가구 구성원을 대상으로 한 것이다. 그런데 노인의 소득분배는 노인 가구주가구 구성원이 아니라 노인 개인을 대상으로 하여 분석할 수 있다. 노인 가구주가구 구성원에는 아동이나 비노인 성인 가구원이 포함되므로 모든 구성원이 노인은 아니다. 또 비노인 가구주가구에는 노인이 가구원으로 사는 경우가 적지 않은데, 이들 노인은 노인 가구주가구 분석 시에는 포함되지 않는다. 따라서 소득분배의 추이를 볼 때에도 노인 가구주가구 구성원을 대상으로 할 때와 노인 개인을 대상으로 할 때의 분석 결과가 반드시 일치하지는 않을 것이다. 특히 지난 수십 년 간 우리나라에서는 근로연령대 자녀 가구주와 같이 사는 노인들의 수가 크게 줄고 노인들로 구성된 가구의 노인 비율이 증가한 변화가 일어났다. 노인 가구주가구 구성원을 대상으로 분석한 소득분배 추이에서는 이러한 가구구성 변화의 영향을 놓치게 된다. 가구구성 변화의 영향을 보기 위해서는 소속 가구와 상관없이 노인 개인을 대상으로 소득분배를 분석하는 것이 필요하다. 이러한 이유로 여기에서는 노인의 소득분배 추이에 대해 분석한다. 우리가 통상적으로 노인빈곤을 추정할 때 노인 개인을 대상으로 하는 관행과도 일치한다.

II장의 〈표 2.4〉에서 제시하였듯이 우리나라에서 15년의 분석 기간 사이에 연령대별 인구 구성은 크게 변화하였다. 무엇보다도 노인 인구가 크게 증가하였음을 알 수 있다. 본 연구의 분석 자료에 따르면, 1996년에는 60세 이상의 노인 인구가 8.1%였으나 2011년 에는 16.0%로 증가하였다. 고령화와 저출산의 영향이 중첩되어 나타난 결과라 하겠다.

노인 인구는 전체 인구에서 차지하는 비율에서만이 아니라 내부 구성에서도 큰 변화를 겪었다. 〈표 5.5〉에서는 노인의 구성을 가구주 연령대별로 나누어 제시하고 있다. 노인 중 25-59세의 근로연령대 성인이 가구주인 가구에 사는 비율이 1996년에는 42.9%였는데 2011년에는 19.7로 크게 감소하였다. 대신에 전체 노인 중 노인 가구주가구에 사는 비율은 같은 기간 크게 증가하여 2011년에는 노인의 80.3%에 달하였다. 특히 노인 중 노인부부가구 구성원의 비율은 1996년 26.3%에서 2011년 42.4%로 크게 증가하였다. 노인이 가구주이나 성인자녀 등의 성인 가구원이 동거하는 가구의 노인은 1996년 17.4%에서 2011년 19.7%로 다소 증가하였다. 이러한 가구주별 노인 인구 구성의 차이는 노인의 가구구성(living arrangement) 변화가 급격하게 이루어진 결과이다. 노인 중 자녀와 동거하는 비율이 급격하게 줄고 독립세대를 구성하여 사는 비율이 급격하게 늘어난 것이다. 앞 절의 분석에서는 노인 가구주가구만을 분석 대상으로 하였기 때문에 이러한 노인의 가구구성에서의 변화가

표 5.5 노인의 가구특성에 대한 기술 통계

구분/연도	1996	2011
가구구성	100.00	100.00
– 성인 가구주가구(노인 가구원 있음)	42.93	19.69
– 노인 가구주가구(성인 가구원 있음)	17.37	19.71
– 노인독거가구	13.42	18.24
– 노인부부	26.27	42.35
가구주 특성		
교육수준	100.00	100.00
– 무학	17.31	15.21
– 초졸 이하	20.43	22.27
– 중졸 이하	12.97	15.34
– 고졸 이상	49.29	47.17
성별	100.00	100.00
– 남성	73.19	74.53
– 여성	26.81	25.47
연령	100.00	100.00
– 59세 이하	42.93	19.69
– 60~64세	24.03	19.95
– 65~69세	15.27	20.92
– 70~74세	10.26	18.05
– 75세~	7.51	21.40

주: 1. 분석 대상은 60세 이상 노인 포함 가구로 1996년은 5,396가구이며, 2011년은 6,144가구임. 가
중치는 가구표본가중치에 노인 가구원 수를 곱하여 노인 가구원 단위로 분석함
2. 1996 가구소비실태조사에는 농가가 제외되어 있으므로, 분석의 일관성을 위해 2012 가계금융복
지조사 분석 대상에서도 농림어업 가구주가구는 제외함
3. 노인부부가구에는 노인(부부)과 기타 가구원(손자녀 등)이 동거하는 가구도 포함됨
자료: 1996 가구소비실태조사, 2012 가계금융복지조사

포착되지 않았다. 무엇보다도 비노인 가구주와 사는 노인들이 분석 대상이 아니어서 1996년에는 무려 42.9%의 노인 인구가 분석에서 제외되었고, 2011년에도 19.7%의 노인 인구가 분석에 포함되지 않았다.

〈표 5.5〉는 또 가구주 특성 변수들을 기준으로 볼 때 노인 내부 구성이 어떻게 변화했는지를 잘 보여준다. 가구주 교육수준의 경우 1996년과 2011년의 양 연도 모두에서 고졸 이상이 거의 50%에 달하여 〈표 5.1〉에서 살펴본 노인 가구주 교육수준에 비해 전반적으로 높은 수준을 보인다. 이는 〈표 5.5〉의 가구주에는 연령에 상관없이 노인과 같이 사는 가구주가 포함되고 따라서 상대적으로 학력이 높은 근로연령대 가구주가 포함되어 있는 표본 특성상 나타난 결과이다. 그런데 교육수준의 변화는 노인 가구주의 분석에서보다 완만하게 나타난다. 무학자가 다소 줄고 초졸자와 중졸자의 비율이 다소 늘어난 변화를 보인다. 이러한 완만한 변화는 우리나라에서 가구주의 교육수준이 빠르게 상승한 추세와 대비된다. 관찰 기간에 학력이 상대적으로 낮은 노인이 피부양자에서 가구주로 많이 전환하여 가구주 교육수준을 낮추는 효과를 낸 것이 이러한 차이를 낸 것으로 보인다.

가구주의 성비 변화는 크지 않았다. 여성 가구주가구 구성원의 비율이 다소 감소한 것으로 나타났다. 노인 가구주 중에서는 여성 가구주가 증가했을 것이나 여기에서는 노인을 부양하는 근로연령대 가구주가 같이 포함되어 그러한 변화가 포착되지 않는 것으로 보인다. 노인 인구 가구주의 연령 구성 또한 근로연령대 성인 가구주가 포함되고 각 가구의 노인 수에 따라 조정된 결과이므로 앞 절의 노인 가구주 연령 구성과는 차이가 난다. 그러나 65세 이상의 고령자 가구주의 비율이 크게 증가하고 64세 이하의 가구주 비율이 크게 감소한 것에서 노인이 독립가구를 구성하여 가구주를 이루는 변화가 급격하게 일어났음을 짐작할 수 있다.

〈표 5.6〉에서는 1996년과 2011년의 노인의 중위소득과 소득분배의 변화를 제시하였다. 먼저 중위소득을 보면, 1996년도에는 1,454만 원으로 〈표 5.2〉에서 제시한 노인 가구주가구 중위소득 1,373만 원보다 높은 수준이다. 〈표 5.6〉의 분석에서는 상대적으로 소득수준이 높은 근로연령대 가구주가구의 노인이 분석에 포함되었기 때문에 차이가 나타난 것이다. 그러나 2011년에는 노인의 중위소득은 1,201만 원으로 노인 가구주가구 중위소득 1,254만 원보다 약간 작았다. 이러한 차이는 2011년에는 노인 중 성인 가구주와 사는 비율이 20% 이하로 줄어든 변화와 관련된 것으로 보인다. 변이계수와 지니계수 같은 소득 불평등지수는 양 연도에 모두 노인 가구주가구 구성원의 수치보다 다소 낮은 수준을 보였다. 그러나 2011년에는 그 차이가 거의 사라져 노인 가구주가구보다 노인 사이의 소득 불평등이 더 크게 악화되었음을 알 수 있다. 빈곤율의 경우에도 1996년에는 노인 가구주가구 구성원의 빈곤율 33.0%에 비

표 5.6 노인 가처분소득의 중위소득과 분배상태, 1996-2011 (만원/년)

지표/연도	1996	2011
중위소득	1,453.93	1,200.67
변이계수	0.83	0.99
지니계수	0.38	0.44
빈곤율	29.38	43.65

주: 1. 분석 대상은 60세 이상 노인 포함 가구로 1996년은 5,396가구이며, 2011년은 6,144가구임. 가중치는 가구표본가중치에 노인 가구원 수를 곱하여 노인 가구원 단위로 분석함
 2. 1996 가구소비실태조사에는 농가가 제외되어 있으므로, 분석의 일관성을 위해 2012 가계금융복지조사 분석 대상에서도 농림어업 가구주가구는 제외함
 3. 실질 균등화 가처분중위소득은 가구 가처분소득을 전체 가구원 수를 기준으로 균등화하였으며, 1996년 소득은 소비자물가지수(CPI)를 사용하여 2011년 물가로 조정함
 4. 실질 균등화 가처분중위소득이 0인 사례도 포함하였으며, 대수편차평균과 타일지수를 도출할 때에는 1천 원으로 변환하여 계산함
 5. 빈곤 기준선은 전체 가구의 가구원을 대상으로 도출한 균등화 가처분중위소득의 50%임
자료: 1996 가구소비실태조사, 2012 가계금융복지조사

해 낮은 29.4%를 나타냈으나 2011년에는 노인 가구주가구 구성원의 빈곤율 41.9%보다 높은 43.7%를 나타냈다. 노인 가구주가구 구성원의 빈곤율 추이는 노인빈곤율 악화 추이를 충분히 드러내지 못하고 있는 것이다. 이는 비노인 가구주가구에 속한 노인 중 상당수가 줄고 노인 가구주가구의 노인이 증가한 가구구성 변화가 노인 빈곤 악화와 관련을 갖기 때문에 나타난 것으로 보인다.

〈표 5.7〉에서는 1996년과 2011년 사이 노인 소득분배의 변화를 가구특성 요인별로 분해한 결과를 제시하였다. 가구특성 요인에는 가구주의 성별과 연령, 교육수준과 가구구성이 포함되었다. 이 기간 중위소득은 253.3만 원 감소하여 노인 가구주가구 구성원의 중위소득 감소 118.7만 원에 비해 큰 폭의 변화를 보였다(〈표 5.3〉

표 5.7 노인 소득분배 변화의 요인분해, 1996-2011

지표	총 변화량	영향요인			
		성+연령	교육수준	가구구성	기타 요인
중위소득	-253.26	-89.10	118.80	-232.60	-50.37
	(1.00)	(-0.35)	(0.47)	(-0.92)	(-0.20)
변이계수	0.16	0.01	-0.03	0.11	0.06
	(1.00)	(0.04)	(-0.16)	(0.72)	(0.40)
지니계수	0.06	0.01	-0.01	0.03	0.03
	(1.00)	(0.08)	(-0.08)	(0.51)	(0.50)
빈곤율	14.27	3.50	-4.45	8.06	7.16
	(1.00)	(0.25)	(-0.31)	(0.56)	(0.50)

주: 1. 분석 대상은 60세 이상 노인 포함 가구로 1996년은 5,396가구이며, 2011년은 6,144가구임. 가중치는 가구표본가중치에 노인 가구원 수를 곱하여 노인 가구원 단위로 분석함
2. 1996 가구소비실태조사에는 농가가 제외되어 있으므로, 분석의 일관성을 위해 2012 가계금융복지조사 분석 대상에서도 농림어업 가구주가구는 제외함
3. 실질 균등화 가처분중위소득은 가구 가처분소득을 전체 가구원 수를 기준으로 균등화하였으며, 1996년 소득은 소비자물가지수(CPI)를 사용하여 2011년 물가로 조정함
4. 가구주의 성+연령은 1) 59세 이하 남성 가구주, 2) 60-64세 남성 가구주, 3) 65-69세 남성 가구주, 4) 70세 이상 남성 가구주, 5) 59세 이하 여성 가구주, 6) 60-64세 여성 가구주, 7) 65세 이상 여성 가구주로, 가구주의 교육수준은 '무학, 초졸 이하, 중졸 이하, 고졸 이상'으로 구분하였고, 가구구성은 1) 성인 가구주가구, 2) 노인 가구주가구(성인 가구원 있음), 3) 노인독거가구, 4) 노인부부가구로 구분함
5. 성+연령 변수 중 가구주 연령이 59세 이하인 범주는 가족구조의 성인 가구주가구와 동일한 집단이므로 가구주 성+연령 비율 조정은 60세 이상의 노인 가구주에 대해서만 행하였고, '59세 이하 가구주' 비율 조정은 가족구조 조정 시에 반영하였음. 가구주의 교육수준 조정도 노인 가구주에 대해서만 적용하였음
6. 빈곤 기준선은 전체 가구의 가구원을 대상으로 도출한 균등화 가처분중위소득의 50%임
자료: 1996 가구소비실태조사, 2012 가계금융복지조사

참조). 이러한 중위소득 변화에는 가구주의 성별과 연령, 가구주 교육수준은 상대적으로 작은 영향을 미쳤고 가구구성의 변화가 큰 영향을 보였다. 가구주 성별과 연령은 중위소득 총 감소분의 35% 정도를 설명하여 가구주의 고령화가 중위소득 감소를 초래하였음을

알 수 있다. 그러나 가구주 교육수준의 상승은 중위소득을 47% 증가시키는 영향을 미쳐 가구주 성별과 연령의 효과를 상쇄하였다. 한편 가구구성의 변화는 중위소득 감소분의 92%를 설명하여 가장 큰 영향을 미쳤다. 중위소득 감소의 액수는 233만 원에 달해 노인 가구주가구 구성원의 분석에서 가구구성 변화로 인한 중위소득 감소액 160.1만 원에 비해 훨씬 크다(〈표 5.3〉 참조). 이러한 차이는 노인 중위소득의 변화에는 비노인 가구주와 동거하는 노인의 비중이 줄고 노인 가구주에 속한 노인 비중이 늘어난 변화가 추가적으로 반영되었기 때문에 나타난 것으로 보인다. 종합적으로 보면, 이들 가구특성 세 가지 요인의 변화가 중위소득 하락의 80%를 설명하는 것으로 나타났다.

다음으로 같은 기간 노인 소득분배 변화의 요인분해 결과를 보자. 〈표 5.3〉의 노인 가구주가구 구성원의 소득분배 변화 분석에서처럼 가구주의 성별과 연령은 소득 불평등과 빈곤을 증가시키는 영향을 미쳤고, 가구주 교육수준 상승은 소득 불평등과 빈곤을 개선하는 영향을 미쳤다. 그리고 가구주의 성별과 연령의 효과보다는 가구주 교육수준 상승의 효과가 더 커서 가구주 특성 변화는 소득분배를 개선하는 방향으로 작용하였다. 그런데 이들 가구주 특성 변화 요인의 영향은 〈표 5.3〉에서보다 크게 줄었고, 대신에 가구구성의 변화 영향이 크게 증대하였다. 가구구성의 변화는 변이계수 증가의 72%, 지니계수 증가의 51%를 설명하였다. 이 기간 빈곤율

이 무려 14.3%p 증가하였는데, 이 중 8.1%p의 빈곤율 증가가 가구
구성 변화로 인한 것으로 나타나 빈곤율 증가의 약 56%를 설명하
였다. 가구구성 변화가 노인 소득분배 악화에 매우 중요한 역할을
한 것이다.

〈표 5.7〉의 마지막 열의 수치에서 나타났듯이, 노인 소득분배의
변화분이 가구특성으로 설명되지 않는 부분은 〈표 5.3〉의 노인가구
분석에서보다 많이 줄었다. 이는 가구구성 변화의 설명력이 증대한
것에 기인한 것으로 보인다. 그러나 여전히 가족 특성 변수에 의해
설명되지 않은 부분이 적지 않아, 지니계수와 빈곤율 등 일부 지표
에 대해서는 총 변화분의 50%가 가구특성 요인으로 설명되지 않았
다. 이 설명되지 않은 변화분의 일부는 소득원천별 분해로 설명될
수 있다.

〈표 5.8〉를 보면, 중위소득 감소분 중 가족 특성 변수로 설명
되지 않은 변화분 50.4만 원은 본원소득과 사적이전의 감소분 중
일부가 공적이전 증가에 의해 상쇄된 결과로 나타났다. 조세의 변
화는 미미한 영향을 미쳤다. 본원소득과 이전소득의 감소액은 〈표
5.4〉 노인가구의 경우와 유사하게 나타났는데, 공적이전 증가폭이
작아져 전체 소득원천별 변화는 중위소득을 감소시켰다.

이 기간 변이계수의 변화분에 대해서는 가족 특성 변수들이
60%의 설명력을 보였다. 나머지 변화분 40%는 본원소득의 변화가
변이계수를 크게 늘였고 사적이전의 변화도 변이계수를 증가시켰

표 5.8 노인 가처분소득분배 변화의 요인분해: 소득원천별 분해, 1996-2011

지표	총 변화량	구성효과	소득원천별 효과				
			총 효과	본원소득	사적이전	공적이전	조세
중위소득	-253.26	-202.89	-50.37	-137.73	-56.70	154.68	-10.62
	(1.00)	(0.80)	(0.20)	(0.54)	(0.22)	(-0.61)	(0.04)
변이계수	0.16	0.09	0.06	0.16	0.05	-0.10	-0.05
	(1.00)	(0.60)	(0.40)	(1.03)	(0.35)	(-0.63)	(-0.34)
지니계수	0.06	0.03	0.03	0.05	0.04	-0.05	-0.01
	(1.00)	(0.50)	(0.50)	(0.83)	(0.67)	(-0.83)	(-0.17)
빈곤율	14.27	7.11	7.16	7.34	4.17	-4.68	0.33
	(1.00)	(0.50)	(0.50)	(0.51)	(0.29)	(-0.33)	(0.02)

주: 1. 구성효과는 2011년 실제 가처분소득 지표와 가상 가처분소득 지표의 차이로 구함
　　2. 본원소득 = 근로소득+사업소득+재산소득, 시장소득 = 본원소득+사적 이전소득
　　3. 본원소득 효과 = 1996년 본원소득과 2011년 가상 본원소득 지표의 차이,
　　　 사적이전 효과 = 1996년 시장소득과 2011년 가상 시장소득 지표의 차이 - 본원소득 효과,
　　　 공적이전 효과 = 1996년 총소득(시장소득+공적 이전소득)과 2011년 가상 총소득 지표의 차이
　　　　　　　　　　 - (본원소득+사적이전 효과),
　　　 조세 효과 = 두 시점의 가처분소득(총소득-비소비지출) 지표의 차이-(본원소득+사적이전
　　　　　　　　　 +공적이전 효과)
자료: 1996 가구소비실태조사, 2012 가계금융복지조사

으나, 이 중 많은 부분이 공적이전과 조세 변화에 의해 상쇄되어 나타난 것으로 설명된다. 지니계수의 변화 중 가족 특성요인들에 의해 설명되지 않는 지니계수 증가분은 역시 본원소득과 사적이전의 감소로 인한 불평등 증가분이 공적이전과 조세에 의해 상쇄된 결과로 나타났다. 빈곤율의 증가도 가족 특성요인의 변화가 절반 정도를 설명하였다. 나머지 절반의 증가는 본원소득과 사적이전의 감소로 인한 빈곤율 증가 중 일부만이 공적이전과 조세 변화로 상쇄되

어 나타났다.

〈표 5.7〉과 〈표 5.8〉의 분석 결과를 종합적으로 보면, 본원소득의 변화와 가구구성의 변화가 노인 소득분배 악화에 중요한 역할을 하였음을 알 수 있다. 공적이전과 사적이전의 변화는 그다음으로 소득분배 추이에 큰 영향을 미쳤는데 공적이전 변화는 사적이전 변화로 인한 분배 악화를 상쇄하는 이상의 영향을 미쳐 소득분배 개선에 기여하였다. 성과 연령, 교육수준 등 가구주 특성요인의 변화는 소득 불평등에 대해서는 비교적 작은 영향을 미쳤지만 빈곤율 증가에는 중요한 요인으로 작용하였다. 고령화로 인한 빈곤율 증가와 교육수준 향상으로 인한 빈곤율 감소가 큰 것으로 보이는데 이는 이들 두 요인이 중위소득 수준의 변화에도 큰 영향을 미친 것과 맥을 같이하는 것이다.

3) 소결

이 장에서는 노인의 소득분배 변화 추이를 분석하였다. 노인 소득분배에 관한 선행연구들을 검토한 결과, 노인의 고령화, 여성 노인, 노인독립가구의 증가 등 노인의 개인적, 가구적 특성요인의 변화와 함께, 사적이전의 감소와 공적이전의 미흡 등 노인 소득원천상의 변화가 노인 소득분배 변화와 관련하여 주목할 요인임을 발견하였다. 본 연구에서는 이들 요인이 노인 소득분배 변화 추이에 미친 영향을 분석하는 요인분해를 수행하였다.

우선, 노인 가구주가구 구성원을 대상으로 한 분석에서는 가구주의 성별과 연령, 교육수준, 가족구조 등의 특성요인 변화는 종합적으로 볼 때 중위소득의 변화에 대해서는 큰 영향을 미친 것으로 나타났지만, 소득분배 변화 추이에 대해서는 영향력이 크지 않았다. 가구특성 변수는 변이계수나 지니계수 등의 소득 불평등 지수에 대해서 변화분의 24-25%를 설명하였고, 빈곤율의 변화에 대해서는 42%를 설명하였다. 가구특성 변화에 비해 본원소득 등 소득원천의 변화는 소득분배 추이에 두드러지게 영향을 미쳤다. 노인가구 소득분배 악화에 대한 소득원천별 기여도를 분해한 결과를 보면, 근로소득 같은 본원소득과 사적 이전소득의 변화는 소득 불평등도와 빈곤율을 크게 증가시킨 반면, 공적이전과 조세의 변화는 소득 불평등도와 빈곤율을 크게 완화하는 방향으로 작용하였음을 알 수 있다. 그러나 본원소득과 사적이전의 감소 영향력이 더욱 커서 소득원천의 변화는 전체적으로는 소득 불평등도 증가의 75-77%를 설명하고 빈곤율 증가의 58%를 설명하는 것으로 나타났다.

노인을 대상으로 한 분석에서는 노인가구를 대상으로 한 분석에서보다 소득분배 변화에 대한 가구특성 변수의 설명력이 증대하였다. 가구특성 변수들은 소득 불평등도와 빈곤율 변화분의 50-60%를 설명하였고, 중위소득 감소분의 80%를 설명하였다. 노인 가구주가구 구성원을 대상으로 한 분석과 비교할 때, 가구주의 성별과 연령, 교육수준 변화의 설명력은 감소한 반면, 가구구성 변화의 설명력은 증가한 것이 이러한 변화를 초래한 것으로 보인다. 또 가구특성 요인들을 세부적으로 보면, 성별과 연령, 교육수준 같은 가구주 특성요인의 설명력은 줄고 가구구성의 영향력이 증대하였음을 알 수 있다. 이러한 분석 결과를 통해 가구구성 변화가 노인 소득분배 악화에 중요한 요인으로 작용하였으며, 이러한 가구특성 요인의 변화를 고려하지 않고 노인 소득분배 악화 요인을 분석할 경우에는 본원소득 등의 소득원천 변화의 역할을 과대평가하게 된다는 것을 알 수 있다. 이는 분석 기간 사이에 성인 가구주와 동거하는 노인의 비율은 크게 감소하고 노인독립가구에 거주하는 노인의 수가 크게 증가한 요인이 노인 소득분배 악화와 큰 관련을 가진다는 것을 의미한다. 이러한 가구특성 변수의 설명력 증가에 따라 소득원천 변화의 전체적 설명력은 50% 이하로 감소하였다. 이러한 분석 결과에 따르면, 근로소득 등 본원소득이나 이전소득의 감소로 설명된 소득분배 악화 중 일부는 사실은 노인의 독립가구화에 기인한 것이었다고 생각할 수 있다.

다른 한편으로는 노인을 대상으로 한 분석에서도 본원소득과 이전소득 등의 소득원천별 변화가 소득분배 악화에 대해 적지 않은 설명력을 가진다는 점이 확인되었다. 특히 근로소득 등의 본원소득 변화가 소득분배 악화 요인으로 아주 중요한 역할을 하였다. 여기에는 도시화와 산업화 등으로 농업에 종사하는 고령자가 감소한 것이 작용하였을 것으로 짐작되는데, 이에 대해서는 좀 더 깊은 분석이 요구된다. 자녀 등으로부터의 사적 이전소득 감소도 소득분배 악화에 무시하지 못할 영향을 미쳤는데, 그 원인에 대한 분석 또한 중요한 후속 연구과제로 남는다. 공적이전의 증대는 사적이전 감소의 분배악화 효과를 상쇄하고도 남을 정도의 분배개선 효과를 미쳤다. 하지만 공적이전 증가는 근로소득 등 본원소득의 감소를 상쇄하는 수준에는 도달하지 못하여 현재의 노인 소득분배 악화 추이를 막지 못하였다.

전체적으로 볼 때 1996년과 2011년 사이 노인 소득분배 악화는 노인의 독립가구화 등의 가족구조 변화와 본원소득과 사적이전의 감소를 공적이전 증가가 충분히 보상하지 못한 점 등으로 인한 것으로 설명될 수 있다. 한편 노인의 교육수준 상승은 소득분배를 개선하는 무시하지 못할 요인으로 역할을 했고 앞으로도 노인 고령화의 영향을 상쇄하는 요인으로 작용할 것으로 보인다. 그러나 소득분배 악화 요인으로 작용하는 노인의 고령화가 앞으로 지속될 것이고 이에 따라 소득분배 악화에 미치는 영향도 증대할 것이다. 이제 노인의 대다수는 노인독립가구를 이루고 사는 시대가 되었다. 이런 시대에 노인의 본원소득과 사적 이전소득 감소를 상쇄하고도 남을 만큼의 공적이전의 획기적 확대가 없이는 현재와 같이 악화된 노인 소득분배 상황이 개선될 것을 기대하기 어렵다.

VI.

결론을 대신하여
: 소득분배와 정부의 역할

우리나라에서는 1960년대에서 1980년대에 이르는 산업화 시기 동안 많은 기간, 특히 1980년대에는 소득분배가 개선되는 모습을 보였지만, 1990년대 전반을 거치면서 소득 불평등이 악화하고 빈곤이 증대하는 방향으로 추이가 반전되었다. 지금까지도 그러한 소득분배 악화 추세는 급속하게 진행되고 있다. 본 연구는 1990년대 중반 이후 우리나라의 소득분배 추이와 그에 영향을 미친 원인을 밝히고자 하였다. II장에서는 우리나라 소득분배의 전반적인 추이와 특성을 검토하였다. III장과 IV장에서는 근로연령대 가구의 소득분배 추이를 노동시장과 가족의 역할에 초점을 맞추어 검토하였다. V장에서는 노인 소득분배 추이와 그에 미치는 영향 요인을 분석하였다. 이러한 분석과정에서 본 연구는 소득분배 추이에 영향을 미치는 요인 중 가족의 역할을 밝히는 데에 노력을 기울였다. 이 VI장에서는 먼저 앞의 분석을 통해 얻은 발견을 요약하고 그 의미를 논한다. 다음으로 소득 불평등 추이에 영향을 미치는 정부의 역할에 대해서 논의한다. 정부의 정책은 노동시장과 가족, 인구학적 특성과 함께 소득분배에 영향을 미치는 중요한 요인이다. 예컨대 정부는 최저임금제나 노동조합, 임금교섭제도와 관련된 법과 정책을 통해서 시장소득의 분배에 영향을 미친다. 또 정부는 조세와 소득이전을 통한 재분배를 통해서 가처분소득의 분배상태에 영향을 미친다. 따라서 소득분배 상태와 그 추이에는 노동시장과 가족 이외에도 정부의 역할을 이해하는 것이 중요하다. 여기에서는 정부가 사회정책을 통해 수행하는 재분배 역할에 초점을 맞추어 논의하기로 한다.

1. 본 연구 발견의 요약과 논의

한동안 전문가들 사이에서는 1990년대 이후 우리나라 소득분배 추이에 대해서 빈곤은 악화되었지만 불평등은 심하지 않다는 의견이 지배적이었다. 이는 대다수 연구가 비교적 최근까지 소득분배 추이를 파악할 수 있는 거의 유일한 자료였던 가계동향조사를 분석하여 얻은 발견에 따른 것이었다. II장에서 살펴보았듯이 가계동향조사에 따르면, 1990년대 이후 우리나라 빈곤은 매우 급격하게 악화되는 양상을 보인다. 그러나 같은 시기 우리나라 소득 불평등도는 비교적 완만한 악화 추세를 보였을 뿐이다.

최근 소득분배 실태를 분석할 수 있는 다른 조사자료들이 등장하면서 이러한 지배적인 의견은 무너지게 되었다. 본 연구의 분석에 이용된 가계금융복지조사에 따르면 2011년 지니계수는 0.37로 가계동향조사와 농가경제조사 병합자료를 이용하여 추정한 수치 0.31보다 0.06 정도 높다. 이들 두 자료가 보여준 지니계수 추정치의 차이는 매우 큰 것이다. 지니계수 0.37은 영국이나 그리스, 스페인, 포르투갈 같은 남유럽 국가들보다 높은 수준이고 미국에 근접하는 수준으로, OECD 국가들 중 가장 소득 불평등이 심한 경우에 해당하는 수치이다. 하지만 0.31은 OECD 회원국가 평균치에 근접한 수치로서 심각한 불평등 정도를 나타내는 수치는 아니다. 이러한 차이는 가계동향조사에서 가계금융복지조사보다 고소득자의 소득 비중이 낮게 포착되어 나타나는 것인데, 가계동향조사에서의 고소득자가 조사대상에서 누락되었거나 조사에 포함된 고소득자들의 소득이 과소보고되었기 때문에 발생한 현상이다.

본 연구에서 가계금융복지조사 2011년 자료와 이와 비교하기에 적합한 가구소비실태조사 1996년 자료를 이용하여 소득분배 추이를 분석한 결과, 지니계수는 1996년 0.27에서 2011년 0.36으로 증가하였고, 빈곤율은 같은 시기 8.8%에서 16.7%로 증가하여 1990년대 이후 우리나라에서 빈곤과 불평등이 모두 크게 악화되었음을 알 수 있었다. 지니계수로 본 소득 불평등도 악화에는 비노인 인구집단 사이의 분배 악화가 중요하게 작용한 것으로 보이고, 빈곤 악화에는 노인 집단의 규모 증가와 빈곤 위험 증가가 상당한 영향을 미친 것으로 보인다. 이러한 분석 결과에 따르면, 우리나라 소득분배 추이를 이해하기 위해서는 근로연령대 인구집단 사이의 소득 불평등 악화 요인과 노인의 빈곤 증가 요인을 파악하는 것이 중요하다는 것을 알 수 있다.

근로연령대 인구집단의 소득분배는 노동시장과 가족의 두 가지 차원에서 그 원인을 살펴볼 필요가 있다. 노동시장에서는 개인들 사이에서 근로소득의 분배가 이루어지게 되고, 가족은 이러한 개인들 사이의 근로소득을 결합하고 여기에 재산소득 등 여타의 시장소득, 정부의 공적 이전소득 등을 추가하여 가처분소득의 분배가 이루어지는 기본 단위를 이룬다. 그런데 근로연령대 인구집단에서는 근로소득의 비중이 지배적이고 재산소득 등의 여타 시장소득이나 정부의 공적 이전소득은 그 비중이 작기 때문에 근로소득에 초점을 맞추어 분석하는 것이 나름의 의미를 갖는다.

노동시장에서의 근로소득분배에 대해서는 상당한 혼선이 존재한다. 소득분배 실태의 국제비교를 할 때 흔히 발견되는 사실 중 하나가 한국에서는 가처분소득의 분배는 불평등하지만 시장소득의 분배는 평등하다는 점이다. III장의 분석에서 제시했듯이, 가계금융복지조사 자료와 LIS 자료를 이용하여 2010-2011년 시점에서 근로연령대 인구집단을 대상으로 소득분배를 비교한 결과, 한국의 가

처분소득 기준 지니계수는 0.34 정도로 비교국가 중 가장 높은 경
우에 속하지만 시장소득 기준으로는 가장 평등한 경우에 속한다.
여기에서 시장소득의 대부분은 근로소득이므로 이는 다시 우리나
라의 노동시장에서 근로소득이 평등하게 이루어진다는 인식을 불
러일으키기 쉽다. 하지만 이러한 인식은 가구 단위에서 본 근로소
득의 분배와 개인 단위에서 본 근로소득의 분배가 매우 다른 것이
라는 점을 놓쳤기 때문에 생긴 것이다. 개인 단위에서의 근로소득
의 분배는 노동시장에서 결정되는 면이 강하여 여기에 가족이 개재
할 여지는 매우 적다. 그러나 가구 단위의 근로소득분배에는 가구
를 형성하고 유지하는 행위가 크게 개입된다. 국제비교에서는 가구
단위에서의 근로소득분배를 본 것이어서 가족의 분배 기능이 작용
한 이후의 분배상태를 보여주는 것이어서 노동시장에서 이루어지
는 개인 단위에서의 근로소득분배와는 다른 것이다.

따라서 근로소득의 분배를 파악하기 위해서는 노동시장에서
이루어지는 개인 단위에서의 근로소득분배와 여기에 가족의 분배
기능이 추가적으로 작용한 가족 단위에서의 근로소득분배를 구분
하여 살펴볼 필요가 있다. 우선, 노동시장에서 이루어지는 소득분
배 양상을 보기 위해 개인 단위에서의 근로소득분배를 보자. 한국
의 경우 전일제 피용자의 근로소득 지니계수는 0.38로서 III장에서
검토한 비교국가 중 가장 불평등도가 높은 집단에 속하였다. 우리
나라 피용자의 근로소득 불평등도는 영미 계열 국가들이나 최근 시

간제 근로자가 급증한 독일과 비슷한 수준으로 매우 심각한 상태인 것으로 나타났다. 우리나라에서 취업인구 중 상당한 비중을 차지하는 자영자층도 전체 근로소득 불평등에 미치는 기여도가 높은 편임을 알 수 있다. 피용자 집단에 자영자를 추가한 전체 취업자의 근로소득분배 상태를 볼 경우 불평등도가 증가함을 확인하였다. 1990년대 이후에는 자영자의 지위가 하락하는 추세를 밟아왔고, 이로 인해 취업자의 근로소득분배가 더 악화되었을 가능성이 있는 것으로 보인다. 하지만 자료를 이용하여 분석 가능한 가구주로 대상을 한정하여 본 경우에는 자영자 집단이 근로소득 불평등도 증가에 피용자 집단의 불평등 증가 이상으로 큰 영향을 미쳤다는 증거는 확인되지 않았다.

더 나아가서 피용자와 자영자 등의 취업자에 실직자, 전업주부 등의 근로연령대 무직자를 추가하여 전체 근로연령대 인구집단의 근로소득 지니계수는 취업자만을 대상으로 했을 때의 지니계수 0.435에서 크게 증가하여 0.573으로 나타났다. 저소득근로자 비율도 취업자만을 대상으로 했을 때의 32.0%에서 48.6%로 증가하였다. 그런데 비취업자를 포함하였을 때의 근로소득 불평등 증가 정도를 국제적으로 비교한 결과, 우리나라에서의 불평등 증가가 다른 나라에 비해 더욱 심하였다고 보기는 어렵다. 이는 우리나라는 낮은 고용률과 높은 비경제활동인구 비율로 인해 비취업자를 포함할 경우 소득분배가 많이 악화되지만, 비교 대상인 서구 국가들에서는 경제활동참가율은 높지만 실업률 또한 높아 이들을 포함할 경우 소득분배가 많이 악화되는 양상을 보이기 때문이다.

이렇게 1990년대 중반 이후 우리나라에서는 피용자의 임금 불평등도가 크게 악화하였고, 자영자의 지위 하락, 고용여건 하락으로 인해 비취업인구 증가 등도 근로소득분배를 악화시키는 요인으로 작용하였다. 대기업과 중소기업의 임금격차 축소나 비정규 고용 제한, 최저임금 인상의 요구는 비용효율성을 추구하는 대기업의 단기적 이익추구 전략과 그를 추수하는 정부의 성장주의 논리에 의해 희생되곤 하였다. 특히 규제완화 등 재벌기업 중심의 성장 정책이 지속되면서 경제력 집중은 심화되었고 대기업과 중소기업 간 양극화와 노동시장의 이중구조가 고착되었다(김상조, 2015). 또한 1990년대부터 본격화된 세계화와 숙련 편향적 기술변화는 근로소득 불평등을 악화시키는 데에 큰 영향을 미쳤다. 이렇게 노동시장이 분절된 상태에서 진행된 경제여건의 변화와 이에 대한 정부의 소극적 대처로 근로소득분배의 급속한 악화가 진행되었다.

개인 단위에서의 근로소득분배 악화는 가구 단위에서의 소득분배를 악화시키는 가장 기본적인 요인으로 작용했을 것이다. 개인 단위에서의 근로소득분배는 주로 가구주와 배우자의 근로소득을 통해서 가구소득분배에 영향을 미칠 것이다. 특히 가구주의 근로소득이 가구소득의 가장 큰 원천임을 고려하면, 개인 근로소득분배 악화는 주로 가구주 근로소득분배 악화를 통해서 가구소득분배에 영향을 미쳤을 것으로 볼 수 있다.

그런데 개인 단위의 소득분배가 가구 단위의 소득분배로 이어지는 데에는 가족이 적지 않은 역할을 하게 된다. 많은 경우 개인들은 가구를 형성하여 소득을 공유한다. IV장에서는 가족 단위에서 이루어지는 재분배에 초점을 맞춰 1990년대 중반 이후 소득분배악화 요인을 분석하였다. 개인 단위 근로소득을 기준으로 한 저소득층은 저숙련의 가구주(부부가구와 한부모가구, 성인 단독가구 포함)와 여성 배우자, 기타 가구원 등으로 구성된다. 이들은 근로소득이 없거나 매우 낮은 수준이어서 개인 단위의 근로소득 분포를 악화시키는 역할을 한다. 이들 중 여성 배우자와 기타 가구원은 가구 단위에서는 남성 가구주의 근로소득을 공유하게 되기 때문에 가구 단위의 근로소득분배에서는 저소득 지위를 벗어나게 된다. 우리나라에서는 저임금 피용자나 영세자영자, 비취업자 중 상당수는 독립가구를 이룬 가구주가 아니라 가구의 배우자나 다른 가구원인 경우가 많다. 따라서 가구 근로소득분배는 개인 단위에서 근로소득분배에 비해 한층 양호하게 나타났을 것이다. 이는 가구구성효과(household formation effect)라고 할 수 있는데, 한국 등 아시아 국가의 경우에는 한부모가구 등의 비중이 낮아 이러한 효과가 크다. 또한 가구 단위에서 근로소득을 공유(pooling)하는 과정에서 분배 개선을 초래하는 다른 효과가 나타난다. 한국에서는 저소득 가구주의 배우자 근로소득이 높은 수준이어서 가구 단위에서 합쳐진 근로소득분배는 개인 단위 근로소득분배보다 크게 개선된다. 이는 부부 간 근로소득의 보완효과라고 할 수 있다.

우리나라에서 1990년대 이후 소득분배 악화가 빠르게 진행된데에는 개인 단위 근로소득분배 악화가 크게 이루어져 남성 가구주근로소득분배가 악화된 점, 배우자 근로소득이 가구주 소득을 보완하는 효과가 강화되지 못한 점이 작용하였다. 아울러 전체 가구 중부부가구의 비중은 줄어들고 성인 단독가구 등의 가구유형이 증가한 점도 소득분배 악화의 한 요인이 되었다. 이로 인해 개인 단위소득 불평등이 가구 단위 소득 불평등으로 이어지는 것을 차단하는가족 단위의 재분배 기능이 약화된 것이다.

이러한 가족의 재분배 기능 약화는 노인의 소득분배 악화에서더 극명하게 나타난다. 극심한 노인 소득분배 악화에는 고령화, 근로소득과 사적 이전소득 감소 등이 그 원인으로 자주 지적되었다. V장에서는 노인의 소득분배 악화 추이의 요인 분해를 통해 가구구성 변화가 소득분배 악화 요인으로 중요한 역할을 하였음을 밝혔다. 지난 수십 년 간 우리나라에서 성인자녀와 동거하는 노인의비율은 급속하게 줄었고 독립가구를 이룬 노인이 대다수를 차지하는 변화가 일어났다. 그리고 이러한 가구구성 변화는 노인빈곤 등소득분배 악화에 심대한 영향을 미쳤다. 다른 한편으로는 본원소득과 이전소득 등의 소득원천별 변화가 소득분배 악화에 대해 적지 않은 설명력을 가진다는 점이 확인되었다. 특히 근로소득과 사적 이전소득 감소는 소득분배 악화에 무시하지 못할 영향을 미쳤는데 그 원인의 규명은 후속 연구과제로 남는다. 공적이전의 증대는 사적 이전 감소의 분배악화 효과를 상쇄하고도 남을 정도의 적지 않은 분배개선 효과를 미쳤지만, 현재의 노인 소득분배 악화 추이를 막지 못하는 수준에 그쳤다. 이제 노인의 대다수가 독립가구를 이루고 사는 시대가 되면서 노인부양을 책임지는 가족의 역할은 크게 약화되었다. 이러한 가족기능의 변화에 대한 명확한 인식이 없이는 지금처럼 악화된 노인 소득분배 상황이 개선될 것을 기대하기 어렵다.

2. 정부의 사회정책에 대한 평가[6]

소득분배 추이에는 노동시장과 가족 이외에도 정부의 정책이 큰 영향을 미칠 수 있다. 다른 동아시아 국가들처럼 한국은 역사적으로 복지 지출에 매우 인색하였다. 동아시아에서는 제2차 세계대전 이후 냉전적 국제질서하에서 보수적 엘리트들이 권위주의적 국가기구를 통해 노동자세력을 극단적으로 배제하고 농지개혁 등으로 소농세력을 통합하는 전략으로 지배체제를 구축하였다(Deyo, 1989). 이러한 경험은 같은 시기에 노동조합과 사회민주주의정당이 권력

---

6   이 절의 내용은 구인회(2018)의 논의를 대폭 수정, 보완하여 작성되었다.

지분을 크게 차지하여 복지국가를 본격적으로 발전시킨 서구 국가
들의 역사와 대비되는 것이다. 한국은 가부장주의적 남성 생계부양
자 모델이 강고한 가족관계 위에서 권위주의적 정부가 노동배제 전
략을 토대로 재벌대기업 중심의 산업화를 추진하였다. 그리고 이러
한 과정에서 이른바 '발전주의적 보수주의 복지체제'의 토대가 마
련된다.[7] 이러한 보수주의 복지체제는 1980년대 후반 민주주의로의
이행을 계기로 변화하기 시작하였다. 특히 외환위기를 맞은 1990년
대 후반 이후 개혁적 정부들은 국민연금, 건강보험, 실업급여 등 사
회보험을 확충하였으며, 국민기초생활보장제도 등의 도입을 통해
빈곤층에 대한 지원에도 노력을 기울였다. 또 지난 10여 년 간에는
기초노령연금의 도입과 기초연금으로의 개편, 장기요양보험의 도
입과 영유아보육서비스에 대한 재정지원 확대 등으로 소득보장과
사회서비스 확충을 계속하였다.

　이러한 사회보장 프로그램의 확충은 공공사회지출이 빠르게
증가한 사실을 통해서 쉽게 확인된다. 〈그림 6.1〉에 제시된 바와
같이, OECD 통계자료에 따르면 한국의 공공사회지출은 1990년

7　이 보수주의 복지체제는 보수적 지배세력이 소농, 자영자 등 중간층을 통합하고 노동자
　를 배제한 세력관계 위에 서 있다는 점에서 보수층과 노동자가 경쟁, 연합과정에서 형성
　된 유럽 보수주의체제와 다르다. 또 유럽의 보수체제가 조합주의적 기초 위에서 관대한
　복지급여를 발전시킨 것과는 달리, 한국의 보수적 복지체제는 발전국가 주도로 성장주의
　적 정책을 유지한 특성을 보인다. 권혁주(Kwon, 1997)와 홀리데이(Holliday, 2000) 등이
　제기한 발전주의 복지체제 논의에서 한국이 발전주의(생산주의) 복지체제라는 서구와는
　다른 유형의 복지체제에 속한다고 보나, 본 연구에서는 한국과 일본 등 동아시아 국가들
　에 나타난 복지체제를 후발산업국가에 나타난 보수주의 복지체제의 한 형태로 본다.

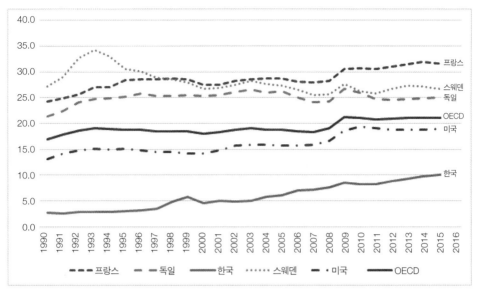

그림 6-1. 한국과 주요 OECD 회원국의 공공사회지출 비교, 1990-2016

자료: OECD Statistics

GDP의 2.7%의 낮은 수준에 머무르다가 1997-1998년 외환위기를 거치면서 5%를 넘어서게 되었고, 2003년 이후 꾸준히 증가하여 2016년에는 10.4%에 이르게 되었다. 이렇게 우리나라의 사회지출은 빠르게 증가하였지만 2016년 현재 25% 이상의 지출을 보이는 독일, 프랑스, 스웨덴 등 주요 유럽 국가는 물론, 19.3% 수준의 미국과도 큰 격차를 보인다. 2016년 OECD 회원국들이 GDP의 21.5%를 공공사회지출에 충당하였다는 사실을 보면 우리의 복지지출은 국제적인 기준에서 보아 여전히 매우 낮은 수준임을 알 수 있다.

1990년대 후반부터 본격화된 복지개혁의 성격에 대해서는 논란이 많았다. 민주주의 정치를 통해 산업화 시기를 지배한 노동배제적 권위주의체제는 과거의 유물이 되었지만, 지난 20여 년 간 민주주의 정부하에서 불평등이 악화되는 모순적 현상이 지속되었다. 일부에서는 당시 복지확장과 함께 이루어진 노동시장 유연화와 비정규고용 증대를 강조하여 신자유주의적 개혁으로 규정하는가 하면(손호철, 2005), 다른 쪽에서는 복지개혁을 통해 한국의 복지국가가 이전의 생산주의적 복지체제를 탈피하여 공고화되었다는 주장도 나타났다(Kim, 2008). 본 연구는 1990년대 이후 전개된 여러 변화에도 불구하고 한국 복지체제의 노동배제적 보수체제로서의 성격은 크게 변화하지 않았다고 본다. 재벌대기업으로의 경제력 집중과 대기업과 중소기업의 양극화 구조가 재생산되고, 노동시장의 분절화가 심화되고 복지체제의 보수주의적, 발전주의적 성격에서도 본질적인 변화가 이루어지지 않았다. 이러한 그간의 경험은 지난 20년 동안의 민주주의를 "보수적 민주주의", "노동 없는 민주주의"로 규정한 한 정치학자의 진단에서 잘 요약되고 있다(최장집, 2015). 이러한 한국의 보수적 복지체제의 경로의존적 발전의 결과 여전히 사회보장의 수준이 미흡하였고, 사회보장의 확대가 안정된 고용부문의 노동자를 중심으로 이루어져 노동시장 주변부의 노동자들은 사회보장에서 배제되는 사회보장의 양극화를 극복하지 못하였다. 이와 함께 의료, 교육, 주거 등 시민의 평등한 기본권이 보장되어야 할 필수적 소비영역에서 민간의존적 사회서비스 공급체계가 자리잡으면서 공적인 보장성과 서비스 이용의 형평성을 향상하는 데에 한계를 보였다. 시민의 주거안정은 부동산경기 활성화 정책의 희생양이 되었다. 불평등이 증대하고 빈곤이 악화되었으며 저출산이 지속되고 자살률이 치솟았다.

무엇이 문제였는가? 무엇보다도 그간 정부의 사회지출이 빠르게 늘었음에도 불구하고 시민의 삶의 질을 개선하기에는 턱없이 모자란 것이었음에 대한 뼈아픈 반성이 필요하다. 〈그림 6.1〉에서 나타나듯이 비교적 빠른 증대에도 불구하고 우리의 복지지출은 국제적인 기준에서 보아 여전히 매우 낮은 수준이다. 우리나라는 여전히 산업화 시기에 정착한 발전주의적 복지체제의 유산을 극복하지 못하고 있는 것이다. 그 결과 II장에서 보았듯이, 우리나라는 가구의 시장소득분배에서는 국제적으로 보아 매우 평등한 편이나 정부의 재분배 기능이 매우 미흡하여 가처분소득의 분배에서는 불평등한 나라가 되었다. 이러한 미약한 재분배 기능은 공적 노령연금과 실업급여, 국민기초생활보장제도 등 핵심적인 소득보장제도를 적극적으로 확장하지 못하여 생긴 것으로 보아야 할 것이다. 〈표 6.1〉은 우리나라 주요 소득보장제도의 구성과 변화를 보여주고 있다. 1995년 이전에는 국민연금과 고용보험의 실업급여만이 존재하였고, 2000년 이후에 여러 제도가 도입되고 확장되었다. 2000년 국민기초생활보장제도, 2008년 기초노령연금과 근로장려세제가 도입되었고, 2009년부터는 취업성공패키지 사업이 실시되었다. 2015년 전후로 기초연금 도입, 국민기초생활보장제도의 맞춤형 급여로의 개편, 근로장려세제 확대가 이루어졌고, 2018년부터 2020년에 걸

표 6.1 한국 주요 소득보장제도의 시기별 변화

시점 / 제도명	1995년 이전	2000	2010	2015	2020
국민연금	- 1988년 실시 (10인 이상) - 1992년 (5인 이상) - 1995년 (농어촌)	- 도시 확대 적용 - 소득대체율 70%에서 60%로 감소, 보험료율 9%로 인상 (1999)	- 소득대체율 50%로 인하 (2008), 2018년까지 40%로. - 완전노령연금 지급(2008)		
기초연금	- 노령수당 (1991)	- 경로연금 (1998)	- 기초노령연금 (2008)	- 기초연금 (2014)	- 기초연금 25만 원 인상 (2018) - 기초연금 30만 원 인상 (2019-2021)
실업급여	- 실업급여 도입 (1995, 30인 이상)	- 10인 이상 (1998. 1) - 5인 이상 (1998. 3) - 1인 이상 (1998.10)		- 1일 상한액 인상	
취업성공 패키지			- 제도 시행 (2009)		- 한국형 실업부조 도입 예정(2020)
기초생활 보장제도	- 생활보호사업 (1961~)	- 제도 시행		- 맞춤형 급여로 개편 (2015)	- 일부 취약가구에 대한 부양의무자 기준 적용 중지 (2017) - 주거급여의 부양의무자 기준 폐지 (2018)
근로 장려금	×	×	- 제도 시행 (2008)	- 모든 자영자로 확대 (2014)	- 대폭의 대상확대와 급여인상, 모든 1인 가구로 대상 확대(2019)

자료: 강신욱 외(2017)를 수정, 보완하였음.

쳐 여러 제도의 개선과 확장이 이루어지는 일정이 잡혀 있다.

〈그림 6.1〉에서 제시하지는 않았지만 OECD 통계자료에 따르면, 우리나라 공공사회지출과 OECD 평균과의 격차 절반 이상은 우리나라에서 연금 등의 노후소득보장 지출이 낮아 나타난 것이다. 이러한 사실은 노후소득보장 등의 영역에서 시민의 소득보장 욕구를 충족하는 데에 기존 사회보험 확충노력이 한계를 달했음을 시사한다. 우리나라는 20세기 서구국가들의 경험과는 달리 노동시장에서의 고용불안정과 고용형태의 변화가 지속되는 새로운 상황을 경험하고 있다. 지난 시기의 경험은 이러한 21세기적 상황에서 안정된 고용관계를 전제하는 전통적 사회보험프로그램의 확산과 정착이 쉽지 않음을 확인하게 되었다. 더욱이 급속한 고령화를 경험하는 새로운 상황에서 노후소득보장 영역에서 가장 큰 어려움이 발생하였다.

우리나라에서의 노후 소득보장정책은 비교적 최근까지 국민연금이나 특수직역연금(공무원연금, 사학연금, 군인연금 등)과 같은 사회보험 방식의 공적 노령연금제도와 공공부조제도인 국민기초생활보장제도의 두 축으로 이루어져왔다. 그런데 1960년대와 1970년대에 걸쳐 도입되어 일찍이 자리 잡은 직역연금제도(공무원연금 1960년, 군인연금 1963년, 사학연금 1974년)와는 달리, 국민연금은 1988년 10인 이상 사업장에서 시작되어 1995년 농어촌지역 확대 실시, 1999년 도시자영자로 가입이 확대되는 등 도입이 매우 늦었다. 도입 시기에는 소득대체율(40년 기여의 평균소득자 기준)이 70%에 달하는 고급여의 제도로 출발하였지만 보험료 부담은 9%를 넘지 못하여 저부담체계로 유지되었다. 그러나 1999년 명목 소득대체율은 60%로 낮추어졌고 2007년 법률 개정으로 2008년에 소득대체율은 다시 50%로 낮추어졌다. 이후 20년간 매년 0.5%씩 낮추어 2028년까지 40%로 낮아지도록 결정되어 다른 사회보험들처럼 저부담-저급여의 제도로 귀결되었다. 더욱이 국민연금제도는 제도 도입 당시에 최저 20년(2011년 법 개정으로 10년으로 축소)의 기여를 조건으로 완전연금을 지급하도록 되어 있어 당세대의 노인들은 원천적으로 연금혜택에서 배제되었다. 비교적 안정된 고용경력을 가져 일찍부터 연금에 가입하여 연금수급자격을 얻게 된 노인들의 경우에도 기여기간이 짧아 소득대체율이 매우 낮은 수준의 급여를 받을 뿐이다. 이러한 이유로 다수의 노인들. 특히 취약계층에 속하는 노인들은 연금혜택으로부터 배제되어 있다.

이렇게 국민연금이 저급여 제도로 귀결된 데에는 급속하게 진행되는 고령화가 큰 영향을 미쳤다. 2017년 현재 우리나라 65세 이상 노인 인구 비율은 13.8%인데, 2040년 32.8%, 2060년 41.0%로 빠르게 증가할 전망이다. 이에 따라 18-64세 인구 대비 65세 이상 인구 비율인 노년부양비는 2017년 82.6%에서 2060년 82.6%로 크게 증가한다. 이렇게 고령화로 인해 연금수급대상 노인의 수가 증가하고 수명이 늘어나면서 연금급여의 인상은 제도의 재정적 지속

가능성을 위협하는 요인으로 받아들여지게 되었다. 그런데 이러한 연금제도의 재정적 지속가능성 문제는 연금급여 지출의 절대적인 규모 때문에 생기는 것은 아니다. 2018년에 이루어진 제4차 재정추계 결과에 따르면 70년 뒤인 2088년 현재 GDP 대비 국민연금 급여지출의 비율은 9.4%여서 현재 유럽 복지국가의 지출 수준을 벗어나지 않고 경제적으로 감당할 수 없는 수준은 아니다. 실제적으로 중요한 문제는 연금 지출 부담에서의 세대 간 형평성에 관한 것이다. 현재의 국민연금제도는 보험료 수입에 비해서 연금 급여 지출이 많아 수지 불균형이 발생하고 있어 후세대의 부담이 커지는 구조로 되어 있다. 그런데 여기에 급격한 고령화 요인이 겹쳐서 현재의 보험료율을 유지하는 경우, 2060년에는 보험료율이 26.8%로 올라야 하고 2080년에는 29.5%에 달하게 되어 후세대가 과도한 부담을 지게 된다.

따라서 연금보험료를 올리거나 연급급여를 낮춰 연금의 수지 불균형을 줄이고 고령화 요인으로 인한 충격을 완화하기 위해 연금수급연령을 상향하는 대책이 불가피하다. 그런데 현재의 국민연금 구조 안에서 이에 대한 완전한 해결책을 찾는 것은 정치적으로 실현하기 어려운 수준으로 보험료를 빠르게 인상하는 것을 요구한다. 정치적으로 수용 가능한 선에서 연금보험료를 인상하고 연금급여를 낮추면서 연금수급연령을 상향조정하는 방식으로 다양한 노력을 기울이면서 노후소득보장에서 사회보험형 국민연금의 재정적 지속가능성을 높이되 조세에 기반한 노후소득보장제도의 역할을 늘려 노후소득안정을 기하는 방안을 찾아야 한다.

국민연금과 함께 조세 재원을 이용하여 노후소득보장에 기여하는 제도로서는 우선 국민기초생활보장제도를 들 수 있다. 국민기초생활보장제도는 1990년대 후반 외환위기를 맞아 과거 생활보호제도를 크게 혁신하며 2000년에 출범하였다. 근로능력 유무에 상관없이 소득이 최저생계비에 미달하는 경우 수급자격을 부여하며, 매년 정부가 공표하는 최저생계비에 근거하여 급여수준을 결정하는 등 많은 제도 개선이 이루어졌다. 그러나 제도의 개선이 외환위기 등으로 인해 실직한 근로연령대 빈곤층에 초점을 맞춘 경향이 있어 노인 등 근로무능력 빈곤층에 대한 고려는 충분하지 않았다. 과거 생활보호제도의 부양의무자 기준이 존치되었고 수급자격과 급여수준 결정에서 재산 수준을 매우 엄격하게 반영하여 노인의 수급에 대한 제한이 비교적 강하게 유지되었다. 이러한 제약의 결과 다수의 노인빈곤층이 기초보장의 사각지대로 존재한다는 지적이 지속되었다. 국민기초생활보장제도 수급자 중 65세 이상 노인의 비율은 2000년 22.1%에서 시작하여 2014년에는 30.6%를 차지하지만, 65세 이상 노인 중 국민기초생활보장제도의 수급자 비율은 2000년 9.7%에서 시작하였지만 2014년에는 5.9%에 그쳐 노인빈곤 악화에도 불구하고 수급율의 감소세를 보였다(보건복지부, 2016).

이렇게 노인소득보장의 두 가지 축이 제 기능을 다하지 못하면 서 노인빈곤은 계속 악화하였고, 2007년 연금개혁 과정에서 등장 한 기초노령연금이 노인소득보장의 공백의 일부를 메우는 역할을 맡게 되었다. 기초노령연금은 2008년 1월부터 노인 중 소득 하위 60%를 대상(6월까지는 70세 이상, 7월부터는 65세 이상)으로 지급되 기 시작하여 2009년 7월부터는 소득 하위 70%로 확대되어 노인 단 독가구에게 월 최대 84,000원이 지급되었다. 2014년 7월부터는 기 초연금으로 이름을 바꾸고 급여를 두 배로 인상하여 2015년 8월 현 재 전체노인의 67%인 446만 명에게 급여를 지급하였다(보건복지부, 2016). 이러한 기초연금은 노인빈곤 완화에 상당한 기여를 한 것으 로 평가된다(Lee, Ku and Shon, 2017). 이렇게 지난 10년간 확대, 발 전하고 있는 기초연금제도는 앞으로도 상당기간 조세에 기반한 사 회보장제도가 확대될 가능성을 잘 보여준다. 2018년에는 다시 기초 연금 급여를 25만 원으로 인상하였고 2019년부터 2021년까지 3년 에 걸쳐 급여를 30만 원으로 인상하는 계획이 확정되어 있다. 기초 연금은 아직 급여의 수준이 낮아 노인빈곤의 악화를 반전시키는 데 에는 한계가 있지만, 노인빈곤 해소를 위해서는 새로운 접근의 가 능성을 제시하고 있다.

우리나라의 소득보장제도는 근로연령대 인구의 소득분배 악화 에 대처하는 영역에서도 많은 한계를 드러내고 있다. 1990년대 중 반 이후 우리나라 근로연령대 인구집단의 소득분배를 악화시킨 요인으로는 피용자의 임금 불평등도가 크게 증대하였고, 자영자의 지위가 하락하였으며, 고용여건 악화로 인해 비취업인구가 증가하여 개인 단위에서의 근로소득 격차가 늘어난 것을 들 수 있다. 이러한 개인 단위 근로소득 격차확대는 가구 단위에서 보면 남성 가구주의 근로소득분배 악화로 나타나는데, 여기에 배우자 근로소득이 가구주 소득을 보완하는 효과가 강화되지 못한 점이 작용하였다. 근래에는 디지털경제와 자동화의 확산으로 장기적으로 노동수요가 줄고 고용불안정성이 높아지며 근로소득 격차는 증대하리라는 전망이 강화되고 있다(제레미 리프킨, 1995; 클라우스 슈밥, 2016). 하지만 지난 20년간 정부는 근로소득의 분배 개선을 위한 대책 마련에 매우 소극적이었다. 그 결과 고임금의 안정된 일자리로 이루어진 대기업 부문과 저임금근로자와 영세 자영업자의 불안정한 일자리로 이루어진 부문으로 노동시장이 분절된 상태에서 근로소득분배의 급속한 악화가 지속되었다.

이러한 근로소득 불평등 악화와 저근로소득층의 증대에 대처하는 정책수단으로는 최저임금제와 근로장려세제, 실업급여와 국민기초생활보장제도 등이 존재한다. 우리나라의 최저임금제는 1988년 제조업의 10인 이상 사업장을 대상으로 시작되어 2000년 모든 사업장의 근로자를 대상으로 확대되었다. 최저임금의 수준은 시행초기 거의 대상자가 없을 만큼 낮은 상태에서 출발하여 2000년대 들어서서 증가하였고 2017년에는 중위임금의 48% 수준에 도달하였다. 이러한 수준은 OECD 회원국 중 낮은 편에 속하지만 우리 나라에서는 최저임금 이하의 소득을 가진 근로자가 전체 근로자의 15% 정도로 규모가 커서 최저임금 인상의 영향은 매우 크다. 2017년 정부는 최저임금 시급 1만 원 달성을 목표로 설정하여 2018년부 터 급속한 인상을 추진하였다. 이러한 인상이 이루어진다면 우리나 라의 최저임금 수준은 OECD 회원국 중 상위 그룹에 속하게 될 것 으로 보인다(OECD, 2018). 지난 20년간 노동시장 이중구조화와 경 제여건 악화는 빠르게 진행되었지만 이를 차단하고 시장소득의 분 배를 개선하는 정부의 역할은 매우 미흡하였다. 최저임금 인상 노 력은 이러한 시장소득 분배 개선을 위한 정부의 노력으로서 중요 한 의의를 가진다. 이러한 정부의 노력이 어떠한 효과를 가질지에 대해서는 엄밀한 평가가 필요하다. 최저임금의 소득분배 개선효과 는 최저임금의 임금인상효과와 고용감소효과의 크기, 최저임금 수 혜자의 소득계층별 분포 등에 영향을 받는다. 최저임금이 재직자의 임금을 인상시키는 효과가 재직자의 실직이나 신규고용의 감소 등 고용감소효과에 비해 어느 정도 큰지, 최저임금 수혜자가 가구소득 분포상에서 저소득층에 집중되는 정도에 따라 소득분배효과가 달 라진다. 그런데 우리나라에서는 소득세가 낮아 최저임금 인상의 가 처분소득 증대효과는 클 것으로 예상되는 한편, 최저임금 인상이 상당한 규모의 영세업체들의 고용상황에 미치는 영향에 대해서는 우려도 많다(OECD, 2018). 최저임금이 빈곤감소에 미치는 효과의 크기에 대해서는 기존의 경험적 연구들은 상이한 의견을 제시하고 있다(이시균, 2013; 윤희숙, 2015).

　서구에서는 최저임금과 함께 EITC(Earned Income Tax Credit) 유형의 근로저소득층 지원제도가 주목을 받았고 우리나라에도 근로장려세제가 도입되었다. 특히 EITC 유형의 제도는 일정 소득 이하의 저소득층에 대해서 근로소득이 증가할수록 급여가 증가하도록 되어 있어 소득을 지원함과 함께 근로를 장려한다는 이유로 지지층이 넓은 장점이 있다. 우리나라에서 2008년 도입된 근로장려세제는 2009년부터 총 소득이 1,700만 원 이하의 유자녀 임금근로자 가구 59만 가구를 대상으로 최대지급액 120만 원의 근로장려금을 지급하였다. 2012년부터는 무자녀가구를 적용대상에 포함하고 총소득 기준도 2,500만 원으로 완화하였고 자녀부양가구에 대해서는 자녀 1인당 최대 50만 원의 급여를 지급하는 자녀장려금 제도를 새로 도입하였다. 2015년부터는 자영자를 급여 대상으로 포함하였다. 이러한 제도 개선에 힘입어 이후 근로장려세제 수급가구는 꾸준히 증가하여 2009년 50만 가구 수준에서 시작하여 2017년에는 166만 가구로 늘었고, 최대급여액도 250만 원으로 인상되었다. 그간의 국내 연구는 근로장려세제가 경제활동참여는 증가시키지만 근로시간은 줄이는 가능성이 있는 것으로 평가된다(강병구, 2008; 임완섭, 2015). 또 소득분배와 관련해서는 빈곤 감소의 효율성이 높은 것으로 평가된다(김혜원, 2016). 그러나 비교적 최근까지도 평균적인 급여액은 큰 변화가 없어 연 85만 원 정도의 낮은 수준을 벗어나지 못하여 소득분배 개선에 의미 있는 영향을 미치지는 못하였다.

최저임금제와 근로장려세제가 저소득 재직근로자에 대한 지원을 목적으로 한다면 고용보험의 실업급여는 실직근로자에 대한 소득보장을 목적으로 한다. 1995년 도입된 우리나라 고용보험제도는 월 60시간 혹은 주 15시간 미만 근로자나 가족종사자를 제외한 모든 피용자를 의무적인 가입 대상으로 하고 대부분의 자영업자에 대해서는 자발적인 가입을 허용한다. 지난 18개월 기간 180일 이상 근로한 자가 비자발적인 사유로 실업을 당하게 될 경우 실업급여의 자격을 얻게 된다. 우리나라 실업급여는 도입된 이래 수급자 수와 지급액이 빠르게 증가하여 2014년 현재 129만 6,000명에게 4조 1,525억 원을 지급하였다. 그러나 실업자 중 실업급여의 수급률은 여러 가지 이유로 낮은 상태를 벗어나지 못하고 있다. 경제활동인구의 1/4을 차지하는 자영자의 고용보험 가입이 미미하고 의무적인 가입대상인 영세 사업체, 비정규직 근로자의 다수가 고용보험에 가입되어 있지 않기 때문이다. 실업급여의 수준 또한 실직 시의 생활안정을 기하기에는 미흡한 수준이다. 우리나라의 실업급여는 평균적인 임금근로자에 대해 임금의 50%를 대체하도록 되어 있어 OECD 평균 65%보다 낮은 수준이고, 급여 기간은 1년 미만 가입자의 경우 90일, 50세 이상의 장기 가입자에 대해서는 240일로 제한되어 수급 기간이 짧다. 실업급여의 하한액은 최저임금의 90%로 높게 설정되어 있으나 실업급여의 상한액은 도입 이래 인상이 크게 이루어지지 않아 하한액과 차이가 없어져 실업급여는 정액급여제 도처럼 되었다. 그 결과 실업급여는 저소득가구의 생활안정, 빈곤 감소효과가 클 수 있으나, 평균적인 전일제 근로자의 경우에는 실업급여의 소득대체율이 크게 하락하였다(OECD, 2018).

정부는 고용보험의 사각지대인 근로빈곤층에 대한 지원프로그램으로 2009년 취업성공패키지 사업을 도입하였다. 취업성공패키지 사업은 개인별 취업능력과 취업장애 요인을 진단하여 개인 특성에 맞는 취업지원프로그램을 지원하였다. 프로그램은 총 9-12개월 동안 3단계에 걸쳐 진행되는데, 취업에 성공하지 못하는 경우에는 3-30개월 후에 다시 신청할 수 있다. 참가자는 2009년 9,389명으로 시작하여 2015년 14만 5,479명으로 증가하였다. 취업성공패키지프로그램은 중위소득 60% 이하의 저소득층에 대해서는 취업지원활동과 함께 소액의 현금급여를 제공하였다. 2014년 이후로는 취업지원계획을 수립하는 1단계에서는 총 25만 원 범위 내에서 참여수당을 제공하고, 취업능력 증진에 초점을 둔 2단계에서는 월 최대 28.4만 원을 최대 6개월까지 지급하며 3단계에서는 2016년 기준 최대 100만 원의 취업성공금을 지급하였다. 이러한 현금급여액은 프로그램 참가자들의 생계를 지원하기에는 매우 낮은 수준이지만 2014년 기초보장수급자의 1인당 생계급여액이 연간 235만 원인 점을 고려하면 무시할 만한 수준 또한 아니다(노대명 외, 2016). 취업성공패키지 사업은 사회보험 사각지대에 있는 실직빈곤층에 대한 지원을 확대하는 실업부조로서의 발전전망을 모색하고 있다. 그런데 근로동기 하락에 대한 우려가 강하고 근로계층의 소득파악이 어려운 우리나라 현실에서 이 실업부조형 제도가 관대한 급여를 제공할 것으로 기대하기는 어렵다. 취업성공패키지 사업과 실업급여의 현황을 볼 때 우리나라의 실업부조는 비교적 단기간 낮은 수준의 정액급여를 지급하는 제도로 귀결되기 쉽다.

따라서 실업부조와는 별도로 근로연령대 빈곤층에 대한 지원제도의 필요성이 있는데, 이러한 필요성은 국민기초생활보장제도의 개혁을 통해서 충족하는 것이 현실적인 것으로 보인다. 2000년에 출범한 국민기초생활보장제도는 근로능력 유무에 상관없이 모든 빈곤층을 지원대상으로 한다는 점에서 과거의 생활보호제도와 가장 큰 차이를 보인다. 하지만 실제로 국민기초생활보장제도가 근로연령대의 빈곤층에 대한 지원을 얼마나 효과적으로 수행했는가에 대해서는 의문의 여지가 있다. 이러한 이유로 근로연령대 빈곤층 지원제도로서 국민기초생활보장제도를 개혁하는 방안에 대한 논의가 지속되었다. 2015년 맞춤형 급여제도로의 개편은 생계급여와 의료, 주거, 교육 등 현물급여의 선정과 급여기준을 달리하도록 하여 욕구별로 해당 급여 대상을 확장하도록 하여 사각지대를 줄이고 탈수급 시 모든 급여가 일시에 중지되어 나타날 수 있는 소득역전 현상을 완화하여 탈수급을 억제하는 제도적 유인을 완화하는 것을 목적으로 하였다. 2015년 개편을 통해 부분적으로 사각지대가 완화되는 성과가 있는 것으로 보이나, 근로연령대 빈곤층의 자립과 탈수급을 지원하는 데에서 눈에 띄는 성과가 확인되지는 않는다(노대명 외, 2016).

더 근본적으로는 근로연령대 빈곤층에 대한 지원이 미미한 상태를 벗어나고 있지 못하다(강신욱, 2018). 우리나라 근로연령대 빈곤율은 OECD 평균과 유사한 수준이나, 근로연령대 인구집단에 대한 소득지원 비중은 OECD 평균인 GDP의 4.2%의 1/3 정도로 1.3%대에 머물고 있다(OECD, 2018). 여기에는 국민기초생활보장제도가 지나치게 엄격한 소득·재산기준의 적용을 통해 근로능력이 있는 빈곤층의 수급을 억제해온 영향이 있는 것으로 보인다. 이러한 국민기초생활보장제도의 문제는 본질적으로는 자산조사에 기초한 공공부조제도라는 한계에서 기인하는 것일 수 있다. 공공부조의 한계는 최근 많이 등장하는 기본소득 논의의 최저소득보장제도(minimum income scheme) 비판에서 잘 나타난다. 공공부조는 궁핍을 조건으로 소득을 지원하는 성격상, 복지의존성을 조장하는 경향이 있고 수급자에 대한 낙인이 강하여 빈곤층의 상당수를 지원에서 배제하는 경향이 있다. 이 논의에 따르면 광범위한 기술변화로 고용이 정체하고 불안정해지는 상황에서 증가하는 근로연령대 빈곤층에 대한 지원제도로서 공공부조는 효용을 다했다는 것이다. 기본소득은 자산조사 없이 제공되는 보편적인 프로그램이고 수급자에게 의무를 부과함이 없는 무조건적 급여이기 때문에 공공부조의 문제를 극복하는 대안이 된다(Van Parijs and Vanderborght, 2017). 기본소득 논의는 그 긍정적인 문제의식에도 불구하고 추가적인 재원 마련 방안이 없을 경우 사회보험형의 소득보장제도나 사회서비스 등 소득보장 이외 프로그램의 삭감이나 축소 없이 실현이 어렵다는 한계를 갖는다. 현실적인 정책개선을 검토하는 이 책에서는 국민기초생활보장제도를 보다 관대한 공공부조로 개혁하는 방향에서 기본소득의 공공부조 비판에 대한 문제의식을 수용하는 것이 필요하다고 본다.

국민기초생활보장제도는 근로연령 인구집단에 대해서도 부양의무자 기준과 재산관련 기준 등 모든 수급자에 대해 적용되는 기준을 엄격하게 적용하여 이들의 급여 접근성을 떨어뜨린 것으로 보인다. 따라서 부양의무자 기준 폐지의 방향에서 제도를 개선하고 주거용 재산의 공제와 관대한 재산상한액 설정 등을 통해 근로연령대 빈곤층에 대한 지원을 늘리는 노력이 중요하다. 그런데 근로연령대 빈곤층이 국민기초생활보장제도의 혜택을 받지 못하는 데에는 낮은 소득 기준의 영향이 더욱 중요한 것으로 보인다. 국민기초생활보장제도는 추정소득을 이용한 소득평가액 결정방식과 조건부과제도 등을 이용해 근로연령대 집단에 대해서는 특히 엄격하게 지원대상을 선정하고 급여를 결정해왔다. 소득인정액 결정에서 근로소득 파악이 어려운 대상자에 대해서 엄격하게 추정소득 적용을 한 것이 근로능력 있는 빈곤층을 수급대상자에서 배제하는 결과로 이어진 것으로 보인다(노대명 외, 2015). 또한 국민기초생활보장제도에서 근로능력 있는 수급자는 조건부 수급자로 분류되어 근로의무를 부여받게 된다. 그런데 이러한 조건부과제도가 지나치게 일률적이고 경직적으로 운영될 경우에는 수급자의 자립을 지원하는 데에 기여하기보다는 수급을 억제하는 장치로 이용되는 측면이 있음에 유의해야 한다. 일률적인 조건부과제도가 엄격한 자산기준 적용과 결합될 경우, 근로능력 있는 빈곤층에 대한 지원제도로서 국민기초생활보장제도의 기능을 심각하게 훼손할 수 있다.

근로빈곤층 지원제도로서의 국민기초생활보장제도의 역할은 전체 근로빈곤층 중 수급자의 비중을 통해서 살펴볼 수 있다. 노대명 외(2016)에 따르면, 2005년 근로능력자 집단 중 최저생계비 130% 미만 집단의 비율은 13.3%인데 수급자의 비율은 1.7%에 불과하여 국민기초생활보장제도가 근로빈곤층의 다수를 지원대상에 포괄하지 못하고 있음을 알 수 있다. 그런데 이러한 국민기초생활보장제도의 미미한 역할은 시간이 지나면서 개선되지 못한 것으로 보인다. 국민기초생활보장제도 수급자 중 근로능력자의 비중은 2002년 22.6%에서 2008년 20.6%, 2014년 18.3%로 점차 줄어들었다. 또 근로능력 있는 수급자 중에서 취업자가 차지하는 비중은 2002년 62.9%에서 2008년 52.5%, 2014년 35.4%로 빠르게 줄어들었다. 이러한 변화 추이는 근로능력 있는 빈곤층이 근로와 기초수급을 결합할 수 있는 여지가 매우 적었고 노동시장 여건 악화로 전체 근로빈곤층의 규모나 여건이 개선되지 못한 상황에서도 기초보장의 틀 내에서 근로와 복지를 결합할 수 있는 가능성이 더욱 줄어들었음을 보여준다.

이상에서 검토한 우리나라 소득보장제도의 소득재분배 효과는 국제적인 기준에서 보아 매우 작은 수준이다. 소득보장제도의 재분배효과는 정부의 소득이전과 세금을 고려하기 이전의 시장소득분배 상태와 소득이전과 세금을 고려한 이후의 가처분소득분배 상태를 비교하면 알 수 있다. III장의 〈그림 3.1〉에서 검토하였듯이 2010년을 전후한 시점에서 서구 복지국가들과 비교해 우리나라는 소득이전과 세금 고려 전후의 지니계수와 빈곤율 차이가 매우 작아 소득재분배 효과가 매우 작음을 알 수 있었다.

아래 〈표 6.1〉에서는 우리나라 소득보장제도의 재분배 효과를 보다 세분하여 살펴보았다. 2015년 시장소득의 지니계수는 0.384로 나타나는데 국민연금 등의 사회보험 급여를 시장소득에 더한 이후에는 지니계수가 0.367로 낮아져 가족소득 불평등도가 4.4% 감소하였다. 또 기초연금과 장애연금 등 조세 재원의 보편적 성격이 강한 프로그램들의 급여를 추가하게 되면 지니계수는 0.367에서 0.357로 2.6% 감소하였다. 국민기초생활보장제도와 근로장려세제 등 공공부조 급여를 다시 소득에 추가하면 지니계수는 0.353으로 조금 더 낮아졌다. 마지막으로 소득세와 사회보험기여금 등의 조세 납부액

표 6.2 소득보장제도의 재분배 효과, 2015년

	시장소득	사회보험	기초연금 등	공공부조	세금, 사회보험 기여금
지니계수 % 감소	0.384	0.367 -4.4%	0.357 -2.6%	0.353 -1.0%	0.344 -1.8%
빈곤율 % 감소	17.87	15.24 -14.7%	14.19 -5.9%	13.95 -1.3%	15.99 +11.4%

자료: 가계금융복지조사

을 소득에서 빼면 지니계수는 0.344로 조금 더 낮아졌다. 이상의 소득이전 급여와 조세를 모두 고려한 경우에는 지니계수가 0.384에서 0.344로 약 9% 정도 감소함을 확인할 수 있다. 〈표 6.2〉는 동일한 방식으로 소득이전과 세금의 빈곤감소효과를 보여준다. 지니계수의 경우와 마찬가지로 국민연금 등 사회보험의 빈곤감소효과가 커서 중위소득 50% 기준의 상대빈곤율을 17.87%에서 15.24%로 14.7% 낮추었다. 기초연금 등도 작지 않은 영향을 미쳐 5.9%의 빈곤감소효과를 보이나 국민기초생활보장제도 등 공공부조는 미미한 빈곤감소효과를 보였다. 세금은 가처분소득을 줄인 결과 11.4%의 빈곤증대효과를 나타냈다. 소득이전과 세금을 모두 고려할 경우 빈곤율은 10.5% 정도 감소하는 것으로 나타났다. 이러한 분석결과에 따르면 사회보험 등 우리나라 소득보장제도는 여전히 재분배 효과가 작음을 알 수 있고, 기초연금의 재분배 역할이 다소 주목되는 한편 공공부조는 거의 재분배 기능을 보이지 못하고 있음을 알 수 있다.

3. 최근의 소득분배 양상에 대한 추가적 분석

지금까지의 소득분배 추이 분석은 1996년과 2011년 시점에서의 소득분배 양상을 주로 비교하였고 시계열적인 추이를 보는 경우에는 1990년에서 2013년 기간을 분석하였다. 이러한 분석에서 얻은 주요한 발견은 이 장의 1절에서 요약하고 있다. 그런데 최근의 시기에는 소득분배 양상이 앞의 분석 기간과 어떠한 차이를 보이는지도 궁금한 사항이 아닐 수 없다. 이러한 의문에 답하기 위해 이 절에서는 분석에 이용 가능한 가장 최근까지의 자료를 이용하여 최근의 소득분배 추이를 검토한다.

〈그림 6.2〉와 〈그림 6.3〉에서는 가계동향조사 연간자료와 가계금융복지조사 자료를 이용하여 1990년에서 2016년까지의 기간 동안 시장소득과 가처분소득의 지니계수와 상대빈곤율(중위소득 50% 기준) 추이를 보여준다. 〈그림 6.2〉와 〈그림 6.3〉은 II장의 〈그림 2.5〉와 〈그림 2.6〉의 연장선에 있는 것으로서 분석 기간을 2016년까지 확장하였다는 점에서 가장 큰 차이가 있다. 가계동향1은 도시의 2인 이상 가구의 소득분배 상태를 보여주는 연간자료로서, 전체 인구에 대한 대표성은 떨어지지만 1990년부터 시계열적 추이를 보여주는 장점이 있다. 가계동향2는 전체 가구의 소득분배 상태를 보여주는 연간자료로서 전체 인구에 대한 대표성을 가지고 있지만 2006년부터 자료가 구축되어 있어 10년 기간의 추이를 분석할 수 있다.

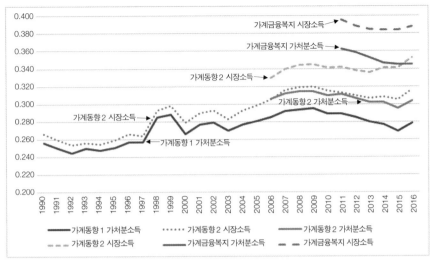

그림 6-2. 가구소득 지니계수의 추이, 1990-2016.

자료: 가계동향조사, 가계금융복지조사, 각년도.

그림 6-3. 가구소득 빈곤율의 추이, 1990-2016.

자료: 가계동향조사, 가계금융복지조사, 각년도.

가계금융복지조사는 전체 가구의 소득분배 상태를 보여주는 점에
서 가계동향2와 같다. II장에서 이미 논의한 바와 같이 가계금융복

지조사는 가계동향조사에서 나타난 고소득층 소득의 과소보고 문제를 상당히 완화하여 소득분배 실태를 가장 적절히 보여주는 연간 자료라고 할 수 있다. 그러나 가계금융복지조사 자료로는 2011년부터 2016년에 걸친 짧은 기간에 대해서만 분석이 가능하다.

먼저 〈그림 6.2〉에서 도시의 2인 이상 가구를 대상으로 한 가계동향1 자료의 분석 결과를 보면, 점선으로 나타낸 시장소득 지니계수는 1990년대 전반 0.26 정도의 낮은 수준을 벗어나지 않다가 1997-1998 아시아 외환위기 시기에 갑작스러운 등락을 거쳤다. 그리고 그 이후에는 대체로 지속적인 불평등 증가양상을 보여 2009년에는 0.32로 증가하였다. 2010년부터는 다소 불평등이 감소하는 추세를 보이다가 2016년부터 다시 지니계수가 증가하는 모습을 보인다. 실선으로 나타낸 가처분소득 지니계수는 시장소득 지니계수와 유사한 시계열적 추이를 보이면서 시장소득의 지니계수보다 낮은 수준을 보이는데 최근으로 올수록 그 차이가 커진다. 이 차이는 공적이전과 세금의 분배개선효과를 보여주는 것으로 2000년대 들어서 공적 이전이 증가하여 가처분소득의 불평등 악화를 줄이고 있음을 알 수 있다. 전체 가구를 대상으로 한 가계동향2 자료의 분석결과에서도 시장소득 지니계수는 대략 2009년을 경계로 증가세가 멈추고 미미한 감소상태를 보이다가 2016년에 다시 확연한 증가양상으로 돌아서는 것으로 나타난다. 가처분소득의 지니계수도 유사한 추이를 보이나 최근 수년간에는 공적이전과 세금의 불평등 개선효과가 더 커졌음을 보여준다. 이는 기초연금 등 취약층에 대한 지원이 증대한 것을 반영한 것으로 짐작된다. 2011년부터 전체 가구에 대한 소득분배 상태를 보여주는 가계금융복지조사 자료의 분석 결과는 가계동향 2 자료보다 훨씬 높은 수치를 보이지만 시간적 추이에서는 가계동향 2 자료가 보여주는 추이와 크게 벗어나지 않은 모습을 보여준다. 2011년 0.40에 근접했던 시장소득 지니계수는 이후 감소추이를 보여 2015년까지 0.38 가까이 낮아지다가 2016년 다시 증가세로 돌아섰다. 가처분소득의 추이도 유사하나 2016년까지 지니계수의 증가세가 나타나지 않는다.

〈그림 6.3〉은 중위소득의 50%를 기준으로 하여 추정한 상대빈곤율의 추이를 제시하고 있다. 대략적인 추이는 지니계수와 유사하다. 가계동향 1에 따르면 시장소득 빈곤율은 1990년대 전반 8% 수준에서 2011년경까지 15%선에 도달하였다가 감소세를 보인 뒤 2015년 이후 증가한다. 이러한 추이는 가처분소득의 빈곤율에도 대체로 반영되는데, 공적이전의 역할로 빈곤율 수준은 낮아 2011년경에는 10% 정도를 보인다. 전체 가구를 대상으로 한 가계동향 2에서는 시장소득 빈곤율이 2006년에서 2011년까지 증가하였고, 2011년 이후에는 정체상태에 있다가 2015년 이후 다시 증가세를 나타낸다. 공적이전의 재분배 효과를 반영한 가처분소득 빈곤율의 경우, 2011년 이후 감소세가 확인되고 2016년부터 다시 증가세를 보인다. 전체 가구 대상의 가계금융복지조사 자료는 시장소득 빈곤율은 19% 전

후한 수준에서 정체상태를 보이고 가처분소득 빈곤율은 16-17%
수준에서 미미한 감소세를 보인다.

그런데 이상의 분석에서 나타난 최근의 소득분배 추이에 따르
면 2011년 이후 4-5년간은 불평등이 감소하거나 빈곤이 증가세를
멈추는 등 1990년대 중반 이후 2011년 이전에 나타나던 지속적 소
득분배 악화 추이와 다소 차이를 보였다. 그러나 2015-2016년을
거치면서 다시 시장소득분배가 악화되는 것으로 나타나고 이러한
추세가 일시적인 것인지, 장기적인 것인지는 위의 자료만으로는 알
수 없다. 2017년 이후의 최근 상황을 파악하는 데 이용 가능한 소득
조사 자료는 연간자료로는 존재하지 않고 전국의 2인 이상 가구를
대상으로 한 통계청의 가계동향조사 분기별 자료가 유일하다. 이러
한 분기별 자료는 계절적 요인과 일시적 소득변동에 민감하게 영향
을 받기 때문에 연간자료에 기초한 분석과 동일하게 비교될 수 없
지만, 연간자료로 분석이 불가능한 보다 최근의 상황을 보여준다는
점에서 활용의 가치가 있다.

〈그림 6.4〉에서는 통계청이 발표한 보도자료에 담긴 5분위배율
의 추이를 분기별로 제시한 것이다. 아래 5분위배율은 가구 가처분
소득을 5분위로 나눈 뒤 상위 5분위(상위 20%)의 평균소득을 하위 1분
위(하위 20%)의 평균소득으로 나누어 구한 수치이다. 분기별로 다소
수치의 차이가 나타나지만, 2003년에서 2009년경까지는 5분위배율
이 증가추세를 보이다가 2015년까지 감소세를 보이고 2016년에 증

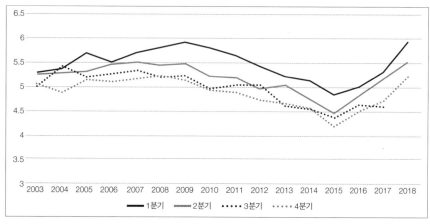

그림 6-4. 가구 가처분소득 5분위 배율의 추이, 2003-2018.
자료: 2018 3/4분기 가계동향조사(소득부문) 결과(통계청, 2018).

가세로 반전하는 양상은 〈그림 6.2〉의 가처분소득 지니계수 변화양
상과 큰 차이를 보이지 않는다. 그런데 〈그림 6.4〉에서는 2016년의
불평등 증가가 2017년에서 2018년에 걸친 시기에 지속되고 있음을
보여준다. 이러한 가처분소득의 5분위배율의 증가는 상위 5분위 소
득은 증가하였지만 하위 1분위의 소득은 감소하였기 때문에 나타난
현상이다. 통계청(2018) 발표자료를 상세히 검토한 결과에 따르면,
하위 1분위에서의 소득감소는 이들 하위층에서 근로소득과 사업소
득이 크게 감소하였지만 공적 이전소득의 증가가 이를 상쇄할 정도
로 충분히 이루어지지 않아 나타난 현상이다.

이상의 분석에 따르면 2011년 이후 4-5년간의 소득분배 개선
추이는 일시적인 추세인 것으로 판단된다. 2016년 이후 2018년까
지는 소득분배 악화가 지속되고 있는 것으로 보인다. 이러한 소득

분배 추이의 반전은 시장의 경기사정의 변화를 반영한 것으로 보인다. 경기가 악화되면서 고용불안정 근로자들이 일자리를 잃고 소득감소를 경험하거나 영세 자영업자들의 사업소득이 줄어든 결과 소득분배가 악화하고 있는 것이다. 따라서 최근의 소득분배 변화에서 III장에서 V장에 걸쳐 분석한 소득분배 악화의 장기적이고 구조적인 요인들의 추이나 그 영향력에서 어떤 변화가 일어나고 있음을 시사하는 증거를 찾기는 어렵다. 노동시장의 분절화와 세계화, 기술변화 등의 노동시장의 수요여건 변화, 고령화와 가족구조 변화 등의 구조적인 요인들이 강력하게 작동하고 있으며 이러한 구조적 도전에 대응한 사회정책적, 제도적 정비가 크게 미흡한 상황에서는 소득분배의 지속적 악화를 피하기는 어려울 것으로 보인다.

4. 한국 소득보장정책의 발전방향

2017년 새로 등장한 정부는 기초연금의 급여인상과 국민연금 개선, 실업급여 개혁, 건강보험 보장성 강화, 국민기초생활보장제도 부양의무자 기준의 폐지 등 소득보장을 위한 다양한 정책을 추진할 것을 천명하였다. 이러한 정책들은 한국사회가 현재 당면하고 있는 소득분배상의 몇 가지 주요 과제를 겨냥한 것으로 보인다. 정부가 집중해야 할 과제로는 우선 극도로 악화되어 있는 노인빈곤과 지속적으로 심화될 것으로 보이는 근로저소득층 문제를 들 수 있고, 여성고용과 일/가족 양립 지원을 통한 소득격차 완화가 중요할 것이다. 이외에 아동의 조기보육과 교육에 대한 공공투자를 강화하여 아동발달에서의 계층간 격차를 완화하면서 미래의 기술변화에 대응하는 것이 장기적으로 매우 중요하지만 여기에서는 이에 대한 논의는 생략한다.

이러한 정책 확장을 통해 소득분배 개선을 이루기 위해서는 증세전략으로의 전환이 필연적으로 요구된다. 누진적 증세는 그 자체로 강력한 불평등 개선효과가 있다. 또 지난 시기 소득보장제도의 확충이 미진했던 데에는 재원마련의 어려움이 기본적인 제약요인으로 작용하였다. 지난 20여 년 간 복지확충에도 불구하고 이러한 감세전략에는 별 변화가 없었다(강병구, 2015). 또한 노동과 자본 사이의 균형적 자원배분과 중소기업과 대기업 간의 균형성장을 이루는 시장개혁이 병행될 필요가 있을 것이다. 이는 경제민주화와 공정거래질서 확립을 통해 재벌대기업의 독점적 지대추구를 막는 것과 관련된다. 비정규직 고용증대 등의 노동시장 여건 악화에 대한 대책은 임금소득분배 악화와 밀접한 관계를 갖는 것으로 많은 논의가 요구된다.[8] 더 나아가서 자본 불평등에 영향을 미치는 제도개혁도 놓쳐서는 안 될 부분이다. 하지만 아래에서는 이 연구의 본론에

---

8   비정규직 고용과 소득분배의 관계, 증대하는 비정규직 고용 대책에 대해서는 구인회 외 (2014)를 참조하라.

서 검토한 가구소득분배에 보다 직접적인 관련을 가지는 소득보장
정책에 초점을 맞추어 세부과제별로 발전방향을 검토한다.

1) 노인빈곤의 해소와 노후소득보장제도의 구축

한국과 같이 세계 10위권의 경제규모를 가진 국가에서 노인 중 절
반 가까운 인구가 빈곤 위험에 놓여 있다는 것은 어떠한 논리로도
정당화될 수 없는 문제이며, 소득보장 분야에서 최우선 순위로 해
결해야 할 과제이다. 우리나라에서 1990년대 이후 노인 중 자녀와
동거하는 경우가 급격히 줄고 독립세대를 형성하는 수는 급격히 늘
어나고 별거자녀로부터의 사적이전도 빠르게 감소한 반면, 공적 노
령연금제도의 발전은 뒤처진 것이 노인빈곤 급증의 원인이 되고 있
다. 이러한 세대 간의 가구구성과 사적이전 양상의 변화에 대해서
는 엄밀한 분석이 요구되나, 이러한 변화 양상이 거스를 수 없는 대
세가 되었다는 점만은 분명한 것으로 보인다. 요컨대, 자녀의 동거
나 사적이전은 더 이상 노인부양의 주요 형태로서 기능할 수 없는
것이다. 따라서 노인빈곤 해소의 과제는 공적인 노령연금의 대폭적
인 개선에서 해결책을 찾아야 할 것이다.

　　20세기를 거치면서 노인빈곤 문제를 상당 부분 해결한 서구 복
지국가들의 경험을 살펴보는 것은 노인빈곤 문제에 대한 새로운 접
근을 구상함에 있어 도움이 된다. 서구국가에서 노인빈곤을 해결할

수 있었던 가장 중요한 원인은 공적 노령연금제도를 중심으로 노후소득보장제도가 일찍부터 발전하여 대다수 노인들의 소득을 보장하였기 때문이다(Engelhardt and Gruber, 2006). 그런데 노후소득보장제도는 그 지출규모만이 아니라 구성방식에 따라 노인빈곤을 줄이는 효과성에서 상당한 차이가 있다(Figari, Matsaganis, and Sutherland, 2011). 우리나라는 고령화가 급속히 진행되어 노후소득보장의 재정적 부담이 빠르게 증가하는 상황에 처해 있기 때문에 노후소득보장제도를 개선함에 있어서 그 지출증대만이 아니라 제도구성에 대해서도 면밀히 고려하는 것이 중요하다.

스미딩·샌드스트롬(Smeeding and Sandstrom, 2005)에 따르면 서구 복지국가들의 노후소득보장은 보편수당과 사회보험형 연금, 사회부조를 구성요소로 하고 있다. 각 국가들은 이들 요소들 각각의 강도와 요소들 간의 조합방식에서 차이가 있고 이러한 차이가 노인빈곤 해소의 효과성에 영향을 미친다. 스웨덴과 독일 같은 나라들은 사회보험형 연금에 대한 높은 지출을 통해서 노인빈곤을 완화한 경우로 볼 수 있다. 이와는 달리 사회보험 연금에 대한 지출은 높지 않지만 급여대상 선정이 적절하고 수급율(take-up rate)이 높은 사회부조 급여를 결합하여 노인빈곤을 성공적으로 해소한 캐나다의 경우도 있다. 반면에 사회보험형 연금의 지출도 낮고 사회부조의 효율성도 떨어지는 예로는 미국이나 영국, 이탈리아를 들 수 있다. 불행히도 한국도 이 그룹에 속한다.

여기서 빈곤감소 효과성을 결정하는 가장 중요한 요소는 각 나라가 노후소득보장의 조합을 통해 개인에게 제공하는 최저소득수준이다. 그런데 여기에는 급여수준만이 아니라 각 요소가 통합되어 있는 정도도 중요하다. 스미딩·샌드스트롬(Smeeding and Sandstrom, 2005)에 따르면, 최저소득보장이 보편수당이나 사회보험형 연금에 내재화되어 있거나 최저소득이 사회부조를 통해 보장될 경우에는 대상이 적절하게 포괄되고 수급률이 높고 재산 등 소득 외의 기준이 별도로 적용되는지 등이 중요하게 영향을 미친다. 유럽대륙이나 북유럽 국가들이 전자에 속하는 경우가 많고 미국, 영국, 캐나다 등의 국가들은 후자에 속한다. 후자 중에서는 미국의 SSI라는 노인 대상 사회부조는 대상 규모가 작고 수급률이 55~65%로 낮으며 재산기준도 엄격하여 노인빈곤이 높은 결과로 이어진다. 영국도 미국과 같이 수급률이 낮은 경우이다. 반면에 캐나다는 노령수당(Old Age Security, OAS)이 거의 보편적으로 제공되고, 보충소득보장(GIS)이라는 공공부조는 수급률이 90%를 넘어 노인의 1/3이 급여를 받는다.

우리나라의 정책방향이 유럽대륙이나 북유럽 국가 유형을 따라야 할 것인지에 대해서는 많은 논란이 있을 수 있다. 사회보험형 연금이나 보편수당형의 기초연금을 관대하게 제공하는 방식으로 노인빈곤을 해소하고 노후소득보장을 이루는 방안을 이상적인 접근으로 볼 수 있다. 그런데 우리나라의 사회보험형 연금인 국민연금은 사각지대가 넓고 상당한 시간이 지나도 여전히 넓을 것으로 예상되어, 국민연금만으로 노후소득보장을 이루는 것을 기대하기는 어렵다. 이러한 이유로 조세를 재원으로 하는 기초연금이 노후소득보장의 대안으로 부상하였다. 정액의 급여를 보편주의적으로 제공하는 성격이 강한 기초연금으로 노인빈곤을 해소하고 노후소득보장을 이루기 위해서는 상당히 높은 수준의 급여 인상이 필요하다. 고령화가 급속히 진행되는 상황에서 이러한 수준으로 기초연금을 확장하는 것이 정치적으로 가능하고 재정적으로 지속가능한지에 대해서는 의문의 여지가 있다.

이러한 점에서 비교적 적은 재원으로 노인빈곤 문제를 성공적으로 해결한 캐나다 사례는 우리나라가 노후소득보장제도 발전을 위해서 고려할 만한 좋은 사례로 보인다. 캐나다의 노령수당(OAS)은 1951년 일반조세를 재원으로 70세 이상의 모든 노인에게 정액의 급여를 제공하는 보편적 프로그램으로 시작되었다. 1966년에는 기여에 기반하여 비교적 낮은 수준의 소득비례연금을 제공하는 캐나다/퀘벡 연금(Canada and Quebec Pension Plans, C/QPP)이 도입되었다. 이와 함께 소득비례연금의 혜택에서 제외된 당세대 노인들을 지원하기 위해 OAS의 대상이 65세 이상 노인으로 확대되었고, OAS에 추가적으로 저소득층 노인에게 보충급여를 제공하는 보충소득보장(Guaranteed Income Supplement, GIS)이 도입되었다. GIS는 소득조사형 프로그램이지만 별도의 재산기준이 없고 신청절차

가 단순화되어 있어 수급률이 매우 높다. 또 OAS 수당 이외의 소
득에 대해서 50%의 급여감소율을 적용하여 1980년대 중반에는 조
금이라도 GIS 급여를 받는 노인이 은퇴 노인의 절반 가까운 규모
에 이르기도 하였다. 한편 사회보험형 연금인 캐나다/퀘벡 연금은
OAS 급여와 합하여 볼 경우 최대급여가 평균 임금근로자 근로소
득의 40% 정도에 해당하여 국제적인 기준에서 볼 때 소득대체율이
낮은 수준이다. 하지만 OAS 수당과 GIS 급여가 사회보험형 연금
(Canadian Pension Plan)에 추가되면 캐나다의 노후소득보장제도는
많은 수의 노인에게 최저소득을 보장하여 매우 높은 빈곤완화효과
를 갖는다(Boychuk and Banting, 2008).

　　우리나라와 캐나다를 비교할 때, 낮은 수준의 소득대체율을 가
진 사회보험형 연금이 존재하고 보편수당에 가까운 노령수당이나
기초연금이 존재한다는 공통점이 발견되는 한편, GIS와 국민기초
생활보장제도라는 사회부조 제도의 역할에서는 큰 차이점이 보인
다. 특히 GIS가 관대한 급여와 90%를 넘어서는 수급률로 노후 최
저소득보장제도로서의 역할을 단단히 하는 점에 주목할 필요가 있
다. 더욱이 2018년부터 2021년에 걸쳐 기초연금 급여를 30만 원으
로 인상하는 일정이 진행되는 상황이어서 우리나라에서 노후빈곤
해소를 위한 사회부조제도의 역할을 제고하는 방안을 적극 모색하
는 것이 필요하다. 노인빈곤 대책으로 사회부조의 역할을 강화하는
방안으로도 캐나다같이 노인만을 대상으로 하는 제도를 별도로 운

영하는 것과 빈곤층 일반을 대상으로 하는 국민기초생활보장제도 같은 제도를 개혁하는 것, 두 가지를 생각할 수 있다(이상은·정찬미·조영식, 2017). 여기에서는 후자의 방안을 검토하기로 한다.

사실 우리나라의 국민기초생활보장제도는 과거 생활보호제도에 비해 진일보하였음에도 불구하고 엄격한 소득 기준, 재산의 소득환산제도와 부양의무자 기준의 존재로 인해 많은 빈곤층을 수급 대상에서 제외하고 있는 것으로 알려져 있다. 노대명 외(2013)에 따르면 2010년 기준 전체 가구의 12.6%(소득 기준)가 빈곤층인데, 재산을 소득환산하여 소득에 추가한 소득인정액 기준으로는 전체 가구의 8.0%가 빈곤가구이고, 이 중 수급가구는 전체 가구의 4.5%이다. 이러한 통계치로 볼 때 소득빈곤층 중 비수급자는 전체 가구의 8.1%에 달하는데 이렇게 빈곤층 중에서 비수급자가 발생하는 원인으로는 낮은 소득 기준, 엄격한 재산의 소득환산, 부양의무자 기준이 중요하다. 가구주가 노인인 가구로 범위를 좁혀 보면, 소득 기준으로 전체 노인가구 중 29.0%가 빈곤가구이고 소득인정액 기준으로는 전체 노인가구의 18.7%가 노인가구이다. 또 소득인정액 빈곤가구이면서 수급가구는 전체 노인가구의 9.1%이다. 노인의 경우에도 빈곤층 중 수급자가 발생하는 원인은 전체 수급자의 경우와 마찬가지로 소득 기준, 재산의 소득환산, 부양의무자 기준에서 찾을 수 있다.

국민기초생활보장제도 소득 기준의 경우 전반적으로 낮아 빈곤충 중 생계급여 등의 급여 기준선을 충족하지 못해 수급에서 탈락하는 경우가 많다. 특히 노인빈곤층의 경우 1인 가구 등 소규모 가구가 많지만 국민기초생활보장제도의 급여 기준선은 소규모 가구에 대해서 상대적으로 더욱 낮게 설정되어 있어 빈곤층이라 하더라도 이 기준선을 충족하지 못하는 규모가 매우 크다. 한편으로는 소득은 적고 자가 등의 재산이 있는 경우가 많고 성인자녀 같은 부양의무자가 존재하는 노인의 특성을 고려할 때, 재산과 관련된 사각지대 빈곤층이나 부양의무자 기준과 관련된 사각지대 빈곤층이 특히 클 것으로 보인다. 이러한 상태는 2015년 7월 생계, 의료, 주거, 교육 등 국민기초생활보장제도의 급여별로 대상자 선정과 급여 결정 기준을 개별화한 맞춤형 급여체계로의 개편과 부양의무자 기준의 대폭 완화 이후에도 크게 개선되지 않은 것으로 보인다.

특히 우리나라 특유의 부양의무자 기준이 노인빈곤층에 대한 지원을 제약하는 요인으로 중요하게 작용하였다. 부양의무자 기준은 부양의무자에 의한 생계지원 등 실제 부양행위와 상관없이 수급 자격을 제한하여 빈곤층의 수급을 부당하게 제한하는 문제가 있는데, 우리 사회의 개인주의화 추세가 강화되면서 그 심각성이 더해지고 있다. 손병돈 외(2016)에 따르면, 2015년 12월 기준 주거급여 선정 기준인 중위소득 43% 미만의 빈곤가구 중 99.2만 가구가 수급가구임에 비해 70.9만 가구가 수급자격을 갖춘 상태에서 급여를 신청하지 않거나, 부양의무자 기준으로 인해 자격을 인정받지 못해 주거급여의 혜택을 받지 못하고 있다. 이들 중 61.4만 가구가 노인 가구로 전체 노인가구의 10.9%에 해당된다. 중위소득 40% 아래의 빈곤층을 대상으로 하는 의료급여 기준에서는 97.8만 가구가 수급자이지만 63.4만 가구가 비수급 빈곤층이고 이 중 노인가구는 56.2만 가구로서 전체 노인가구의 9.9%에 해당된다. 중위소득의 28% 미만 빈곤층을 대상으로 하는 생계급여로 범위를 좁혀 볼 경우, 2015년 기준 수급가구가 89.3만 가구인데 소득인정액 기준으로 생계급여의 자격이 있지만 급여를 받지 않는 비수급빈곤층이 23.4만 가구로 이들 중 대다수인 21.8만 가구는 노인가구이다. 이는 전체 노인가구 중 3.9% 정도에 해당하는 규모로 급여미신청이나 부양의무자 기준으로 급여를 받지 못하고 있다.

이들 사각지대 빈곤층은 노인빈곤 해소를 위해 우선적으로 대책을 마련해야 할 집단이고, 이에 대한 대책이 2017년부터 시작되고 있다. 2017년 11월부터 수급자 가구와 부양의무자 가구 양쪽 모두에 노인과 중증장애인이 존재할 경우 부양의무자 기준을 적용하지 않는다. 하지만 이로 인해 혜택을 본 가구는 매우 소수에 한정된 것으로 보인다. 또 2018년 10월부터 주거급여에서 부양의무자 기준이 폐지된다. 그리고 부양의무자 가구에 저소득 노인이나 중증장애인이 포함된 경우에도 부양의무자 기준이 적용되지 않게 된다. 그러나 부양의무자 가구에 취약층이 포함된 경우, 부양의무자 기준을 적용하지 않는 접근법은 그 대상층이 제한되어 있어 사각지대

해소에 큰 영향을 미치지는 못할 것으로 보인다. 이러한 점에서 대다수의 수급가구에 대해 부양의무자 기준 적용을 중지하는 것이 부양의무자 기준 폐지의 취지에 부합하는 것으로 볼 수 있다. 주거급여 부양의무자 기준 폐지가 이러한 본격적인 의미에서 부양의무자 폐지에 해당되는 것으로 볼 수 있고, 이 정책 변화로 주거급여 비수급 빈곤층 중 상당수가 주거와 관련된 지원을 받게 될 것으로 보인다. 하지만 노인 중 10% 정도에 달하는 이들 의료급여와 생계급여 기준 사각지대 빈곤층에 대해서는 여전히 근본적인 대책이 마련되어 있지 않다. 강신욱·유진영·이주미(2016)에 따르면, 2015년 기준 중위소득 50%에 미달하는 노인의 상대빈곤율이 44.7%에 달하는 현실을 고려할 때, 이들 10%가량의 노인가구에 대해서는 부양의무자 기준을 폐지하여 생계급여 등의 혜택을 제공하는 대책이 시급히 마련될 필요가 있다.

국민기초생활보장제도에 있는 재산의 소득환산제 또한 사각지대 빈곤층의 존재에 기여한 것으로 알려져 있다. 특히 노인은 소득이 적고 자가를 소유한 경우가 많아 사각지대 빈곤층 중 상당수는 노인일 것으로 보인다. 수급자 가구가 보유한 자산을 산정하고 이를 정해진 환산율에 따라 소득으로 환산한다. 이렇게 산정된 소득환산액을 가구소득 평가액과 더하여 소득인정액이 결정되고 이에 따라 급여대상 선정이나 급여액 결정이 이루어진다. 재산의 소득환산제에 대한 평가는 소득과 별도로 재산을 선정 기준과 급여 기준에서 고려하는 것이 적절한지, 재산을 고려할 경우 일정 수준의 재산 상한을 두는 방식과 재산을 소득으로 환산하는 방식 중 어느 쪽이 적절한지에 대한 판단에 따라 달라질 수 있다.

그런데 재산을 소득으로 환산하는 적절한 방식이 무엇인지에 대한 논란은 차치하더라도, 실제로 소득이 발생하지 않는 재산에 대해 소득발생을 가정하고 있는 문제점을 생각할 수 있다. 빈곤층의 재산이 주로 본인이 거주하는 주거용 재산에 집중되어 있다고 할 때, 이러한 주거는 일종의 임대료 수익을 발생시키는 것으로 볼 수 있고 이러한 귀속 임대료(imputed rent)가 재산에서 발생하는 소득의 대표적 예로 볼 수 있다. 그런데 2015년 맞춤형 급여로의 제도 개편 이후 임차가구의 임차료를 지원하는 주거급여가 실시되고 있는 점을 감안할 때, 주거가 있는 수급자에 대해서 임차료 수익을 환산하여 소득으로 산정하는 것은 정당화되기 어렵다. 주거가 있는 수급자에 대해 주거에서 발생하는 수익을 이유로 임차가구에 지원되는 주거급여를 제공하지 않는 것에서 더 나아가 주거소유로 인한 잠재수익을 소득으로 환산하여 선정과 급여기준에 반영하는 것은 주거소유에 대한 이중처벌에 해당하는 과도한 조치로서 형평성 기준에서 어긋난다. 따라서 수급자 본인이 거주하는 주거용 재산은 소득으로 환산하지 않아야 한다. 또 주거 이외의 재산의 경우, 소득이 발생하는 경우라면 소득으로 포착될 것이므로 재산의 소득환산 필요가 없고 소득이 발생하지 않는 경우라면 소득발생을 가정하는 재산의 소득환산제 적용이 부적절하다고 하겠다. 그리고 제도의 집행 측면에서 보면 재산의 소득환산제는 무엇보다도 수급자 선정과 급여기준을 복잡하게 만들어 급여에 대한 욕구를 가진 사람들이 자신의 적격성을 판단하는 것을 매우 어렵게 하는 문제점이 있다. 신청주의에 근거한 제도가 신청자가 자신의 적격성을 판단하는 것을 어렵게 한다는 점은 매우 치명적인 문제이고, 이로 인해 사각지대가 발생할 수 있다. 재산의 소득환산제는 국민기초생활보장제도 도입 초기 엄격한 재산 기준의 적용으로 발생할 수 있는 사각지대 빈곤층을 줄이기 위한 대책으로서 한시적으로 의의를 가질 수 있으나, 재산상한액으로 재산 기준을 두고 소득 기준과 별도로 적용하는 방향으로 제도를 개선하는 것이 사각지대를 줄이는 데 도움이 될 것이다.

별도의 재산기준을 도입하는 경우에는 주요하게 고려해야 할 사항들이 있다. 우선 빈곤층 자산 중에서 가장 큰 비중을 차지하는 주거용 자산을 재산 산정에서 포함하는 것이 적절한지에 대한 판단이다. 앞에서 보았듯이 재산의 소득환산 논리는 주거용 자산에서 발생하는 귀속 임대료에 적용될 수 있는데, 임차가구에 대한 주거급여가 지급되고 있는 상황에서는 주거용 자산을 소득환산의 대상에서 제외하는 것이 일관성 있는 정책이라 할 수 있다. 그런데 이러한 논리를 따르다 보면, 수급자 본인이 거주하는 주거용 재산은 소득환산의 대상만이 아니라 재산 산정의 대상에서도 제외해야 한다는 결론에 이르게 된다. 주거용 재산은 주거급여의 재산 환산과 같은 것이기 때문에 자가가구에 대한 주거용 재산 공제는 임차가구에 대한 주거급여 제공과 동일한 의미를 지니기 때문이다. 서구국가의 노후소득보장제도 중 가장 엄격한 자격 기준을 가진 것으로 알려져 있는 미국의 보충보장소득(Supplementary Security Income, SSI)의 경우에도 자산 계산 시에 본인이 거주하는 주거와 승용차를 제외한 다는 점은 시사적이다(Duggan, Kearney and Rennane, 2015).

이렇게 주거용 재산을 제외하게 되면 남는 주요한 재산 산정의 대상은 금융자산이 되는데 이에 대한 판단은 금융자산을 선정 기준 충족을 위해 고갈시켜야 할 자산으로 볼 것인지, 자립과 생활안정을 위한 자산형성지원의 대상으로 보아야 할지에 따라 달라진다. 전자의 관점으로 볼 때에는 엄격한 재산 기준을 두어야 할 것이고, 후자의 관점에서는 관대한 기준을 두는 것이 적절하다. 미국은 1인의 경우 2,000달러, 부부의 경우 3,000달러의 매우 엄격한 자산 기준을 두고 있는데 이러한 자산 기준이 55-65%의 낮은 수급률을 초래하는 것으로 알려져 있다. 반면에 캐나다의 GIS는 별도의 자산 기준 없이 소득 기준만으로 자격이 결정되면 소득조사 또한 소득세 정산 자료로만 결정되어 90%가 넘는 수급률을 보이고 있다. 이러한 캐나다와 미국의 경험에 따르면, 우리나라도 사각지대 빈곤층 노인으로 급여를 확대하기 위해서는 재산 기준을 최대한 관대하게 설정하는 개혁이 필요할 것으로 보인다. 이러한 재산 기준의 개혁에 따라 전체 노인가구의 최대 10% 정도가 급여의 혜택을 볼 수 있다.

국민기초생활보장제도의 사각지대가 해소되고 이와 함께 기초연금의 급여인상이 이루어진다면 당장의 노인빈곤은 크게 완화될 수 있다. 조세에 기반하여 폭넓은 대상에 혜택을 주는 기초연금 확장은 노인빈곤 해소를 위한 부담을 국민기초생활보장제도가 과도하게 지는 것을 피할 수 있고 동시에 중산층 노인의 소득안정욕구도 일정하게 충족할 수 있는 좋은 정책이다. 이러한 보편주의적 제도는 기존의 이중화된 노동시장에서 안정된 고용상태에 있는 계층에 혜택을 집중하고 주변부문 노동자는 혜택에서 배제되는 기존 사회보험에 비해 더 형평성 있는 접근으로 볼 수 있고 정치적 지지가 크다. 그리고 그 빈곤감소효과도 적지 않음이 확인되고 있다(Lee, Ku and Shon, 2017).

그러나 이렇게 확장된 기초연금제도가 사회보험 기능을 대체할 것으로 기대해서는 안 된다.[9] 특히 이러한 보편적 프로그램은 지난 10년간 다양한 영역에서 분출한 중산층의 복지욕구를 충족시키는 데에는 한계가 분명히 있다. 이러한 점에서 우선 소득비례적 사회보험의 확충으로 중산층의 욕구 충족을 공적 제도에서 통합적으로 해결한 유럽 복지국가들이 불평등 완화에 성공한 경험을 유념할 필요가 있다(Esping-Andersen, 1990). 중장기적으로 국민연금을 기

---

9   최근 활발히 논의되고 있는 기본소득 방안은 사회보험 중심의 기존 복지국가를 극복하는 미래지향적 패러다임으로서 주목되고 있다. 하지만 "부분적 기본소득" 같은 기본소득의 단계적 도입방안에서도 사회보험의 지속을 전제하고 있다는 사실 또한 이 점을 보여준다(김교성 외, 2017).

여형 연금제도로서 내실 있게 발전시키는 과제가 남아 있는 것이다. 기여형 연금제도의 발전은 중산층의 노후소득보장을 이루기 위해서 중요할 뿐만 아니라 기초연금이나 국민기초생활보장제도와 같이 조세에 기반한 노후소득보장제도가 지는 재정적 부담을 완화하기 위해서도 필요하다.

국민연금제도의 발전방안 수립은 다양한 차원의 검토를 요구하는 매우 방대한 작업으로서 여기에서는 이를 다루기 어렵다. 그러나 다른 한편으로는 기초연금 인상과 기초생활보장급여 확대는 국민연금의 장기적 발전에 영향을 미치는 매우 중요한 사안이므로 기초연금과 기초보장급여 확대에 따른 국민연금 재편에 대해서 논의할 필요가 있다. 특히 기초연금과 기초보장급여 확대가 국민연금 가입에 대한 인센티브를 떨어뜨리고 국민연금 가입의 사각지대를 넓힐 수 있다는 우려에 대해서 다루는 것이 중요하다. 국민연금 가입 유인을 강화하기 위해서는 연금급여액이 기여에 따라서 결정되도록 기여와 급여의 관계를 밀접하게 하는 제도개혁이 필요하다. 기존 국민연금의 급여는 재분배와 소득비례 부분으로 나누어볼 수 있다. 기초연금과 기초보장급여 확대는 저소득층을 지원하는 재분배 기능을 하기 때문에 국민연금의 재분배기능을 대체하는 성격이 강하다는 점에서도 국민연금은 소득비례 부분을 강화하는 방향으로 발전시키는 것이 적절하다. 그런데 2014년 제정된 기초연금법에서는 국민연금의 가입기간이 길수록 기초연금 급여를 삭감하는 내용이 포함되어 국민연금의 정착을 더욱 어렵게 만들었다. 우선적으로 이러한 조항의 폐지를 통해 국민연금 가입에 대한 불이익을 없애는 것이 필요하다. 그리고 장기적으로 국민연금 가입 유인을 높이기 위해 소득비례적 성격을 강화하는 개혁을 추진해야 한다.

2) 근로연령대 저소득층에 대한 지원 확대

앞 절에서는 근로소득 불평등 악화와 저근로소득층의 증대에 대처하는 정책으로서 최저임금제와 근로장려세제, 실업급여와 취업성공패키지 사업, 국민기초생활보장제도 등을 검토하였다. 이 중 최저임금인상 노력은 시장소득의 분배에 대한 정부의 개입으로, 다른 정책과 차별적인 의의를 가진다. 하지만 최저임금 인상이 고용에 미치는 영향, 특히 우리나라에서 경제활동인구의 1/4을 차지하는 영세 자영업자들의 고용상황에 미치는 영향에 대해서는 우려도 많다. 또 최저임금이 빈곤감소에 미치는 효과의 크기에 대해서도 논란의 소지가 있다. 이러한 쟁점들을 고려할 때 향후 최저임금인상정책의 역할에 대해서는 보다 엄밀한 검토가 필요할 것으로 보인다. 이러한 이유로 여기에서는 실업급여와 취업성공패키지 중심의 고용안전망제도에서의 사각지대 해소방안과 근로저소득층 소득지원제도로서 근로장려세제와 국민기초생활보장제도의 개선방안으로 논의를 제한하기로 한다. 고용안전망의 완전한 구축은 고용서비

스에서의 격차를 해소하고 고용취약층의 적절한 일자리로의 이행
가능성을 높인다. 또한 근로저소득층 지원제도는 고용불안정층의
빈곤과 배제의 위험을 줄이는 역할을 한다.

근로연령대 인구집단의 소득보장체계에서 가장 중요한 과제는
고용안전망에서의 사각지대를 해소하는 것이다. 고용안전망은 실
직자에 대한 생계를 보장하면서 이들의 고용으로의 이행을 지원하
는 것을 목적으로 한다. 이러한 목적을 이루기 위한 정책으로는 기
여금을 재원으로 운영되는 실업보험제도와 조세를 재원으로 저소
득층을 지원하는 실업부조제도를 들 수 있다. 우리나라에는 고용보
험제도가 실업보험제도로서 기능하고 있고 실업부조제도는 존재하
지 않는다. 1995년 도입된 우리나라 고용보험제도는 그간 큰 발전
을 이루었지만 고용안전망으로서 충분히 기능하기 위해서는 해결
해야 할 많은 과제를 안고 있다. 실업급여의 소득대체율을 적절한
수준으로 올리고 국제적인 기준에서 보아 비교적 짧게 제한되어 있
는 실업급여의 최대수급기간을 늘려야 한다. 자발적 실업자에 대한
급여지급방안을 마련해야 한다. 무엇보다도 고용보험 가입에서의
사각지대를 줄여야 한다. 영세 사업체, 비정규직 근로자와 자영업
자의 고용보험 가입을 늘려야 한다. 이를 위해서는 두루누리 사업
과 같은 사회보험료 지원사업을 개선하고 영세 자영자까지 사회보
험료 지원을 확대하는 방안을 찾아야 하고, 이와 함께 고용보험 가
입의무를 실효적으로 집행하는 방안을 마련해야 한다.

고용안전망의 구축과 관련해서 지난 10년간 빠르게 발전해온 취업성공패키지 사업의 역할을 늘리는 것이 중요한다. 그간의 경험을 통해서 사회보험 방식의 고용보험의 사각지대 해소는 상당히 장기적이고 지속적인 노력을 요하는 것이다. 이에 비해 취업성공패키지 사업은 조세를 재원으로 하여 고용취약층에 대한 지원을 빠르게 확대하였고, 저소득층에 대해서는 취업지원활동과 함께 소액의 현금급여를 제공하였다. 앞으로 취업성공패키지 사업은 고용보험 사각지대에 있는 저소득 실직자에 대한 소득지원 기능을 더욱 강화하여 실업부조로서 발전해나갈 필요가 있다. 현금급여의 제공은 취업성공패키지 사업과 유기적으로 연계될 경우 적절한 일자리 매칭과 경력개발 등에도 도움이 된다(이병희, 2017; 2018). 실업부조는 현재의 고용보험이 대규모 사업체 정규직 근로자 등의 비교적 안정된 고용층에 혜택을 집중하는 형평성의 문제를 해소할 것이고, 장기적으로 고용보험의 균형적 발전을 이루기 위해서도 필요하다. 고용보험의 사각지대가 넓음을 고려할 때 이러한 실업부조는 신규 노동시장 참여자, 실업급여 기간 만료자, 고용보험 이력이 없는 자 등을 대상으로 관대한 자산 기준을 적용하여 취업지원과 정액의 현금급여 혜택을 폭넓게 제공해야 한다(OECD, 2018).

고용안전망의 강화 노력과 함께 고용불안정층이 빈곤으로 추락하는 것을 막는 소득지원방안이 강화되어야 한다. 그간 우리나라의 근로연령대 저소득층에 대한 소득지원은 근로장려세제와 국민기초생활보장제도를 통해 이루어졌으나 매우 미흡한 수준이었고 취업지원활동과 유기적으로 연계되지도 못했다. 하지만 이제 취업성공패키지 사업이 빠르게 확대되어 취업지원서비스가 강화되었고 근로장려세제도 대상층을 넓혀왔기 때문에 근로연령층에 대한 소득보장체계를 크게 개선할 수 있는 상황에 다가섰다. 국제비교를 통해 보면 각국의 근로연령대 저소득층에 대한 지원방안은 생계급여와 주거급여 등의 공공부조를 강화한 유형, 근로장려세제 등의 재직자 급여(in-work benefit)를 강화한 유형, 가족급여를 강화한 유형으로 분류할 수 있다(OECD, 2018). 지난 20여 년의 발전과정을 볼 때, 우리나라는 공공부조, 근로장려세제를 강화하여 근로저소득층에 대한 소득보장체계를 마련하는 것이 현실적인 방안으로 보인다. 실업급여와 실업부조를 고용안전망으로서 확대하고 근로장려세제를 폭넓은 근로저소득층에 대한 지원제도로 외연을 넓히면서 국민기초생활보장제도의 추가적인 급여를 통해 근로빈곤층의 최저소득을 보장하는 체계를 구축하는 것이다.

이러한 맥락에서 최근의 근로장려세제 확대는 근로저소득층 소득보장체계 구축에 유리한 여건을 제공한다. 우리나라의 근로장려세제는 지난 10년 간 수급가구와 최대급여액을 꾸준히 증가시켰다. 하지만 우리나라의 근로저소득층이 700만 명에 이르는 현실을 고려할 때 더욱 확대될 필요가 있다. 정부는 2018년 하반기에 다시 지급대상에 대한 재산, 소득조건을 크게 완화하여 지급대상을 2017년

166만 가구에서 2019년 334만 가구로 늘리고 지급규모도 1조 2,000억에서 3조 8,000억으로 늘릴 예정이어서 근로장려세제의 혜택이 크게 늘어날 것으로 보인다. 단독가구에 대해서 그간 존재했던 연령제한을 없애고 최대지급액도 150만 원으로 인상하여 저소득층에 대한 지원기능이 강화될 것으로 보인다. 그러나 현재 정부의 계획에서는 근로를 할수록 장려금이 증가하는 점증구간은 짧고, 정액의 급여가 제공되는 평탄구간과 근로를 할수록 장려금이 감소하는 점감구간이 낮은 소득부터 시작된다. 이러한 제도설계로 인해 근로장려금이 단시간 노동을 촉진하는 방향으로 영향을 미칠 것이라는 우려가 제기된다.

실업부조와 근로장려세제가 폭넓은 근로연령대 저소득층에 대해 지원을 제공하는 정책으로서 그 역할을 할 것으로 본다면, 근로빈곤층에 대한 최저소득 보장의 역할은 국민기초생활보장제도의 개혁을 통해서 충족하는 것이 필요하다. 국민기초생활보장제도는 근로능력 유무에 상관없이 모든 빈곤층을 지원한다는 목적을 내걸고 도입되었지만, 실제 국민기초생활보장제도 수급자 중에 근로상태의 빈곤층은 극히 소수에 불과하다. 이러한 양상은 공공부조제도를 통해 저소득의 근로자와 자영업자에 대해 소득지원을 하는 대다수 OECD 회원국들의 경험과 대비되는 것이다(OECD, 2018). 이러한 결과는 국민기초생활보장제도가 지나치게 엄격한 자격 기준의 적용을 통해 근로능력 있는 빈곤층의 수급을 억제하여 나타

난 것으로 보인다. 따라서 근로연령대 빈곤층에 대해서도 부양의
무자 기준을 점진적으로 폐지하는 방향에서 제도를 개선하고 주거
용 재산의 공제와 관대한 재산 상한액 설정 등을 통해 재산의 소득
환산제도를 대체하여 근로연령대 빈곤층에 대한 지원을 늘리는 노
력이 필요하다.

그런데 근로연령대 빈곤층이 국민기초생활보장제도의 혜택을
받지 못하는 데에는 무엇보다도 국민기초생활보장제도에서는 생
계급여 등의 급여 기준선이 매우 낮아 근로 중인 빈곤층은 수급지
위를 얻는 것이 어렵게 되어 있는 점에 주목할 필요가 있다. 따라
서 생계급여 등의 소득 기준을 높여 근로를 하더라도 빈곤한 가구
에 대해서 수급지위를 부여하고 지원을 하도록 제도를 개선해야
한다. 그리고 고용이 불안정한 빈곤층 중에는 소규모 가구가 많기
때문에 소규모 가구에 대한 생계급여의 급여 기준선을 현실화하여
지원을 확대하는 것이 필요하다. 국민기초생활보장제도에서 소득
을 평가할 때 근로소득 파악이 어려운 대상자의 소득 파악에 이용
하는 추정소득 방식을 개선해야 한다. 우선 소득평가에서 추정소
득의 적용을 엄격히 제한해야 한다. 또 추정소득의 적용이 불가피
한 경우에는 빈곤층에 대해 전직임금이나 유사동종업종의 평균임
금, 최저임금 등을 적용하는 과도한 추정소득 결정을 개선해야 한
다(노대명 외, 2015). 이러한 제도 개선을 통해 근로능력 있는 빈곤
층이 근로와 수급을 결합할 수 있는 여지를 넓혀주어야 한다. 노동

시장 여건 악화로 근로 중인 빈곤층의 규모가 증가하는 상황에서는 이러한 개선이 특히 중요성을 지닌다.

3) 여성고용과 일/가족 양립 지원을 통한 소득격차 완화

본 연구의 분석에서 제시되었듯이, 개인 단위의 소득분배가 가구 단위의 소득분배로 이어지는 데에는 가족이 적지 않은 역할을 한다. 개인 단위 근로소득을 기준으로 한 저소득층은 저숙련의 가구주(부부가구와 한부모가구, 성인 단독가구 포함)와 여성 배우자, 기타 가구원 등으로 구성된다. 이들 중 여성 배우자와 기타 가구원의 상당수는 가구 단위에서는 남성 가구주의 근로소득을 공유하게 되기 때문에 가구 단위의 근로소득분배에서는 저소득 지위를 벗어나게 된다. 또한 우리나라에서는 저소득가구에서 배우자의 근로소득이 높아 가구 단위에서 소득분배는 개인 단위 소득분배보다 크게 개선되는 경향이 있었다. 그러나 1990년대 이후 전체 가구 중 부부가구의 비중은 줄어들고 성인 단독가구 등의 가구유형이 증가하였고, 배우자 경제활동도 고소득가구에서 더 증가하는 경향이 나타나 그간 우리나라에서 소득분배 개선에 큰 역할을 하였던 가족의 기능이 약화되고 있음을 보여주었다.

 이렇게 기능이 약화하고 있는 가족에 대해서 정부는 여러 지원정책을 통해 영향을 미칠 수 있다. 우선 성인 단독가구 증가는 소득의 불평등과 빈곤을 증대시키는 경향이 있는데, 특히 노동시장에서 상대적으로 취약한 지위에 있는 여성단독가구의 소득지위를 향상시키는 정책적 노력이 필요하다. 우리나라는 특히 2013년 기준 15-64세 근로연령집단에서의 성별고용률 격차가 20%p로 OECD 평균 10%의 두 배에 달한다. 성별고용률 격차가 매우 크다는 점을 고려할 때 정책의 우선순위는 여성고용지원을 강화하는 것이다. 그런데 이러한 성별고용률 격차의 이면에는 성별임금격차가 36.6%로서 OECD 회원국 중 가장 높은 수준이라는 사실이 존재한다. 즉, 여성의 낮은 임금이 여성 경제활동참가를 억제하는 중요한 요인으로서 작동하고 있는 것이다. 우리나라 여성의 낮은 임금은 여성이 저임금부문에 집중적으로 고용되어 있는 결과로서 2014년 기준 여성의 74%가 서비스 부문에 고용되어 있고 2015년 기준으로 여성피용자의 40.2%가 비정규직으로 고용되어 있다. 한편 기업의 경영관리부문에서 여성 진출은 국제적으로 매우 낮은 수준이다(Jones and Fukawa, 2016). 여기에는 여성이 비이공계 중심의 교육과 훈련을 받는 등 인적자본 속성의 영향이 있을 것이므로 이를 개선하기 위한 노력이 필요할 수 있다. 또 여성에게 불리한 연공서열형 체계를 개선하는 것도 중요하다. 이와 함께 우리나라 여성의 높은 교육수준을 고려할 때 고용과 보상에서의 성차별의 영향도 무시할 수 없다. 따라서 동일노동 동일임금의 원칙을 실현하고 노동시장에서 성차별을 줄이기 위한 정책적 노력이 중요하다.

또한 여성단독가구의 증가가 일과 가족의 결합이 어려워 결혼을 지연하거나 기피하게 만드는 사회여건과 관련되어 있다는 점에서 육아휴직제도, 보육제도 등을 개선하고 더 나아가서는 노동시간 단축을 통한 일과 생활의 양립(work-life balance)을 가능하게 만드는 제도 개선이 요구된다. 일과 가족의 결합을 지원하는 정책은 과도한 성인 단독가구의 증가를 피하고 기혼여성의 경제활동을 지원하여 부부가족의 소득상태를 개선하는 결과로 이어질 수 있다. 특히 이러한 정책은 시장을 통해 일과 가족의 결합을 해결하기 어려운 저소득층에 대해 가족형성과 가족소득 증진을 지원하는 효과가 커서 계층 간 소득격차를 완화하는 데에 기여한다.

2001년부터 모든 여성에게는 90일간의 유급모성휴가가 보장되었다. 모성휴가 이용자는 2006년 전체 출산의 11%에서 2014년 20%로 증가하였다. 여전히 낮은 이용율은 많은 여성들이 출산 전에 노동시장을 떠나 2014년 기준 출산 여성 중 35.6%만이 피용자 상태에 있었기 때문이고 이들 피용자 여성들 중 상당수가 중소기업이나 비정규직 등 일자리 여건상 모성휴가를 자유롭게 이용하기 어려운 상태에 있었기 때문으로 보인다. 2001년부터 유급부모휴가가 도입되었고 2008년부터는 부부가 각각 8세까지의 아동 육아를 위해 최대 1년의 휴가나 근로시간 단축을 이용할 수 있게 되었다. 부모휴가의 이용자도 빠르게 증가하여 2014년 18%에 접근하였는데 그 이용자는 대기업 정규직의 여성에 집중되어 있다(Jones and Fukawa, 2016). 이렇게 유급휴가제도가 중소기업과 비정규직의 불안정한 고용상태에 있는 취약층 여성에게 과소이용되는 현상은 제도의 대상이 고용보험 피보험기간 180일 이상인 근로자로 제한되어 있기 때문이다. 따라서 공용보험의 사각지대를 축소하기 위한 정부의 노력이 강화되어야 한다. 또 소득대체율이 40%로 낮은 수준이어서 휴가기간 소득상실이 크다는 점도 유급휴가 이용을 어렵게 하는 요인으로, 소득대체율 인상이 필요하고 유급휴가 이용이 경력발전에 불이익이 되지 않도록 하는 노력이 필요하다.

우리나라의 보육제도는 2000년대 들어 급속하게 확대되었다. 2009년에는 0-2세 유아무상보육, 2013년에는 0-5세 아동 전체에 대한 지원이 시작되어 모의 고용지위나 가구소득에 상관없이 보육이 제공되었다. 그 결과 2013년 현재 0-2세 아동의 모가 고용상태에 있는 비율은 35%로 OECD 평균 51%보다 훨씬 낮으나 보육시설 이용율은 34%로 OECD 평균 33%를 넘어섰다. 반면에 0-5세 아동무상보육이 실시된 이후에도 장시간 근로를 피하기 어려운 근로여성은 보육시설에서 차별을 받는 등 근로를 원하는 여성에 대한 보육은 공급부족상태를 벗어나지 못하고 있다. 더욱이 공공시설은 매우 부족한 상태에서 증가하는 수요에 대응하여 민간시설들이 급증하면서 부모들의 보육의 질에 대한 불만은 매우 높아졌다(Jones and Fukawa, 2016). 정부는 질 관리를 위해 보육시설에 대한 기준설정, 평가인증체계 등의 장치를 이용하고 있지만, 보육지원의 단가가 낮고 보육가 상한이 있는 상태에서 질 높은 보육시설 확보에 실패하고 있다.

우리나라에서 양질의 보육서비스를 확대하기 위해서는 보육서비스의 시설과 인력 기준을 제고하고 인증체계를 강화하는 등의 규제 강화와 함께, 국공립시설의 확장과 민간보육시설에 대한 지원 확대 등의 노력을 기울여야 한다. 아동보육은 의료, 교육 등과 함께 기본권의 평등이 실현되어야 할 영역에 속하여 공공의 역할을 강화하는 것이 중요하다. 그런데 지금까지 정부는 서비스 제공은 민간을 통해서 하고 정부는 재정지원을 하는 일종의 민관협력을 통해서 시민의 욕구에 대응하였다. 그러나 정부의 재정지원 수준이 미흡한 상황에서 이러한 민관협력방식은 영세한 서비스 제공자에 의존한 전달체계로 귀결되었고, 이는 서비스 질의 하락으로 이어졌다. 공공에서의 직접적인 서비스 제공을 대폭 늘려 전달체계를 재편하고 서비스 질을 높이는 노력을 미룰 수 없다. 다른 한편으로는 민간시설이 보육서비스의 대부분을 담당하고 있는 현실에서는 정부 지원금의 상향조정을 통해 보육서비스 질을 개선하는 노력을 병행해야 한다.

우리나라 보육제도가 여성고용을 지원하는 역할을 담당하기 위해서는 보육서비스 질 개선을 위한 노력과 함께 보육지원의 대상을 제한하여 보육지원 효과성을 높여야 한다. 우리나라 정부의 보육지원은 근로하지 않는 여성에 대한 지원분이 크고 지원액이 소득계층에 상관없이 결정되는 등 지나치게 관대한 면이 있다. 근로하는 여성, 특히 저소득층 근로여성에 대해서 보육지원을 집중하는 전략을 강화해야 한다. 이러한 전략은 여성의 고용을 확장하여 가구소득을 늘리는 데에 효과적일 뿐만 아니라 저소득층에 대한 지원을 통해 계층 간의 소득격차를 완화하는 기능을 할 수 있다. 반면 현재의 보육지원은 여성근로에 대한 인센티브를 약화시키고 특히 저소득층 여성의 근로 증대에 대해서는 그 영향이 클 수 있다. 더욱이 2009년부터 보육시설을 이용하지 않는 저소득가구 아동에 대해 실시된 가정양육수당이 2013년부터는 0-5세 아동 전체로 확대되어 이들 아동의 30%가 보육시설 대신 수당을 선택하는 정도로 확산되었다. 이러한 가정양육수당은 여성 경제활동 증가와 저소득층 여성 고용지원에 부정적인 효과를 미칠 수 있으므로 이후 도입될 아동수당으로 흡수, 통합되어야 한다.

우리나라에서 기업에서의 장시간 근로는 일과 생활의 양립을 어렵게 하여 여성의 경제활동참가를 제약하는 매우 중요한 요인으로 작용하였다. 우리나라는 2011년 44시간에서 40시간으로 기준 근로시간이 축소됨에 따라 2000년에 비해 총근로시간이 17% 감소하였다. 그러나 최근까지 주간 최대 68시간까지 근로가 가능하여 2014년 기준 연간근로시간이 OECD 평균보다 17%(354시간) 많은 상태이다. 경제활동 중인 우리나라 여성의 근로시간은 2014년 기준 연간 2,000시간에 육박하여 OECD 회원국 중 가장 높은 수준이며,

여성의 3/4이 주 40시간 이상을 일한다. 이러한 노동시장에서의 장시간노동 관행은 여성의 출산과 양육을 어렵게 하고 남성의 양육과 가사 분담을 어렵게 하여 여성의 경제활동참가를 억제하는 중요한 요인이 되었다. 사실 장시간노동 관행이 뿌리 깊은 사회에서 시설보육을 이용하여 육아와 직장생활을 병행하기란 쉽지 않다. 더욱이 더욱 극단적인 장시간노동에 시달리는 남성의 양육 분담이 거의 이루어지지 않은 상황에서 일과 출산/양육, 더 나아가 일과 가족을 병행하기는 매우 어려워서 양자택일의 문제로 되기 쉽다. 이러한 점에서 2018년 하반기부터 최대근로시간이 52시간으로 단축된 것은 매우 중요한 의의를 지닌다. 여성고용을 증대하고 일, 가족의 양립을 이루기 위해서 근로시간 단축이 지속적으로 추진되어야 한다.

　과거 서구 국가들의 경험은 여성고용 지원을 위한 정부의 노력이 불평등과 빈곤을 개선하기 위한 다른 노력들과 잘 결합된다면 소득분배 개선에 큰 역할을 할 수 있음을 시사한다. 미국에서는 1970년대 여성 경제활동참가의 증대가 남성 근로자들 중심으로 증가한 임금불평등이 가족소득의 불평등으로 이어지는 것을 차단하는 중요한 역할을 하였다(Atkinson, 2015). 또한 여성 경제활동이 증대하면서 1990년대 이후 홑벌이가족(single earner family)에서 맞벌이가족(dual earner family)으로의 이행이 이루어지고 있는 유럽에서는 여성 경제활동 증가가 중산층 중심으로 이루어지면서 계층 간의 소득격차를 악화시키는 기제로 작용할 수 있다는 우려가 커지고 있다(Esping-Andersen, 2009). 이러한 선진산업국가들의 경험은 여성 경제활동참가 증가를 유도하고 이를 소득격차를 완화하는 방향으로 이끄는 정부 정책의 중요성을 시사한다. 미래를 내다보며 현실에 대응하는 지혜가 중요한 때이다.

4) 불평등 위기, 벗어날 수 있을까?

최근의 연구는 소득 불평등이 수요를 위축시키고 저소득층의 역량 발달을 제약하여 경제성장 또한 어렵게 하는 악순환을 초래한다는 것을 보여준다(Stiglitz, 2013). 지난 20여 년 간 진행된 우리나라의 소득격차 확대도 이러한 위기적 수준에 이르고 있다. 근래 우리나라의 소득격차는 자산의 불평등으로 증폭되고 교육과 건강 기회의 격차가 증대하면서 부의 세대 간 대물림 현상이 뚜렷해지는 등 심각성을 보이고 있다. 한때 우리나라는 개천에서 용이 나고, 젊어서 고생은 사서 한다는 계층상승의 사회였지만, 미래세대에게 우리 사회는 태어날 때부터 평생 운명이 결정되는 계층고착의 사회가 되고 있다. 과연 어린 시절의 빈곤이 한가한 후일담거리가 되는 희망찬 사회, 이질화된 소득계층이 공동체적 유대를 복원해내는 새로운 미래를 우리가 만들어낼 수 있을까?

본 연구에서 이루어진 많은 논의의 가장 중요한 전제는 우리에게 정해진 미래는 없다는 것이다. 우리가 지금 부딪친 불평등 위기

는 거스를 수 없는 시장의 힘과 기술변화가 작용한 필연적인 결과
가 아니다. 우리의 현재가 우리 사회의 제도와 정책에 대해 우리가
과거에 행한 선택의 결과이듯이, 우리의 미래 또한 지금 우리의 선
택이 만들어내는 결과일 뿐이다. 한국은 식민지배와 전쟁의 잿더미
위에서 산업화를 시작하며 경제성장과 공평분배를 동시에 달성하
는 성공을 거두었다. 이러한 전후 '발전주의체제'의 성공에는 농지
개혁을 통한 평등한 자산분배, 대중교육과 보건의료의 향상이 크게
작용하였다. 하지만 1990년대 이후 세계화의 추진, 외환위기와 함
께 전면화된 신자유주의적 개혁은 우리나라를 소득 불평등과 빈곤
의 악화, 부의 집중, 교육과 건강 격차 확대로 특징지어지는 새로운
사회로 변모시키는 결과를 낳았다.

한국 사회가 직면하고 있는 이 '불평등 위기'의 극복은 가능할
까? 위기 극복의 출발점은 모든 구성원에게 사회발전의 주체로 참
여할 기회를 제공하는 데에서 찾아져야 한다. 이를 위해서는 공정
경제 확립을 통한 지대추구 근절, 누진과세와 소득보장을 통한 분
배 평등화, 교육과 의료에 대한 공적 투자의 대폭적 확대를 이루는
것이 중요하다. 급속한 기술변화, 세계화된 경제환경이 주는 제약
에도 불구하고, 이를 위한 우리의 노력에 따라 위기 극복의 성패는
크게 달라질 수 있다. 문제는 시민 대다수가 원하는 위기 극복의 선
택을 가능하게 하는 정치적 수단을 우리 사회가 갖추고 있는가에
있다. 이러한 점에서 산업화를 거치며 우리가 성취한 민주주의가

현재 위기를 극복할 결정적 토대라는 점을 인지하는 것이 중요하다. 하지만 민주주의 이행 이후 한 세대가 지난 지금까지 노동, 여성 등 많은 사회세력이 정상적인 정치참여의 기회에서 배제되어 있다. 형식적 민주주의는 성취했지만, 모든 시민이 1인1표 민주주의에 따라 실질적인 정치참여를 보장받는 정치는 아직 미완의 과제로 남아 있다. 이렇게 시민 대다수의 의지가 관철되지 못하는 민주주의에서는 최상위 부유층과 소수 지배엘리트의 이해가 지배하게 되고, 불평등 위기 극복을 위한 선택은 기대하기 어렵게 된다. 역사적 경험은 기존 지배질서에서 소외되어 온 모든 세력에게 참여를 개방한 포용적 정치체제의 존재가 한 사회의 성패를 가르는 관건임을 보여준다(Acemoglu and Robinson, 2012). 불평등 위기의 극복 또한 예외가 아닐 것이다.

부록

분석방법의 소개

　본 연구에서는 몇 가지 주요한 요인들이 소득분배에 미친 영향력을 평가하기 위해 해당 요인의 영향이 반영된 실제 소득분배(actual income distribution)와 해당 요인의 영향이 제거된 가상적 소득분배(counterfactual income distribution)를 비교하는 방법을 이용한다.

　다수의 기존 연구들은 여성의 근로소득을 가구소득의 한 원천으로 보고 여성 근로소득이 전체 소득 불평등에 기여하는 정도를 분해하는 접근방법을 취하였다[초기의 연구들은 트리어스(Treas, 1987)을 보라]. 초기 연구로는 셔록스(Shorrocks, 1983), 레르만·이차키(Lerman and Yitzhaki, 1985), 최근의 연구로서 카롤리·버틀리스(Karoly and Burtless, 1995)가 대표적이다. 카롤리·버틀리스(1995)가 보여주듯이, 이들 연구는 대체로 지니계수의 분해를 통해 여성 근로의 영향을 추정하여 대체로 여성 근로소득이 소득 불평등을 증가시킨다는 발견을 제시한다. 그런데 이러한 분해 방법에서는 횡단분석에서는 여성 근로소득이 0인 경우의 기준분포와의 비교가 불가능하고, 종단분석에서는 여성 근로소득의 변화로 인한 영향만을 분해하는 것이 불가능하다. 그리고 이들 연구에서 이루어진

여성근로소득이 전체 소득에서 차지하는 비중과 전체 소득과의 상
관관계, 여성 근로소득의 분포의 곱을 여성근로의 기여로 해석하는
방식은 잘못된 것이다. 근로소득의 비중이나 전체 소득과의 상관관
계를 어느 소득의 기여로 볼지는 분명하지 않기 때문이다(Cancian
and Reed, 1998).

이러한 전통적인 불평등 분해방법의 근본적인 문제는 관찰되
는 소득분배를 평가하는 기준인 분배상태에 대한 설정이 불명확하
다는 점이다. 이러한 문제에 대한 해결대안으로 본 연구에서는 평
가 기준이 되는 가상적 소득분배 상태를 구성하고 이와 실제 소득
분배를 비교하여 특정 요인의 영향력을 평가한다. 본 연구에서는
1996년과 2011년의 두 시점 사이의 소득분배 변화의 요인분해를
위해 관찰된 실제 소득분배와 특정 요인의 영향이 제거된 가상적
상황의 소득분배를 비교하여 소득분배 변화에 대한 해당 요인의 기
여도를 추정하는 방법을 이용한다. 본 연구에서 채택한 가상적 소
득분배를 구성하는 방법은 다시 직접 소득 정보의 조정을 행하는
방법과 소득과 관련된 개인적, 가구적 특성을 조정하는 방법으로
나누어 볼 수 있다.

먼저 소득조정 방법을 구체적으로 살펴보자. 본 연구에서 소득
조정 방법은 1996년과 2011년의 관찰 기간 동안 남성 가구주 근로
소득분배 변화가 전체 소득분배 변화에 기여한 정도를 평가하는 데
에 사용되었다. 개념적 차원에서 보면, 남성 가구주 근로소득분배

변화의 기여도는 다른 모든 요소는 2011년 실제 소득분배 상태와 같지만 남성 근로소득분배는 1996년 상황을 따르는 가상적 소득분배 상태와 2011년의 실제 관찰된 소득분배 상태를 비교함으로서 평가할 수 있다. 분석의 집행에서 난점은 2011년 가구주 남성의 근로소득분배 상태를 1996년의 가구주 남성의 근로소득분배 상태와 동일하게 만드는 것에 있다.

기존 연구에서는 이는 소득분배 상태의 서열 유지 교체법(rank preserving exchange of the income distribution)을 이용하여 두 시기 남성 근로소득분배 상태를 동일하게 하는 절차를 이용하였다 (Burtless, 1999; Daly and Valletta, 2006). 이때 남성은 가구주 또는 배우자에 해당하는 개인으로 기타 가구원 중 남성은 분석에서 제외하였다. 이 방법의 핵심은 비교하는 두 시기의 가구주 남성의 소득 서열을 구하고 후년도에 특정 순위에 있는 가구주 남성의 소득을 전년도에 동일한 순위에 있는 가구주 남성의 소득으로 교체하는 것이다. 본 연구에서도 이러한 방법을 따른다. 본 연구에서는 구체적으로 다음과 같은 방법을 실행하였다.

각 시기의 자료를 표본가중치를 이용하여 가중화한 후 남성 근로소득을 기준으로 100퍼센타일로 나누어 퍼센타일별 중위값(median)을 구한 후 후년도 자료의 중위값들을 전년도 자료의 동일한 서열에 있는 중위값으로 교체하는 것이다. 후년도의 가상적 임금분포는 후년도의 비균등화 남성 근로소득에서 후년도 분위별 중위값을 제하고, 전년도 분위별 중위값을 더하는 방식으로 도출한다. 균등화 가구 가처분소득 분석에서는 후년도의 비균등화 가구 가처분소득에서 후년도 남성 근로소득의 분위별 중위값을 제하고, 전년도 남성 근로소득의 분위별 중위값을 더하는 방식으로 도출한다. 이 후, 가구원 수를 이용하여 균등화하고, 가구표본가중치로 가중하여 지표값을 구한다. 이러한 절차를 통해서 후년도 자료의 모든 남성에게 후년도의 소득 서열은 유지한 상태에서 전년도의 소득수준과 분산을 부여한 새로운 가상적 분포를 구성하게 된다. 이 방법은 남성 소득의 분포를 다른 변수들과 관련 없이 조정한다는 점에서 남성의 근로소득 분배를 외생적인 것으로 보고 무조건적(unconditional)으로 분석하는 것으로 볼 수 있다. 남성 근로소득분배 변화가 숙련편향적 기술변화나 노동조합, 고용보호규제 등 노동시장제도적 요인에 의해 영향을 받는다는 기존 논의에 비추어볼 때 이러한 접근은 정당화된다.

이러한 과정을 통해 남성 근로소득분배는 전년도의 상태를 그대로 유지하도록 통제한 상태에서 다른 요인들은 후년도의 상태로 변화한 가상적 상황이 만들어지면 이를 이용하여 가구주 남성 근로소득 변화의 기여도를 구할 수 있다. 전년도(1996년)와 후년도(2011년) 사이의 소득분배 상태의 실제 변화분과 전년도 소득분배와 후년도에 전년도 남성 소득분배를 가상적으로 결합한 소득분배 상태의 변화분 차이는 남성 근로소득분배 변화의 영향으로 해석할 수 있다.

이러한 서열 유지 교체법을 적용할 때 연구별로 몇 가지 세부

방법에서 차이가 나타난다. 일부 연구는 남성 근로소득분배의 변화를 남성 근로소득 내 분배 변화로만 보고 그를 조정하였다(Burtless 1999). 하지만 두 시기 남성 근로소득 변화가 미치는 영향은 전체 근로소득 중 남성 근로소득의 비중 변화와 남성 근로소득 내 분배 변화의 두 가지 차원으로 구분될 수 있으므로 이 두 가지를 같이 조정하는 것이 적절할 것이다(Daly and Valletta, 2006). 또한 남성 근로소득 내 분배 변화를 볼 때 근로소득이 0인 사례들을 포함할 것인지도 판단이 필요하다. 남성의 경제활동참가가 감소하는 추세를 보이고 특히 그러한 추세가 저소득층에서 나타나는 경향이 있는 점을 고려할 때 근로소득이 0인 사례들을 고려하여 분배 변화를 보는 것이 적절할 것이다.[10] 본 연구에서는 비교하는 연도 사이의 남성 고용률의 차이가 크지 않아 이를 무시하고 분석을 진행하였다.

다음으로 개인적, 가구적 특성을 조정하여 가상분포를 구성하

---

10   근로소득이 0인 사례를 고려할 경우에도 상이한 방법이 적용될 수 있다. 하나는 근로소득이 0인 사례들을 근로소득이 양의 값을 가진 사례들과 같이 포함하여 퍼센타일로 나누어 중위값을 적용하여 교체하는 것이다(Daly and Valletta, 2004). 그러나 이 방법은 양 연도에 근로소득 0인 사례들의 수가 증가한 경우 일부에 대해서는 근로소득 양의 값을 주어야 하는데 그 대상을 선별하는 기준이 분명하지 않은 문제가 있다. 또 어느 한 퍼센타일에서는 근로소득이 0인 사례들과 양의 값인 사례들을 같이 포함하게 되고 경우에 따라 0이 중위값이 될 수도 있고 양의 값이 중위값이 될 수도 있는 부정확성을 띠게 된다. 다른 방법은 서열 유지 교체법의 적용은 근로소득이 양의 값을 갖는 사례들을 대상으로 하고 근로소득이 0인 사례들은 고용률 변화 차원에서 조정을 하는 것이다. 가장 단순하게는 후년도의 가중치 조정을 통해 근로소득이 0인 사례들의 비율을 전년도의 비율과 동일하게 조정하는 것이다. 고용률을 다른 변수들에 조건적인 것으로 볼 경우에는 양 연도의 고용확률을 이들 변수들의 함수로 추정하여 그 비율로 가중치를 조정하여 고용률을 통제하는 것도 가능하다.

는 방법이 있다. 본문에서 논하였듯이, 가구 소득분배의 변화는 남성의 근로소득분배 변화만이 아니라 여성의 근로 변화, 가족구조 변화, 개인 특성 변화 등 상호 관련된 가족 관련 요인들의 영향을 받는다. 여성 경제활동참가 증가, 가족구조 변화, 가구주 특성 변화 같은 개인적, 가구적 특성 변화 요인이 소득분배 변화에 기여한 정도를 분해하는 경우에는 이에 적용할 수 있는 방법이 필요하다.

우선, 가구 소득분배 변화에 여성의 경제활동참가 증가가 기여하는 정도를 평가하는 경우를 보자. 관찰 기간 사이 여성 경제활동참가 증가가 가구 근로소득분배 변화에 미치는 영향은 경제활동참가인구와 비참가 인구 사이의 비중을 조정하는 비중이동(shift-share)의 가중치조정 방법을 통해 가장 쉽게 추정할 수 있다. 가령 두 시점 사이에 경제활동참가인구가 여성의 40%에서 50%로 증가하였다면, 후년도 자료 중 경제활동참가 여성에 대해서는 가중치를 하향조정하고 비참가여성에 대해서는 가중치를 상향조정하여 경제활동참가율을 40%로 조정한 후 소득분배 상태를 비교하는 것이다. 그런데 댈리·발레타(Daly and Valletta, 2006)가 지적하듯이, 이 방법은 가족구조나 다른 가족 특성이 변화함에 따라 경제활동 변화가 나타나는 현실을 반영하지 못한다. 가령 경제활동참가 증가가 경제활동참가율이 높은 성인 1인 가구의 증가로 인한 것이라면 이를 고려한 상태에서 경제활동참가율의 변화를 추정할 필요가 있다.

따라서 본 연구에서는 경제활동참가율 증가의 영향을 평가할 때, 가족구조와 다른 가족적 특성에 따른 경제활동참가의 조건 확률(conditional probability)을 추정하여 가중치에 반영한다. 이렇게 다른 특성은 후년도 자료와 동일하지만 여성이 특정 가족구조와 가족 특성에서 경제활동에 참가할 조건 확률은 전년도와 동일하게 구성된 가상 상황의 소득분배와 실제 소득분배를 비교하면 경제활동 참가 증가의 영향을 추정할 수 있다.

또 가족구조의 영향을 볼 때에도 이와 밀접하게 관련되는 가구주의 특성 변수를 반영한 조건 확률을 추정하고 이를 가중치에 반영하여 분배상태의 변화를 비교한다. 가구주 특성 변수로는 가구주의 학력과 연령을 포함한다. 교육은 고졸 미만, 고졸, 대학 입학, 4년제 대학 졸업의 네 가지로 범주화하였고, 연령은 25-29세, 30-39세, 40-49세, 50-64세로 네 가지로 범주화하여 두 변수를 교차시켜 15개의 연령/교육 집단을 구성하였다.[11] 이러한 조건가중화(conditional weighting)의 방식을 통해 경제활동참가, 가족구조, 가구주 특성과 같은 상호 관련된 요인들의 독립적인 영향을 추정하는 것이 가능하다. 각각의 조건 확률의 추정에는 로짓(logit) 혹은 다항로짓(multinomial logit) 분석을 이용한다. 각 분석 모형에서 구한 회귀계수를 이용하여 각 사례에 대한 조건 확률 예측치를 구하여 가중치에 반영한다.

---

11 조건확률예측치를 도출하기 위해서는 모든 변수의 상호 교차적 하위 집단에 1 이상의 사례가 존재해야 한다. 후년도의 고졸미만의 20대의 경우, 가족구조 등 전체 변수조합에서 매칭되지 못하여, '20대의 고졸미만과 고졸'을 통합하여 분석에 투입하였다.

본 연구에서는 이러한 두 가지 방식의 가상분포 구성방법을 적
용하여 남성 근로소득 불평등 변화, 여성 경제활동참가 증가, 가족
구조 변화, 가구주 특성과 같은 상호 관련된 네 가지 요인들이 소득
분배 변화에 기여하는 정도를 분석한다. 그런데 요인별로 소득분배
변화에 대한 기여도를 추정하는 방식에는 몇 가지가 있다. 하나의
방식은 1996년과 2011년 기간에 관심 대상이 되는 특정 요인은 실
제와 같이 변화하였지만 다른 모든 요인들은 1996년 상태와 똑같
이 유지된 가상적 경우의 소득분배 변화분과 1996년과 2011년 두
시점 사이의 실제 소득분배 변화분의 차이를 해당 요인의 기여도로
정의하는 것이다. 그런데 이러한 분해 과정을 여러 요인별로 각각
진행할 경우에는 각 요인의 소득분배 변화에 대한 기여도가 과대하
게 추정될 수 있다. 각 요인의 기여분에 상호 관련을 갖는 다른 요
인의 기여분이 포함되게 되어 소득분배 변화에 대해 과대한 설명을
하게 되기 때문이다.

이와 반대의 방식은 1996년과 2011년 사이에 관심 대상이 되
는 특정 요인은 똑같은 상태로 유지되었지만 다른 모든 요인들
은 실제대로 변화한 가상적 경우의 소득분배 변화분과 1996년과
2011년의 두 시점 사이의 실제 소득분배 변화분의 차이를 해당 요
인의 기여도로 정의하는 것이다. 그런데 이러한 분해방법을 요인
별로 각각 진행할 경우에는 각 요인들의 소득분배 변화에 대한 기
여도가 과소하게 추정될 수 있다. 각 요인의 기여분 추정에서 상호

관련을 갖는 다른 요인들의 기여분을 모두 배제하기 때문에 전체 소득분배 변화에 대해 과소한 설명을 하게 된다.

　본 연구에서는 요인들 간의 상호관련성을 고려하면서 (설명되지 않은 부분을 포함한) 모든 요인들의 기여도 총합이 소득분배 실제 변화분 전체와 일치하도록 하는 방법을 이용한다. 여러 요인들을 누적적인 방식으로 추가하는 순서적 분해(sequential decomposition)를 행하여 각각의 요인들이 소득분배 변화에 미치는 기여도를 추정하는 것이다. 예를 들어, 우선 1996년과 2011년의 두 시점 사이의 실제 지니계수 변화분과 이 기간 남성 근로소득분배만 실제대로 변화하였고 다른 모든 요인들은 동일하게 유지된 가상적 경우의 지니계수 변화분의 차이를 남성 근로소득분배의 기여도로 정한다. 다음으로 가족구조 변화의 기여분은 1996년과 2011년의 두 시점 사이 남성 근로소득분배만 변화한 가상적 경우의 지니계수 변화분과 이 기간 남성 근로소득분배와 가족구조 두 요인이 실제대로 변화하였고 다른 요인들은 동일하게 유지된 가상적 경우의 지니계수 변화분의 차이를 남성 근로소득분배의 기여도로 정한다. 여성 경제활동참가 변화의 기여도와 가구주 특성 변화의 기여도에 대해서도 동일한 누적적 분석을 진행한다. 그리고 이러한 네 가지 요인들로 설명되지 않는 부분은 기타 고려되지 않은 요인들의 기여로 분류할 수 있다.

　그런데 이 경우에는 요인들의 상호관련성 때문에 어느 요인을 먼저 포함하고 어느 요인을 나중에 포함하느냐에 따라 그 기여도가 상이하게 나타날 수 있다. 따라서 요인들의 분해순서를 어떻게 정하는지가 중요한 문제로 된다. 관련 요인들의 분해순서에 대한 접근은 개념적, 논리적인 근거로 순서를 설정하는 것이 가능한지에 따라 달라진다. 남성 근로소득 불평등 변화, 여성 경제활동참가 증가. 가족구조 변화, 가구주 특성과 같은 요인들의 경우에는 개념적으로 순서를 정하기가 어렵다. 여성이 경제활동참가를 하는 것이 결혼, 이혼 등을 통해 가족구조와 가구주 특성에 영향을 미칠 수도 있고, 가구주 특성이나 가족구조의 변화가 여성의 경제활동참가에 변화를 일으킬 수도 있다. 이렇게 요인들의 분해순서를 개념적, 논리적인 근거로 설정하기 어려운 경우에는 상이한 순서적 분해에 따라 결과가 상이하게 나타나는지를 검토할 필요가 있다. 본 연구는 댈리·발레타(Daly and Valletta, 2006)와 같이 남성 근로소득 불평등 변화, 여성 경제활동참가 증가, 가족구조 변화, 가구주 특성의 순서로 분석을 하고, 또 역의 순서로 분해하여 결과를 비교하는 방식을 택하였다.

다른 한편 노인 소득분배 변화에서는 가구주 성별과 연령, 가구주 교육수준, 세대구성 등의 요인들이 중요하게 고려되는데, 이들 요인들 사이에는 논리적인 근거로 순서를 정할 수 있다. 세대구성이 가구주의 성별, 연령, 교육수준에 영향을 미치지는 않을 것이고, 교육수준이 성별과 연령에 영향을 미치는 경우도 생각하기 어렵다. 따라서 요인분해의 순서를 가구주 성별과 연령, 가구주 교육수준, 세대구성의 순서로 하는 것이 적절하다.

참고문헌

강병구, 2008, "근로장려세제의 노동공급 및 탈빈곤 효과", 이병희 외『저소득 노동시장 분석』, 서울: 한국노동연구원.

강병구, 2015, "불평등 해소를 위한 세제 개혁", 이정우·이창곤 외『불평등 한국, 복지국가를 꿈꾸다』, 서울: 후마니타스.

강석훈, 2000, "서베이데이터와 집계데이터의 비교연구: 가구소비실태조사와 국민계정을 중심으로",『계량경제학보』11(1): 41-70.

강석훈·박찬용, 2003, "소득분배 추정방법의 한계에 대한 고찰",『재정논집』18(1): 29-49.

강성호·임병인, 2009, "노후소득의 불평등 및 양극화와 공적연금의 개선효과",『사회보장연구』25(2): 55-85.

강승복·박철성, 2014, "임금분산에 대한 노동조합의 효과: 제조업을 중심으로",『노동경제논집』37(3): 45-73.

강신욱, 2018, "소득 불평등의 변화와 재분배정책의 과제", 서울사회경제연구소 창립 25주년 기념 심포지엄 발표자료.

강신욱·노대명·이현주·임완섭·김현경·권문일·이병희·우선희·박형존, 2015,『주요 소득보장정책의 효과성 평가』, 한국보건사회연구원.

강신욱·유진영·이주미, 2016,『2016년 빈곤통계연보』, 한국보건사회연구원.

강신욱·임완섭·정해식·강병구·박찬임·이건범, 2017,『사회보장제도 생계지원분야 기본평가』, 보건복지부·한국보건사회연구원.

강영욱, 2011, "소득불균등 지표 산출에 쓰이는 기초 통계자료의 한계점에 관한 고찰",『한국정책학회보』20(4): 163-188.

구인회, 2006,『한국의 소득 불평등과 빈곤: 소득분배 악화와 사회보장정책의 과제』, 서울: 서울대출판부.

구인회, 2018, "한국의 소득분배 악화와 사회정책", 강원택·구인회·권현지·김용창·주병기,『사회적 갈등과 불평등』, 서울: 푸른길.

구인회·백학영·전병유·이원진, 2014,『비정규고용과 사회정책: 소득분배 악화와 사회보장정책의 과제』, 서울: 집문당.

금재호·김기승·조동훈·조준모, 2009,『자영업 노동시장 연구(I)-자영업의 변화 추이와 특성』, 서울: 한국노동연구원.

금현섭·백승주, 2014, "공적연금, 사적이전 그리고 주관적 후생: 소득안정화 역할을 중심
　　으로",『행정논총』52(1): 145-175.

김경아, 2008a, "국내 노인가구의 소득 불평등 현황 및 공적연금의 소득 불평등 개선효과
　　에 관한 연구",『사회복지정책』32: 79-107.

김경아, 2008b, "국내 노년층의 빈곤실태와 공적연금의 빈곤완화 효과에 관한 실증연구",
　　『산업경제연구』21(4): 1503-1523.

김교성·백승호·서정희·이승윤, 2017, "기본소득의 이상적 모형과 이행경로",『한국사회
　　복지학』69(3): 289-315.

김낙년, 2012, "한국의 소득집중도 추이와 국제비교, 1976-2010: 소득세 자료에 의한 접
　　근",『경제분석』18(3): 75-114.

김낙년, 2013, "한국의 소득분배",『경제논집』52(2): 217-222.

김낙년·김종일, 2013, "한국 소득분배 지표의 재검토",『한국경제의 분석』19(2): 1-50.

김상조, 2015, "재벌개혁이 경제민주화의 출발점", 이정우·이창곤 외,『불평등 한국, 복지
　　국가를 꿈꾸다』, 서울: 후마니타스.

김수영·이강훈, 2009. "이전소득의 독거노인가구 빈곤경감 효과 비교",『한국노년학』
　　29(4): 1559-1575.

김수완·조유미, 2006, "우리나라 노인가구의 소득구성 및 빈곤율 분석: 가구유형별 근로소
　　득과 공적연금소득의 비중 및 빈곤제거효과를 중심으로",『사회복지연구』29: 5-37.

김연명, 2015, "복지국가, 불평등 해소의 대안인가?", 이정우·이창곤 외,『불평등 한국, 복
　　지국가를 꿈꾸다』, 서울: 후마니타스.

김영미·신광영, 2008,. "기혼여성 노동시장의 양극화와 가구소득 불평등의 변화",『경제와
　　사회』77: 79-106.

김영민·김민성, 2013, "여성 임금근로자의 임금불평등과 최저임금",『고용직업능력개발연
　　구』16(2): 79-98.

김유선, 2005, "비정규직 규모와 실태: 통계청 '경제활동인구조사 부가조사'(2005.8) 분석
　　결과",『노동사회』105(0): 10-49.

김혜원, 2016, "근로빈곤층 소득지원 정책의 방향", 김현경 외,『근로빈곤층 경제활동상태
　　변화와 복지정책 수요』, 한국보건사회연구원.

김희삼, 2008, "사적소득이전과 노후소득보장",『한국개발연구』30(1): 71-130.

김희삼, 2014,『노후소득보장을 위한 가족과 정부의 역할』, 정책연구시리즈 2014-02.

남병탁, 2010, "글로벌 아웃소싱이 제조업 임금불평등에 미친 영향",『경제학연구』, 58(4):
　　133-156.

노대명·강신욱·김문길·신현웅·신화연·이현주·손병돈·장덕호·황덕순·홍경준·임완섭·이주미, 2013, 『국민기초생활보장제도의 맞춤형 급여체계 개편방안 마련을 위한 연구』, 보건복지부·한국보건사회연구원.

노대명·강신욱·김재진·황덕순·전지현, 2016, 『근로빈곤층 근로연계 소득보장제도 개선 방향』, 보건복지부·한국보건사회연구원.

노대명·강신욱·이현주·임완섭·김문길·우선희, 2015, 『국민기초생활보장제도의 맞춤형 급여체계 개편 실행방안 연구』, 보건복지부·한국보건사회연구원.

레이 커즈와일, 2007, 『특이점이 온다』, 서울: 김영사.

로버트 고든, 2017, 『미국의 성장은 끝났는가』, 서울: 생각의 힘.

류재우, 2007, "노동조합과 임금구조", 『노동경제논집』 30(1): 31-53.

류재우·최호영, 1999, "우리나라 자영업 부문에 관한 연구", 『노동경제논집』 22(1): 109-140.

마틴 포드, 2015, 『로봇의 부상』, 서울: 세종서적.

박성준, 2000, "금융위기 이후 소득 불균등에 대한 연구", 『노동경제논집』 23(2): 61-80.

박철성, 2012, "지난 30년간 한국의 임금구조의 변화와 설명", 『노동경제학회 2012년 하계 학술대회 자료집』 10-53.

박현준·김경근, 2011, "한국 사회의 교육적 동질혼", 『교육사회학연구』 21: 51-76.

반정호, 2012, "자영자 가구의 소득변동과 빈곤에 관한 연구", 『노동정책연구』 12(1): 29-56.

보건복지부, 2016, 『보건복지 70년사』, 보건복지부.

브루스 액커만, 앤 알스톳, 필리페 반 빠레이스 외, 2010, 『분배의 재구성』, 너른복지연구모임 역. 나눔의 집.

서환주·허재준·전병유·이영수, 2004, "정보통신기술 확산이 임금불평등의 한 원인인가?", 『국제경제연구』 10(1): 195-223.

석상훈, 2012, "노인빈곤과 소득 불평등의 실태와 원인분석", 『2012 한국정책연합 공동학술대회 자료집』.

석재은·임정기, 2007, "여성노인과 남성노인의 소득수준 격차 및 소득원 차이와 결정요인", 『한국노년학』 27(1): 1-22.

성재민, 2009, "한국의 임금불평등에 관한 연구", 고려대학교 박사학위 논문.

성재민, 2014, "최저임금 일자리 변화: 2007, 2014년의 비교", 『노동리뷰』 5-18.

손병돈, 2009, "노인 소득의 불평등 추이와 불평등 요인분해", 『한국노년학』 29(4): 1445-1461.

손병돈·구인회·노법래·한경훈, 2016, "맞춤형 급여체계 도입에 따른 국민기초생활보장제도의 부양의무자 기준 개선방안", 보건복지부·평택대학교 산학협력단.

손호철, 2005, "김대중정부의 복지개혁의 성격: 신자유주의로의 전진?", 『한국정치학』

39(1): 213-231.

신석하, 2007, "경제위기 이후 기술 변화가 미숙련 근로자의 고용상황에 미친 영향", 『한국
　　개발연구』 29(1): 1-39.

안정화, 2007, "자본 이동과 노동시장의 변화", 『한국노사관계학회 학술대회 자료집』.

앤서니 기든스, 1998, 『제3의 길』, 서울: 생각의 나무.

에릭 브린욜프슨·앤드루 맥아피, 2014, 『제2의 기계시대』, 서울: 청림출판.

여유진, 김미곤, 권문일, 최옥금, 최준영, 2012, 『현 세대 노인의 빈곤 실태 및 소득보장방안
　　연구』, 서울: 한국보건사회연구원.

여유진·김수정·김은지·최준영, 2013, 『여성고용 활성화 방안 연구』, 서울: 한국보건사회
　　연구원.

옥우석·정세은·오용협, 2007, "무역구조가 국제 노동분업, 노동수요구조 및 임금 격차에
　　미치는 영향: 한중 산업 내 무역을 중심으로", 『한국경제의 분석』 13(3): 73-135.

유경준, 1998, 『임금소득 불평등도의 변화요인 분석』, 서울: 한국노동연구원.

유경준·김대일, 2002, 『외환위기 이후 소득분배구조변화와 재분배정책효과 분석』, 서울:
　　한국개발연구원.

유종일, 2011, "박정희의 맨얼굴", 서울: 시사in북.

윤희숙, 2015, "개인·가구 단위 소득 추이 비교분석과 빈곤정책에 대한 함의", 정책연구시
　　리즈 2015-12, 한국개발연구원.

이병희, 2017, "실업부조의 필요성과 도입 방향", 『노동리뷰』 146: 40-45.

이병희, 2018, "근로빈곤 특성과 한국형 실업부조 도입 방향", 『노동리뷰』 165: 35-52.

이상은·정찬미·조영식, 2017, "한국에서의 노인소득보충급여 도입방안: 선진국의 경험과
　　제도도입 효과분석", 『사회복지연구』 48(3): 209-232.

이성균, 2008, "경제위기 이후 가구단위 소득 구성요소와 직업의 소득 불평등 효과", 『노동
　　정책연구』 8(4): 119-146.

이시균, 2013, "노동시장에 대한 경제학적 접근: 최저임금이 근로빈곤 탈출에 미치는 효
　　과", 『산업노동연구』 19(1): 35-64.

이원진, 2012a, "노년기로의 이행에 따른 소득 불평등 변화와 소득이동성", 『한국사회복지
　　학』 64(2): 185-211.

이원진, 2012b, "노인 소득 불평등 추이의 영향요인", 『한국사회복지학』 64(4): 163-188.

이원진, 2013, "노년기 소득 불평등 증가의 원인", 『한국사회학』 47(5): 241-275.

이원진·구인회, 2015, "소득분배의 시계열 분석을 위한 한국 소득 데이터의 검토", 『조사
　　연구』 16(4): 27-61.

이정현, 2004, "한국 노동조합은 어느 노동자집단을 위한 조직인가?: 1987-1999년까지 집단별 노조 임금 효과의 변화", 『인사조직연구』 12: 105-142.

이철희, 2008, "1996-2000년 한국의 가구소득 불평등 확대-임금, 노동공급, 가구구조 변화의 영향", 『노동경제논집』 31(2): 1-34.

임병인·강성호, 2011, "고령화 과정에 따른 소득원천별 불평등 기여도 분석", 『제3회 국민노후보장패널 학술대회 논문자료집』

임병인·전승훈. 2005, "연령집단별 소득 불평등도와 전체불평등도에 대한 기여도 분석", 『한국노동패널학술대회 논문집』.

임완섭, 2015, "근로장려세제의 효과성 평가", 강신욱 외, 『주요 소득보장정책의 효과성 평가』, 서울: 한국보건사회연구원.

장지연·이병희, 2013, "소득 불평등 심화의 메커니즘과 정책 선택", 『민주사회와 정책연구』 23: 71-109.

전병유, 2013, "한국 사회에서의 소득 불평등 심화와 동인에 관한 연구", 『민주사회와 정책연구』 23: 15-40.

정경희·남상호·정은지·이지혜·이윤경·김정석·김혜영·진미정, 2012, 『가족구조 변화와 정책적 함의: 1인 가구 증가현상과 생활실태를 중심으로』, 서울: 한국보건사회연구원.

정이환, 2007, "기업규모인가 고용형태인가", 『경제와 사회』, 332-355.

정진호, 2011, "최저임금의 실효성 제고", 『노동리뷰』 40-43.

정진호·황덕순·이병희·최강식, 2002, 『소득 불평등 및 빈곤의 실태와 정책과제』, 서울: 한국노동연구원.

제레미 리프킨, 1995, 『노동의 종말』, 서울: 민음사.

조동훈, 2008, "패널자료를 이용한 노동조합의 임금효과 분석", 『노동경제논집』 31(2): 103-128.

조성재, 2005, "하도급구조와 중소기업 노동자의 주변화", 최장집(편) 『위기의 노동: 한국 민주주의의 취약한 사회경제적 기반』, 서울: 후마니타스.

최강식·정진호, 2003, "한국의 학력 간 임금격차 추세 및 요인분해", 『국제경제연구』 9(3): 183-208.

최문경·이명진, 2005, "자영업, 선택인가? 한국과 미국", 『한국사회학』 39(1): 21-51.

최바울, 2013, "부부의 노동소득과 취업상태가 소득 불평등 변화에 미치는 효과", 『노동경제논집』 36(3): 97-128.

최옥금, 2007, "노인 빈곤에 영향을 미치는 요인에 대한 연구", 『한국사회복지학』 59(1): 5-25.

최장집, 2015, 『민주화 이후의 민주주의』, 서울: 후마니타스.

클라우스 슈밥, 2016, 『제4차 산업혁명』, 서울: 새로운 현재.

통계청, 2014, 한국의 사회동향.

통계청, 2018, 2018년 3/4분기 가계동향조사(소득부문) 결과.

홍민기, 2015, "최상위 임금 비중의 장기 추세(1958-2013)", 『산업노동연구』, 21(1), 191-220.

홍백의, 2005, "우리나라 노인 빈곤의 원인에 관한 연구", 『한국사회복지학』 57(4): 275-290.

홍석철·전한경, 2013, "인구고령화와 소득 불평등의 심화", 『한국경제의 분석』 19(2): 1-50.

황덕순, 2005, "노동조합이 임금격차에 미치는 효과에 대한 시론적 분석과 연대임금 정책",
   『동향과 전망』 63: 65-93.

Acemoglu, D., 2002, "Technical change, inequality, and the labor market", *Journal of economic literature*, 40(1): 7-72.

Acemoglu, D., and Autor, D., 2011, "Skills, tasks and technologies: Implications for employment and earnings", *Handbook of labor economics*, 4: 1043-1171.

Acemoglu, D., and Autor, D., 2012, "What does human capital do? A review of Goldin and Katz's The Race between Education and Technology", *Journal of Economic Literature*, 50(2): 426-63.

Acemoglu, D., and Robinson, J., 2012, *Why Nations Fail?: The origins of power, prosperity and poverty*, New York: Crown Business.

Aizer, A., and Currie, J., 2014, "The intergenerational transmission of inequality: Maternal disadvantage and health at birth", Science, 344(6186): 856-861.

Angrist, Joshua D., and Joern-Steffen Pischke., 2009, "Mostly Harmless Econometrics", Princeton: Princeton University Press.

Aslaksen, I., Wennemo, T., and Aaberge, R., 2005, ""Birds of a Feather Flock Together: The Impact of Choice of Spouse on Family Labor Income Inequality", *Labour*, 19(3): 491-515.

Atkinson, A. B., 2015, *Inequality: What can be done?*, Cambridge, MA: Harvard University.

Atkinson, A. B., Piketty, T., and Saez, E., 2011, "Top incomes in the long run of history", *Journal of economic literature*, 49(1): 3-71.

Atkinson, A. B., Rainwater, L., and Smeeding, T. M., 1995, "Income Distribution in Advanced Economies: Evidence from the Luxembourg Income Study", *LIS*

Working Paper Series, 120.

Autor, D. H., 2015, "Why are there still so many jobs?: The history and future of workplace automation, *Journal of Economic Perspectives*, 29(3): 3-30.

Autor, D. H., and Dorn, D., 2013, "The growth of low-skilled service jobs and the polarization of the US labor market", *American Economic Review*, 103(5): 1553-1597.

Autor, D. H., Dorn, D. and Hanson, G.H. 2013, "The China syndrome: Local labor market effects of import competition in the United States", *American Economic Review*, 103(6): 2121-2168..

Autor, D. H., Katz, L. F., and Kearney, M. S, 2008, "Trends in US wage inequality: Revising the revisionists", *The Review of economics and statistics*, 90(2): 300-323.

Autor, D. H., Levy, F., and Murnane, R. J., 2003, "The skill content of recent technological change: An empirical exploration", *The Quarterly journal of economics*, 118(4): 1279-1333.

Blackburn M. L., and Bloom D. E., 1995, "Changes in the Structure of Family Income Inequality in the United States and Other Industrial Nations during the 1980s", *Research in Labor Economics*, 14: 141-170.

Blank, R. M., 1997, "Is There a Trade-Off between Unemployment and Inequality?", *Public policy brief*, 33.

Blau, F. D., and Kahn, L. M., 2002, "At Home and Abroad: US Labor Market Performance in International Perspective", New York: Russell Sage Found.

Boychuk, G. W., and Banting, K. G., 2008, "The Canada paradox: The public-private divide in health insurance and pension", Béland, D. and Gran, B. (eds.) *Public and Private Social Policy: Health and Pension Policies in a New Era*, London: Palgrave Macmillan.

Breen, R., and Andersen, S. H., 2012, "Educational assortative mating and income inequality in Denmark", *Demography*, 49: 867-887.

Breen, R., and Salazar, L., 2011, "Educational assortative mating and earnings inequality in the United States", *American Journal of Sociology*, 117(3): 808-843.

Burtless, G., 1999, "Effects of Growing Wage Disparities and Changing Family Composition on the U.S. Income Distribution", *European Economic Review*, 43: 853-65.

Burtless, G., 2009, "Demographic transformation and economic inequality", Salverda, W., Nolan, B., & Smeeding, T. M., (Eds.), *The Oxford Handbook of Economic Inequality*, Oxford University Press.

Cancian, M., and Reed, D., 1998, "Assessing the effects of wives' earnings on family income inequality", *The Review of Economics and Statistics*, 80(1): 73-79.

Cancian, M., and Reed, D., 1999, "The impact of wives' earnings on income inequality: issues and estimates", *Demography*, 36(2): 173-174.

Cancian, M., Danziger, S., and Gottschalk, P., 1993, "Working wives and the distribution of family income. Rising Tides: Rising Inequality in America", New York: Russell Sage Foundation.

Chen, W. H., Förster, M., and Llena-Nozal, A., 2013, "Determinants of household earnings inequality: the role of labour market trends and changing household structure", *LIS Working Paper Series*, No. 591.

Daly, M. C,, and Valletta, R. G., 2006, "Inequality and poverty in the United States: the effects of rising dispersion of men's earnings and changing family behavior", *Economica*, 73(289): 75-98.

Danziger, Sheldon., and Peter, Gottschalk., 1993, "Uneven Tides: Rising Ineauality in America", New York: Russell Sage Foundation.

David, H., Dorn, D., and Hanson, G. H., 2013, "The China syndrome: Local labor market effects of import competition in the United States", *American Economic Review*, 103(6): 2121-68.

Deyo, F. C., 1989, *Beneath the miracle: Labor subordination in the new Asian industrialism*, University of California Press.

DiNardo, J., Fortin, N. M., and Lemieux, T., 1996, "Labor market institutions and the distribution of wages, 1973-1992: A semiparametric approach", *Econometrica*, 64(5): 1001-1044.

Duggan, M., Kearney, M.S., and Rennane, S., 2015, "The Supplemental Security Income(SSI) Program", *NBER Working Paper* 21209, Cambridge, MA.

Duncan, G. J. and Brooks-Gunn, J., (eds.) 1997, *Consequences of Growing Up Poor*, New York: Russell Sage Foundation.

Engelhardt, Gary., and Jonathan Gruber., 2006, *Public Policy and the Distribution of Income*, Russell Sage Press.

Esping-Andersen, G., 1990, *The Three Worlds of Welfare Capitalism*, Cambridge: Polity.

Esping-Andersen, G., 2002, *Why We Need a New Welfare State*, Oxford: Oxford University Press.

Esping-Andersen, G., 2007, "Sociological explanations of changing income distributions", *American Behavioral Scientist*, 50(5): 639-658.

Esping-Andersen, G., 2009, *The Incomplete Revolution: Adapting to Women's New Roles*, Cambridge: Polity.

Fernández, R., and Rogerson, R., 2001, "Sorting and long-run inequality", *The Quarterly Journal of Economics*, 116(4): 1305-1341.

Fields, G. S., and Yoo, G., 2000, "Falling labor income inequality in Korea's economic growth: Patterns and underlying causes", *Review of Income and Wealth*, 46(2): 139-159.

Figari, F., Matsaganis, M., and Sutherland, H., 2011, "Are European social safety nets tight enough? Coverage and adequacy of minimum income schemes in 14 EU countries", *GINI Discussion Paper* 2.

Freeman, R. B., and Katz, L. F., 1995, "Rising Wage Inequality: The United States vs. Other Advanced Countries. In Differences and Changes in Wage Structures", Chicago: University of Chicago Press.

Goldin, C., and Katz, L. F., 2008, "Transitions: Career and family life cycles of the educational elite", *The American Economic Review*, 98(2): 363-369.

Gornick, J.C. and Meyers, M.K., 2003, *Families that Work: Policies for reconciling parenthood and employment*, New York: Russell Sage Foundation.

Gottschalk, P., and Danziger, S., 1993, "Family structure, family size, and family income: Accounting for changes in the economic well-being of children, 1968-1986", Sheldon Danziger and Peter Gottschalk (Eds.), *Uneven Tides: Rising Inequality in America*.

Grubb, D., Lee, J. K., and Tergeist, P., 2007, "Addressing labour market duality in Korea", *OECD Social, Employment, and Migration Working Papers*, 61.

Hacker, Jacob and Pierson, Paul, 2011, *Winner-Take-All politics*, New York: Simon and Schuster Paperbacks.

Hemerijck, Anton., 2017, *The Uses of Social Investment*, Oxford: Oxford University

Press.

Holliday, I., 2000, "Productivist welfare capitalism: Social policy in East Asia", *Political Studies*, 48: 706-23.

Hyslop, D. R., 2001, "Rising U.S earnings inequality and family labor supply: the co-variance structure of intrafamily earnings", *American Economic Review*, 91(4): 755-7.

Jones, R. S., and Fukawa, K., 2016, "Labour market reforms in Korea to promote inclusive growth", *OECD Economics Department Working Papers*. 1325.

Juhn, C., and Murphy, K. M., 1997, "Wage inequality and family labor supply", *Journal of Labor Economics*, 15(1): 72-77.

Juhn, C., Murphy, K. M., and Pierce, B., 1993, "Wage inequality and the rise in returns to skill", *Journal of Political Economy*, 101(3): 410-442.

Kang, B. G., and Yun, M. S., 2008, "Changes in Korean wage inequality, 1980-2005", *IZA Discussion paper*, 3780.

Karoly, L. A., and Burtless, G., 1995, "Demographic change, rising earnings inequality, and the distribution of personal well-being, 1959-1989", *Demography*, 32(3): 379-405.

Katz, L. F., and Murphy, K. M., 1992, "Changes in relative wages, 1963-1987: supply and demand factors", *The Quarterly Journal of Economics*, 107(1): 35-78.

Kim, D. I., and Topel. R H., 1995, "Labor markets and economic Growth: Lessons from Korea's industrialization, 1970-1990", *Differences and Changes in Wage Structures*, Chicago: University of Chicago Press, 227-264.

Kim, Y. M., 2008, "Beyond East Asian welfare productivism in South Korea", *Policy and Politics*, 36(1): 109-125.

Ku, Inhoe, Lee, Wonjin and Lee, Seoyun, 2018, "The role of family behaviors in determining income distribution: The case of South Korea", *Demography*.

Ku, Inhoe and Kim, Chang-O, 2018, "Decomposition analyses of the trend in poverty among older adults: The case of South Korea", *The Journals of Gerontology: Series B*.

Kwon, Huck-Ju, 1997, "Beyond European welfare regimes: Comparative perspectives on East Asian welfare systems", *Journal of Social Policy*, 26: 467-484.

Lee, Seungho., Ku, Inhoe., and Shon, Byongdon, 2017, "The Effects of Old-Age Public Transfer on the Well-Being of Older Adults: The Case of Social Pension in South Korea", *The Journals of Gerontology: Series B.*

Lemieux, T., 2008, "The changing nature of wage inequality", *Journal of Population Economics*, 21(1): 21-48.

Lerman, R. and Yitzhaki, S., 1985, "Income inequality effects by income sources: A new approach and applications to the United States", *Review of Economics and Statistics* 67(1): 151-56.

Levy, F., and Murnane, R. J., 1992, "US earnings levels and earnings inequality: A review of recent trends and proposed explanations", *Journal of Economic Literature*, 30(3): 1333-1381.

Martin, M. A., 2006, "Family structure and income inequality in families with children, 1976 to 2000", *Demography*, 43(3): 421-445.

McCall, L., and Percheski, C., 2010, "Income inequality: New trends and research directions", *Annual Review of Sociology*, 36: 329-347.

McLanahan, S., and Percheski, C., 2008, "Family structure and the reproduction of inequalities", *Annual Review of Sociology*, 34: 257-276.

Morgan, Stephen L., and Christopher, Winship., 2007, *Counterfactuals and Causal Analysis: Methods and Principles for Social Research*, Cambridge, MA: Harvard University Press.

Nozick, Robert., 1974, *Anarchy, State, and Utopia*, New York: Basic Books.

Nussbaum, Martha C., 2011, *Creating Capabilities: The Human Development Approach*, Cambridge, MA: Belknap Press.

OECD, 2008, *Growing Unequal: Income Distribution and Poverty in OECD countries*, Paris: OECD Publishing.

OECD, 2011, *Divided We Stand. Why Inequality Keeps Rising*, Paris: OECD Publishing.

OECD, 2014, *Society at a Glance*, Paris: OECD Publishing.

OECD, 2018, *Towards Better Social and Employment Security in Korea, Connecting People with Jobs*, Paris: OECD Publishing.

Oppenheimer, V. K., 1994, "Women's rising employment and the future of the family in industrial societies", *Population and development review*, 293-342.

Oppenheimer, V. K., 1997, "Women's employment and the gain to marriage: The specialization and trading model", *Annual Review of Sociology*, 23(1): 431-453.

Pampel, F. C., and Hardy, M., 1994. "Status Maintenance and Change during Old Age", *Social Forces*, 73(1): 289-314.

Piketty, T., 2014, *Capital in the Twenty-First Century*, Cambridge and London: Harvard University Press.

Piketty, T., and Saez, E., 2003, "Income inequality in the United States, 1913-1998", *The Quarterly journal of Economics*, 118(1): 1-41.

Rawls, John, 1971, *A Theory of Justice*, Cambridge, Mass.: Harvard University Press.

Schwartz, C. R., 2010, "Earnings inequality and the changing association between spouses' earnings", *American Journal of Sociology*, 115(5): 1524-1557.

Schwartz, C. R., 2013, "Trends and variation in assortative mating: Causes and consequences", *Annual Review of Sociology*, 39: 451-470.

Sen, Amartya., 1999, *Development as Freedom*, New York: Alfred A. Knopf.

Shorrocks, A. F., 1983, "The impact of income components on the distribution of family incomes", *Quarterly Journal of Economics* 98: 311-331.

Smeeding, T. M., and Sandstrom, S., 2005, "Poverty and income maintenance in old age: A cross-national view of low-income older women", *Luxembourg Income Study Working Paper Series*, 398.

Stiglitz, J. E., 2013, *The Price of Inequality*. New York: W. W. Norton & Company.

Treas, J., 1987, "The effect of women's labor force participation on the distribution of income in the United States", *Annual Review of Sociology*, 13(1): 259-288.

Van Parijs, Philippe and Vanderborght, Yannick, 2017, *Basic Income: A Radical Proposal for a Free Society and a Sane Economy*. Cambridge, MA: Harvard University Press.

Western, B., Bloome, D., and Percheski, C., 2008, "Inequality among American families with children, 1975 to 2005", *American Sociological Review*, 73(6): 903-920.

Wilkinson, R. G., and Pickett, K. E. 2009, *The Spirit Level: Why greater equality makes societies stronger*, New York: Bloomsbury Press.

Wilson, William. J., 1987, *The Truly Disadvantaged: The inner city, the underclass and social policy*, Chicago: University of Chicago Press.

Wilson, William J., 1996, *When Work Disappears*, New York: Knopf.

World Bank, 1993, *The East Asian Miracle: Economic Growth and Public Policy*, New York: Oxford University Press.